発達相談と新版K式発達検査

子ども・家族支援に役立つ知恵と工夫

大島 剛／川畑 隆
伏見真里子／笹川宏樹
梁川 惠／衣斐哲臣
菅野道英／宮井研治
大谷多加志／井口絹世
長嶋宏美
著

明石書店

推薦の言葉

　「そだちと臨床」研究会の活動についてはかねてから注目してきたところですが、本書の刊行に際し、内容についての意見を求められましたので、以下、一部を紹介し、筆者の感想を述べてみます。

　新版K式発達検査（以下K式）は、検査用紙の縦の列に同じ発達年齢段階の検査項目が、横の行には難易度は異なるが、発達の同じ側面を測定しようとする項目が配置されています。初心者にはわかりにくいと思いますが、検査の実施順序は決められておらず、また、検査はプロフィールのラインが読める状態を念頭において進められていきます。検査に上達してくると、検査者は検査項目の横の関連や縦の関連だけでなく、斜めの関連を考えながら検査用紙の上を縦横無尽に飛びまわることができるようになります。これを著者の一人である大島氏は、どのようなプロフィールが引けるかを念頭におきながら、子どもの発達像を検証しつつ検査を組み立てていく、と述べています。筆者も、その子ども特有の発達の道筋を少しでも理解して援助の仕方を考えるには、この方法がもっとも適切かつ有効と考えています。

　子どもの発達をとらえていく場合、「わかること」（理解する）と「できること」（スキルの獲得）のどちらにポイントを置くかで立場が分かれます。K式は多くの先人の発達理論を参考にして作成されていますが、その一人であるピアジェは、スキルの獲得でなく、スキルを生み出す心の働きそのものの発達を明らかにしようとしてきました。「わかる」という働きは、子ども自らの気づき、発見であります。ピアジェは、子どもと対象との相互作用のなかで何らかの新しいものの産出があり、そうした創造のプロセスが発達の本質であると考えました。K式は、子どもが自らわかったことにもとづいて反応するところに最大の特徴があります。子どもはわかったことを他者と共有しあうなかで、すなわち、他者による承認、他者との協働、他者の評価など

を経ながら、次第にそれを自覚し、意図的に試み、生きる力にしていきます。このように発達支援は子どもの「わかる」というはたらきを基盤にし、子どものイニシアティブを尊重しながら進められます。支援者も子どもの心のなかに何を生み出していくべきかをテーマにしながら、子どもに対して発見的・創造的に関わっていく必要があります。

　本書の要旨を、筆者なりにまとめれば上記のようになりましょうか。
　ここに改めて本書を推薦する次第です。

　　　2013年10月30日

　　　　　　　　　　　　　　　　新版K式発達検査研究会　代表
　　　　　　　　　　　　　　　　　　　　　松下　裕

はじめに

　現場から発信する子ども福祉臨床の実践誌として、2006年秋に創刊した『そだちと臨床』誌の第12号（2012年春・明石書店発行）の誌面で、「編集スタッフの充電・リフレッシュのための時間をいただき、2013年の春から秋のどこかの時点で、『そだちと臨床』は新しい装いで再デビューします！」と、休刊のお知らせをしました。実はその「新しい装いで再デビュー」がこの本です。雑誌ではなく本になりました（この1冊かぎりの本ではなく、次にはまた違う本を出版できればと企んでいます）。

　今回、私たち「そだちと臨床」研究会（『そだちと臨床』誌編集委員会の中心メンバー）に大谷多加志、井口絹世、長嶋宏美を加えて執筆したのですが、そもそも「そだちと臨床」研究会とは、児童相談所に心理職として勤務していた者たちが20年前に志を同じくして集まった仲間です。現在は児童相談所を離れている者もいますが、児童福祉臨床現場の業務をより高めようとこれまでさまざまな活動をしてきました。

　その活動の1つに「新版Ｋ式発達検査2001（以下、Ｋ式）を用いた発達相談の充実」があります。「Ｋ式という優れた検査のその優れたところを十分に活用しながら、子どもの発達的、心的状況を見立て、保護者の力になれるように助言をし、子どものよりよい成長のために関係機関とも連携をとる」という援助活動全体を、より役立つものにしていくことです。発達相談の現場は全国に多くあり、そこで働く相談員も半端な数ではありません。そして、その相談員のみなさんが悩み多い保護者を前にどう役立つ存在となれるか、日々、心を砕きながら努力を重ねています。

　私たちは2005年、ミネルヴァ書房から『発達相談と援助──新版Ｋ式発達検査2001を用いた心理臨床』という本を出版しました。現場で努力を重ねている発達相談員のみなさんの「役に立ちたい」一心で書いた本で、「私

たちが若い頃、こんな本があったらなあ」と口惜しく思えるようなものを作ることが目的でした。少しはその思いが実現できている部分があったのか、8年目になるその本をおかげさまで今も買ってくださるかたがおられます。そこで、『そだちと臨床』誌の後継第1号に再度このテーマを選択し、今、私たちが考えている発達相談とK式の関係を集大成することになりました。

その後のさまざまな社会情勢の変化や私たちの考えの深まりもあって、前著をただ改訂するのではなく、私たち自身もまた新鮮な気持ちで、K式を子どもと家族のためにどう活用するのか、よりよい発達相談をどのように展開するのかについて、新しく書き込む作業を始めたいと思いました。そんなふうに「今の時点で、K式について私たちはこう考えている」と書こうとしたことを、『そだちと臨床』誌で「執筆者のみなさんはこう考えておられます」と読者に伝えることも役目としていた時代からの、私たちの少しばかりの発展（新しい装い）として、とらえていただければ幸いです。

第1章では発達相談についての大局的な視点とK式の特徴を述べ導入としました。大島が、発達相談とK式のつながりの強さを示し、菅野が、児童福祉現場におけるアセスメントの軸の1つに「発達」を据えることの重要性を説きます。

第2章では、K式を使って子どもの発達像を読み込むプロセスについて執筆しています。K式で得られたエビデンスをどう読むのか、子どもをどう見立てるのかに焦点を当てます。大島は、「縦・横・斜めの関連」や独自の「桜前線」というメタファーを用いた考え方の提案、川畑は、子どもの反応を「メタ」の視点からとらえてみるとどのように見えるかについての試論、大谷は、検査項目の属性や子どもの成長にかんする考察を展開します。

第3章では、子どものデータを得てから所見を作成するまでの作業を追います。笹川と梁川が対談を行ない、そこから導き出される子どもの発達像についてまとめた所見案を提示します。そして、その対談の内容や所見につい

て、伏見が「メタ」の立場からコメントを加えます。

　第4章では、発達相談における保護者への助言について述べられます。衣斐は、助言による実質的な援助はどのように可能なのか、K式を来談者との間に介在させることの特長はどのようなものかについて示します。川畑は、保護者の立場に立った具体的な助言プランを紹介し、伏見は、行政機関だからこそ必要な配慮を志した事例をあげます。

　第5章では、著者たちが実施してきている「K式を用いた臨床」のワークショップについて述べます。宮井が、「ワークショップ・イン・神戸──若手心理判定員のための臨床的心理検査法勉強会」の歴史や意義、裏話を、また「ワークショップ・イン神戸」の参加者であり、今は自らワークショップの主催者となって活動している井口、長嶋が川崎市での自分たちの実践を紹介します。菅野は、神戸での「助言のロールプレイ」場面を紹介し、最後に衣斐がそれらの実践の「コンテンツとコンテキスト」についてまとめています。

　また、いくつかのコラムがあちこちに顔を出します。読者が質問したいかもしれないことがらを取り上げ、私見を披露します。

　『そだちと臨床』は新しい装いで再デビューしました！

2013年11月1日

　　　　　　　　　　　　　　　　　　　　　　　　　　大島　　剛
　　　　　　　　　　　　　　　　　　　　　　　　　　川畑　　隆

　　　　　　　　　　　　　　　　　　　　　　　　　　はじめに

発達相談と新版K式発達検査──子ども・家族支援に役立つ知恵と工夫❖目次

推薦の言葉　松下裕　003
はじめに　005

第1章
発達支援とアセスメント　013

第1節　新版K式発達検査によるアセスメントに欠かせない視点　013

知能・発達検査の歴史 014 ／知能検査と発達検査の違いは何か 016 ／検査結果を伝える相手が異なる 017 ／新版K式発達検査は子どもの発達に出会うためのツール 018 ／新版K式発達検査をとおして子どもの何が見えてくるのか 020

第2節　発達検査の結果を子どもの成長に活かすために　021

「発達相談の目的」とは何か 021 ／相談支援とアセスメントの関係 022 ／発達検査によるアセスメント 023 ／コモン・アセスメント・フレームワークとは何か 023 ／アセスメントシートの利用にあたって 024 ／援助を必要としている子ども・家庭のアセスメントシート 026 ／CAFをベースに 031 ／幅広い視点をもって臨む 032

第3節　新版K式発達検査の基礎知識　036

歴史 036 ／特徴 036 ／構造 038

第2章
新版K式発達検査を使って子どもの発達像を読む　041

第1節　プロフィールと縦の関連・横の関連・斜めの関連　041

プロフィールとは何か 041 ／プロフィールと桜前線 043 ／桜は何分咲き？ 047 ／プロフィールはなぜ凸凹になるのか 049 ／裏つながりの極意 051 ／斜めの関連の実際 052 ／3つのプロフィールライン 054

第 2 節　新版 K 式発達検査の反応の背後にあるもの　056

　　　　　新版 K 式発達検査をメタで読む 056 ／検査場面をとらえる枠組み 058 ／
　　　　　介在する課題の特徴から 061 ／子どもの取り組みの特徴から 065 ／
　　　　　より背後にあるかもしれない問題 071 ／子どもの全体像をつかむ 074 ／
　　　　　付abbr：7 歳～9・10 歳頃の検査項目（第 5 葉前半）について 077 ／子
　　　　　どもの内面について想像を巡らせよう 084

　　第 3 節　検査への取り組みから垣間見える
　　　　　　子どものリアリティ　086

　　　　　構造化された観察場面 086 ／通過基準 089 ／検査から見えるもの
　　　　　——具体例を通して 090 ／検査から見えるもの——量的研究から 098 ／
　　　　　子どもの行動を理解する視点をたくさん持とう 104

第 3 章
検査結果から所見を作成するまで　109

　　第 1 節　新版 K 式発達検査のデータから発達像を見立てる　109

　　第 2 節　2 人の見立てと所見へのコメント　137

　　　　　執筆陣からのリアクション 137

第 4 章
来談者への援助——助言のために共有したいもの　153

　　第 1 節　新版 K 式発達検査を介在させるなかで
　　　　　　見えてくる助言　153

　　　　　面接・発達相談の枠組みと流れ 153 ／新版 K 式発達検査を介在さ
　　　　　せて行なう助言の実際例 156 ／介在のさせ方のポイント 168

　　第 2 節　助言場面をどのように演出するか　169

　　　　　助言場面への導入のヒント 169 ／検査結果を含む見立てを伝える
　　　　　ときの配慮 172 ／援助に向けたさらなる配慮 178

　　第 3 節　児童相談所での新版 K 式発達検査を
　　　　　　活用した臨床例　181

第5章 新版K式発達検査の深い学びへ——ワークショップの真髄　195

第1節　ワークショップ・イン・神戸の歴史と「子どものロールプレイ」の意義　195

どんなふうにワークショップは続いてきたか？　195／どんな人が参加してきて、何の役に立ってきたのか？　197／変わってきたこと　197／私自身が子どもロール体験から得られたこと　198／まいた種、咲いた花　202／関東に咲いた花　203

第2節　ワークショップ・イン・川崎の開催　204

新版K式発達検査との出会い　204／WS川崎の開催　206／WS川崎、その後　213

第3節　ロールプレイによる助言のトレーニング　215

助言のバリエーション　216／ロールプレイを有効に　224

第4節　メタローグ・ワークショップ——ワークショップを通じて私たちがやっていること　225

インターアクティヴな営みのなかから生まれるナラティヴ　225／関係性の視点から見る　227／コンテンツとコンテキスト　227／私の個人的体験とワークショップのあり方　228／ワークショップを通じて私たちがやっていること　230／まとめ——メタローグってなに？　232

おわりに　235
文献一覧　238
執筆者紹介　240

コラム
包括的アセスメントのすすめ　033／K式の検査項目はどこから始めてどこで終わったらよいのか？　105／K式用語をふつうの言葉に　107／＋（プラス）と－（マイナス）　150／身体障害のある子どもに対するアセスメント　151／検査項目はどういう順番で実施したらいいか　191／子どもを縦断的にみる　192／どこでつまずいたのか　234

第1章

発達支援とアセスメント

大島 剛／菅野道英

第1節　新版K式発達検査によるアセスメントに欠かせない視点

　日々、成長発達を遂げている子どもたちと付き合うときに感じるのですが、この変化を推し進める潜在エネルギーは生半可なものではありません。昨今の研究では我々の常識を覆す、胎児や新生児が持つ能力が示されるようになり、彼らの学習能力のすばらしさに脱帽せざるを得ません。だからこそ、何らかの理由によりその能力がうまく使えない状況やその不具合によって「生きにくさ」が生じる場合には、積極的に子どもたちの支援をしていきたいと思います。とくに、<u>それぞれの子どもたちの持つ個性に、発達障害というラベルを付けることで、その人生の選択やQOLにおける制約ができるだけ生まれないようにしたいものです</u>。この文章にわざわざ下線を引いたのは、これが読み方によって2つの意味になるからです（日本語は世界の中でもとくにむずかしい言語だと思います。それを子どもたちは、日々学習して何とかものにしていくわけです）。ラベルを付けることでの「生きにくさ」、付けないことでの「生きにくさ」があります。そこをどう調節していくかの方法論に正解はありませんし、そのときどきの最良と考えられる対応を保護者とともに模索していく面接の場が、発達相談の現場です。

　もちろん発達支援は、発達相談ばかりではなく、保育・教育・療育などの

現場でもなされます。どこにおいても、最初の時点で重要なものがしっかりとしたアセスメントです。定型といわれる道筋にそわない発達を進めていく子どもたちはマイノリティであり、なかなか障害の様態を想像してもらえません。そして、そのために生活の中でさまざまなズレや行き違いが生じ、社会の中で「生きにくさ」を体験します。しかし、彼らはそれも当たり前のこととして生きていくので、時間が経過するほどダメージが蓄積されていきます。だからこそ、早めのアセスメントによる理解と対処が必要となります。ただ、これは決して早期にラベルを付けようということではなく、子どもの生理学的な側面も含めた発達の道筋、家族やその他の人間関係、社会・文化・慣習・制度との関係などをできるだけ全体的に認識し、理解することが重要です。

　臨床・発達心理学の世界では、アセスメントのために面接（行動観察）・心理検査を用います。とくに年齢が低い幼児や障害がある子どもたちに対しては、言語を媒介とした面接は困難であり、遊びをとおした行動観察が行なわれます。しかし、かなり熟達した心理士でないと科学的、客観的な情報は得がたく、勢い心理検査を使用することが主流となります。

　心理検査は多岐にわたるのですが、発達支援の場においてはやはり知能検査、発達検査が中心になります。これらは、簡便なスクリーニング用から、特定の能力や状態を測定するものまで多くのものがありますが、対面で行なう個別検査としてはウェクスラー式、ビネー式、K式がその代表です。

知能・発達検査の歴史

　ここで歴史を振り返り、この3つの個別検査の関係を整理してみます。

　最初の知能検査は、フランスのビネー（Binet, A.）とシモン（Simon, T.）が1905年に精神発達遅滞児の鑑別のために考案した知能検査尺度だと言われています。もともと知的障害などの子どもたちに特別な教育を受けさせるためという、より実践的な現場のニーズから生まれたものでした（生澤 2004b）。このビネーの方法から後に、子どもの知能の発達水準を示す現在の精神年齢（MA：Mental Age）の概念が提案され、この精神年齢に基づいて知

能指数（IQ：Intelligence Quotient）を算出する方法（IQ＝MA／生活年齢〈CA：Chronological Age〉×100）が編み出されました。これが比IQといわれているものです。わが国で、この流れをくむものが田中ビネー、鈴木ビネー、辰巳ビネーなどの知能検査です。

　一方、アメリカではMAや比IQを廃止し、下位検査ごとに点数化し同年齢集団の中での偏差値を求めて算出する、偏差知能指数（偏差IQ）を採用するようになりました。知能検査の代表格であるウェクスラー式知能検査がこの方法を採用しています。そして、アメリカでいち早く話題となった学習障害など発達障害への対応法を求める流れのなかで、知能の一般因子と特殊因子を測定することにより、さまざまな認知機能の個人内・個人間の差異を測定する方向へと変わっていきました。田中ビネーVでもこの偏差IQを取り入れるようになっています。

　2010年に発行されたWISC-Ⅳは、WISC-Ⅲからのさまざまな変更がなされ、全検査IQと言語理解指標・知覚推理指標・ワーキングメモリー指標・処理速度指標を算出するようになり、神経心理学をベースとした理論的背景を持ちながら、かつ子どもの個別の指導計画につながっていく検査として完成度が高められたと言われています（Wechsler, D. 2010）。わが国では、とくに関心が高まっている発達障害に関する情報を得るために、このWISC-Ⅳは大いに使用されるようになってきており、知能検査の代表格としてその存在感はますます強くなってきています。

　さて、知能検査はこのような歴史的変遷をたどりましたが、これとは別の流れで発達検査が進化していきます。学童期よりも前の心身の発達が未分化な乳幼児に対しても知能検査を行なおうという研究が進んだのです（生澤 2004 a）。乳幼児は、大人のように適切なことばで応答することは困難です。また、読み、書き、計算など机上で行なう能力を駆使して検査を行なうのも無理でしょう。そして、歩くなどの運動、手を使った操作や遊びの能力が知的能力と密接に結びつくため、知能検査で測られるような特定の知的能力を分離して取り出すことは不可能になります。このため身体運動、認知、言語、社会的行動などの各領域の能力を分析し、子どもの生活能力全般を把

第1章　発達支援とアセスメント

握するための検査が発達検査としてたくさん考案されていきました。発達検査のタイプには、津守式のように間接的に保護者に聴取する質問紙中心のものと、K式のように知能検査同様に総合的、診断的に子どもに施行するものに分けることができます。全般的に、発達検査は知能検査に比べてIQのような明確な数値が算出できないものも多く、数値によって個人間の客観的な比較をしたり、クリアに保護者に状態を示したい場合には、使いにくいところがあります。

知能検査と発達検査の違いは何か

　では、知能検査と発達検査はどのように異なるのでしょうか。ここでウェクスラー式とK式を比較してみます。すでに述べたようにウェクスラー式は、偏差IQを採用しており、K式との大きな違いはここにあります。K式はIQが出ませんが、それに類似するものとしてDQ（Developmental Quotient：発達指数）を算出します。各年齢の子どもたちから得られたデータをもとに考えられた、年齢尺度や発達の順序尺度を利用する方法が採用されているのです。つまり、比IQの考え方を踏襲しています。知能検査のルーツをそのままに守ってきたといえるかもしれませんし、子どもは時間軸にそって発達していくのだという視点を貫いているとも考えられます。いずれにしても、日々成長・発達が著しい子どもたちの発達の道筋を吟味し、そのつまずきを軽減して、少しでも「生きやすい」環境を整えようとする「発達モデル」に依拠しています。

　ここで少し例えを用います。偏差IQを採用しているウェクスラー式の知能検査は、「地理」の授業において、世界の国々を比較することに似ているかもしれません。その国の面積、人口、産業、経済などの情報を分析し、ほかの国々と比較します。人口は世界で何番目か、GDPがどのくらいあるのか、食料自給率はどうであるかなど、それぞれ一定の評価尺度から順位を決めていくわけです。これは、同年齢集団で個人間の差を全検査IQや言語理解指標・知覚推理指標・ワーキングメモリー指標・処理速度指標の尺度から順位付けしていくことと似ています。また、少子高齢化している日本の人口

様態の特徴を考えたりすることが、このような尺度の個人内差を考えることと重なります。また、いくつかの国では、まだ発展途上であるために情報が足りず、同じ基準では比較できません。そこで、もう少しアバウトかつ異なった情報からその国の状態を推定できないかと考えたとすると、それは発達検査が生まれた経緯とダブります。

　じつは、発達検査が知能検査に勝る特徴があります。それは、くりかえしになりますが、発達し続ける子どもたちを見ていく（発展途上する国を見守る）という時間の流れを考慮している点です。年齢尺度・順序尺度は典型的な発達を遂げている子どもたちの道筋から作られていますが、それを背景に目の前の子どもが独自に発達してきた「今」の様態が映し出されるのです。胎児のときから今までずっと積み重ねてきた結果がそこにあります。これが「生育歴」を理解することであり、世界の国々にたとえれば、国の「歴史」を理解することです。その国の社会制度や政治形態、宗教の広がり、経済発展などさまざまな変遷を理解し、その国の今後を予測していくように、子どもたちがここまで発達してきた、そしてこれからどう発達していくのだろうかという視点を持って情報を収集するのが発達検査です。その国が持つ歴史と培ってきた文化、風土を理解しないと本当の意味でわかったことにはならないように、「地理」だけでなく「歴史」も理解していくことが、子どもたちの理解につながります。

検査結果を伝える相手が異なる

　もう一点、知能検査と発達検査の異なるところがあります。それは検査結果が誰にフィードバックされ、どのように利用されるかです。療育手帳判定のように行政的に数値が重要視される場合もありますが、知能検査も発達検査も、対象が子どもであれば、ほとんどが最初にその結果は保護者に伝えられます。ただ、ウェクスラー式をはじめその他の現在よく使用されている知能検査の結果は、保護者を通り越して、教育、医療、療育の専門家に伝えられ、そこで有益に利用されることが期待されているのではないでしょうか。とくにWISC-Ⅳの対象となる就学以降の年齢においては、家庭生活よりも

第1章　発達支援とアセスメント

学校や療育機関などの存在が大きくなり、保護者も家庭外における学習の成果に大いに期待するようになっています。実際に、知能検査の結果は学校でIEP（個別指導計画）の作成をする場合に用いられることが多くなっているようです。

　一方、発達検査の場合は、比較的小さな年齢児を対象としていることもあってか、医療・教育・療育の専門家よりも、子どもの発達を支える保護者に対して検査結果をフィードバックするウェイトが大きくなります。自分の子どもに関して一番の専門家である保護者と検査者が、検査結果を前にして対等に話し合う（コンサルティング）というスタンスが発達相談であり、検査者が短時間で保護者の専門性に追いつくための手段が発達検査といえるかもしれません。保護者が母親の場合、生まれる前からその子どもに付き合って得た経験知があり、検査者はそれにとうてい及びはしません。しかし、検査という特殊場面で得られた情報から構成される発達像の理解は、メタの視点や異なった切り口を提供するものであり、両者が交錯することでその子どもの発達の理解がより深まっていくと考えられます。

　このように、知能検査と発達検査では結果を伝える対象が異なっています。知能検査の結果が専門家にフィードバックされるからといって、知能検査が発達検査に比べて理論的に高次なものであるということではありません。発達検査の結果も生活に密着した子どもの力を見極められる点で役に立ち、重要であるといえます。発達検査で検査者に求められるのは、専門用語で表される理論的な内容がいかに日常生活につながっているかを考えて、自分の子どもの専門家である保護者に、それをきちんと伝える力です。そして、一方的に保護者に検査結果を伝えるのではなく、保護者からも情報を得ながら一緒に作り上げたその子どもの発達像が、教育や医療、療育に大いに役立っていくことは自明のことです。

新版K式発達検査は子どもの発達に出会うためのツール

　ここまで、ウェクスラー式を知能検査の代表、K式を発達検査の代表として位置づけて、対比させてきました。しかし、K式は発達検査ではあるので

すが、数値を算出する点において知能検査と同等の使われ方をします。客観的数値を用いて知能を比較・評価するための手段、療育手帳など数値を基準として等級の決定を行なう行政的手段、医学的診断のための補助手段として、K式は関西で多く使用されています。年齢・順序尺度を利用したDQですが、IQと同等と考えられて同じように使用されています。

　しかし、私は知能検査としてではなく、発達検査としてのK式を優先します。子どもたちに接していると、その主体的に発達するエネルギーのすごさに圧倒されてしまいます。「放っといても育ってしまう」くらい子どもたちは日々成長・発達し続けるので、その瞬間、瞬間に私たちがどのような援助を子どもたちに提供できるかが勝負となります。K式で算出された数値は一時的であり、子どもの発達の状況を示すにはアバウトすぎます。WISCなどウェクスラー式は、客観的数値の表す意味を科学的に分析できるように精緻化されてきていますが、K式は数値以外の情報に、より光を当てています。また両者ともに「プロフィール」が出てきますが、K式のそれはWISCに比べてかなり異なった内容を示しており、K式を理解するうえでも重要な概念となるので、第2章で詳しく説明します。

　私は、子どもが発達障害や精神遅滞であることを診断するためにK式を使うのではなく、その子特有の発達の道筋を少しでも理解し、援助のしかたを考えるためにK式を使うという立場をとっています。一般的に、知能・発達検査は診断の補助手段として用いられることが多いと思いますが、診断の「補助」ではなく、あくまでも発達の道筋を理解するための中心的ツールとしてK式を利用しているのです。つまり、知能検査によって「信頼性、妥当性に裏打ちされ、できるだけ客観化、数量化されたデータを得る」ことを最終目標とするのではなく、「発達相談」のように、「目の前の子どもを理解し適切な援助を行なっていくために、有用な情報を得る手段とする」という、発達支援現場のニーズに直結したものとしての性格がK式には大きくあると考えているわけです。数値を得るためだけにしか使わなければ、得られたたくさんの情報が生かされず、しっかりと取り組んでくれた子どもたちに失礼です。K式は、子どもたちの発達に出会うためのツールであるべきです。

第1章　発達支援とアセスメント

新版Ｋ式発達検査をとおして子どもの何が見えてくるのか

　Ｋ式が知能検査ではなく発達検査であることの特徴を、歴史性や発達の道筋など、時間軸という概念を持ったものとして述べましたが、学校教育が主体になってくる前の乳幼児期の育ちのすばらしさを考えると、どうしてもこの感覚が必要です。Ｋ式を実施する目の前の子どもたちには、その固有の能力を使って生きている毎日の生活の営みがあり、それを支える家庭やその他の環境との相互作用が歴史的に積み重ねられた結果がそこにはあります。

　図表1-1-1に示しましたが、Ｋ式の使い手は、目の前の子どもをＫ式という道具で測って数値を出すことに終わらず、凹レンズで示しているように、その子どもの発達像だけでなく、環境との相互作用とその歴史をも検査場面をとおして見通せる力量を磨くことが重要です。Ｋ式は、その子どもの生活全般の発達に関する情報を垣間見ることのできる、優れたツールです。子どもたちの反応には援助につながるヒントが大いに隠されており、それを保護者と一緒に考えていくことが重要で意味のあることです。Ｋ式の使い手は、「お師匠さん」である子どもたちと保護者に育ててもらっているという実感を強く持っています。

（大島　剛）

図表1-1-1　Ｋ式を使ってみるべきもの

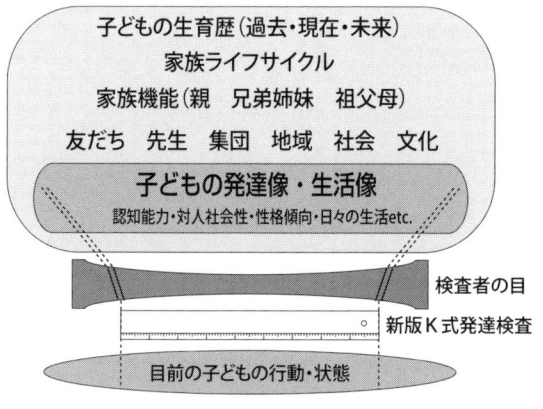

第2節　発達検査の結果を子どもの成長に活かすために

「発達相談の目的は何でしょう？」と尋ねると「保護者や支援者に子どもの今の状況や能力を正確に把握してもらって適切な養育を行なってもらう」。次に「アセスメントは？」と尋ねると「発達検査によって発達状況や特徴を把握する」といった答えが返ってくるのではないでしょうか。

発達検査などによって現在の子どもの能力や特徴を把握し、検査の結果だけで助言をしたり、支援機関につないでいくだけでは検査者の自己満足にしかなりません。発達検査の結果を効果的に子どもの成長に生かしていくために必要なことについて、考えていきたいと思います。

「発達相談の目的」とは何か

子育ての最終的な目標は、子どもを社会に適応して生活していくことのできる大人、つまり、仕事をして（就労）、税金を納めて（納税）、適切に子どもを育てていく（義務教育）、社会の構成員として国民の三大義務を果たせる人にすることにあります。子どもの側から見ると、成長の過程でいろいろな体験をし、物事のとらえ方、考え方、対処法など、一人前の大人として適応的に社会生活を送るのに必要な力を身につけていくことになります。これらを習得していくために必要な要素を「子どもの発達上のニーズ」といい、子どもの発達段階に応じて、適切な場と適切な刺激、適切なフォローを提供してニーズを充足していくことが保護者や社会に求められます。

発達相談では、この発達上のニーズをどのように保障していくのかが主要なテーマになり、子どもの特徴や現在の状態を把握し、保護者が適切にかかわっていけるようサポートしていくことが目的になります。この目的を達成するためにはアセスメントが重要になります。

相談支援とアセスメントの関係

　発達相談は、保護者自身の気づきや疑問、他者からの指摘などにより保護者からの相談という形で始まります。図表1-2-1のように、まず、保護者からのインテークや子どもの発達検査などによってアセスメントを行ない、目標を定め支援計画を作成し、具体的な支援を行なっていきます。

　支援のプロセスにおける留意事項として以下のことがあります。

- アセスメントでは専門職の見立てだけでなく、利用者・家族の希望、意見を尊重する。
- 目標の設定では、短期、中期といった期間と具体的な状態像を設定する。
- 支援計画では、利用者・家族が希望する生活を実現するために、スタッフはどのようなサービスを提供するのかを中心に作成する。
- 支援計画では、できないことは、どのような支援をすればできるようになるかの視点で作成する。
- 利用者・家族の同意を得る。
- 計画が適正に実施されているか継続的なモニタリング、再評価を行なう。

図表1-2-1 支援のプロセス

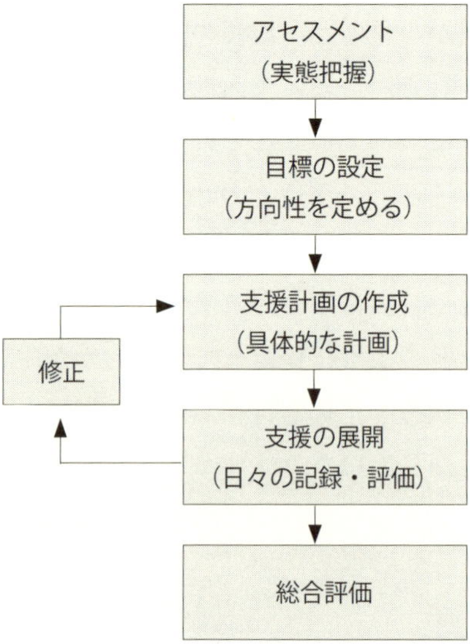

アセスメント（実態把握）
↓
目標の設定（方向性を定める）
↓
支援計画の作成（具体的な計画）　←修正
↓
支援の展開（日々の記録・評価）
↓
総合評価

　すべての保護者が子どもの発達支援のニーズを持っているとは限りません。インテークの段階から信頼関係を築くだけでなく、情報整理の過程が支援であることを意識し、利用者のニーズと支援計画をシンクロナイズさせていく工夫が必要になります。そのために

は、子どもの現在の状態、保護者の養育力、家庭環境など広範囲のアセスメントが必要になります。また、弱み（問題点）だけでなく、強みについても意識する必要があります。

相談支援の中心である子どもが発達上どのような課題を持っているのかを考える材料として、発達検査があります。

発達検査によるアセスメント

発達検査は、標準化された物差しでしかありません。それは、子どもの能力や状態像の一部を測るものでしかないのです。検査者には、検査項目の出来、不出来といった結果だけでなく、検査から子どもの全体像に近いもの、生活の様子をどれだけイメージできるのかが求められます。

K式の場合、生活場面で観察される遊びや様子をもとに検査項目が設定されていますので、比較的生活に近い様子を想像することができます。加えて、その背景にあるさまざまな状況も想像することが可能になります。これらはあくまで仮説であり、他の情報と照合しながら検査者なりの見立てを作っていく姿勢が大切です。その詳細は、第1節および2章以降で詳しく解説されていますのでここでは省略します。

検査によって子どもの現在の状態が明らかになると、どのような力をつけていく必要があるのか、そのために何をする必要があるのかが明確になり、具体的支援の計画づくりの準備ができます。実効性のある支援計画にするためには、先に述べたように保護者の養育力や家庭環境についてのアセスメントが必要になります。総合的なアセスメントのヒントとして、英国で用いられているコモン・アセスメント・フレームワーク（Common Assessment Framework：以下CAF）を紹介します。

コモン・アセスメント・フレームワークとは何か

CAFは、英国で支援を必要とする子どもについて支援機関が共有するベースとなるアセスメントです。子どもが複合的な課題や特殊な課題を持っている場合は、さらに専門的なアセスメントを実施し支援が行なわれます。

CAFは、子どもや保護者との話し合いによって作成されます。

図表1-2-2のように子どもの権利擁護と福祉の推進という目的に沿って、「子どもの発達上のニーズ」「ペアレンティング能力」「家族・環境要因」の3つの領域に分けて状態像を把握する構造になっています。これらの3つの領域は相互に関連し、影響しあっています。

たとえば、新しいことになかなか取り組めない、自信がなく不安な様子がうかがえる子どもがいるとしましょう。その母のかかわりを見ているときつい口調で指示が多く、子どもは固まってしまうことがあります。ペアレンティング能力の項目で考えると、「情緒的な暖かさ」「適切な刺激」「指導としつけ」あたりのところに課題があることが親の態度から推察されます。

そうすると、「しっかり子どもの目線の高さに合わせて、目を見ながらゆっくりした口調で、確認しながら指示を出してください。いくつもの指示を重ねると混乱しますし、なぜ躊躇しているのかを子どもが話せるような雰囲気で質問をしてみてください」というような助言が行なわれるのではないでしょうか。内容は間違っていないのですが、かかわり方を変えてもらうには、このようなかかわり方になってしまう理由としてどのようなものがあるのかを考える必要があります。「子どもの特性を理解していないから？」「父が失業して収入が不安定になっているから？」「相談できる祖父母や兄弟、友だちがいないから？」「母自身のこれまでの体験の影響？」などいろいろな可能性が考えられます。

また、このようなかかわりが続くと子どもの発達上のニーズにどのような悪影響を及ぼすのかを考え、かかわり方の変更を求める根拠をしっかり持つ必要があります。

実際はこの例ほど単純なものではなく、いろいろな要素が複雑に絡み合っていますので、得られた情報を整理して家族にあった支援計画を立てていく必要があります。

アセスメントシートの利用にあたって

支援計画を立てていくうえでどのような情報が必要なのかの指標になるの

図表1-2-2　CAFの構造

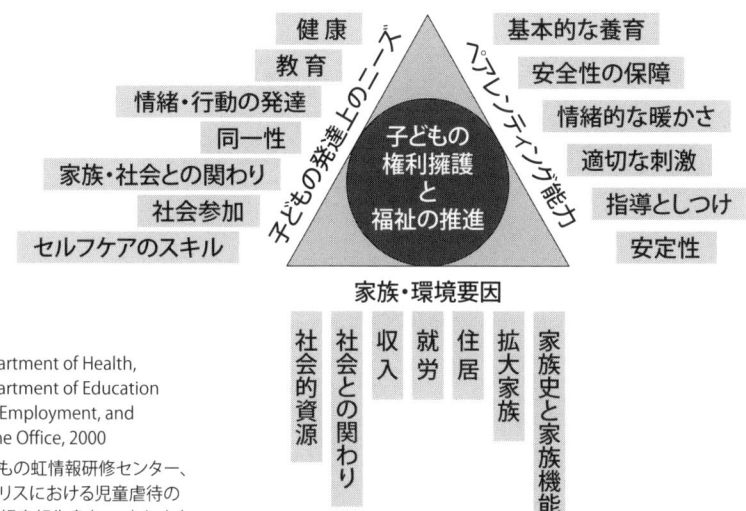

Department of Health, Department of Education and Employment, and Home Office, 2000
子どもの虹情報研修センター、イギリスにおける児童虐待の対応視察報告書(2007)を改変

がアセスメントシートです。情報はエピソードの形で集まってきます。エピソードに含まれる情報は暗号のようなもので、どのような情報を読みとくのか、さまざまな視点から検討することになります。もちろん、1つのエピソードにもさまざまな情報が含まれていますし、エピソードは複数あるのが普通ですので、暗号の解読表が必要です。それがアセスメントシートになります。

　アセスメントを行なっていくためには、多種多様な知識を要します。代表的なものを次にあげておきますが、これがすべてではなく、療育における訓練のように個別の課題についての知識も持っておくべきです。
　①子どもの発達
　　　知能、行動、性格、情緒、ソーシャルスキルなど
　②子どもと他者や環境の関係
　　　愛着、トラウマなど
　③家族機能

第1章　発達支援とアセスメント

家族構成員のための機能と社会の構成員としての機能
④個人のライフサイクル
　　人の誕生から死に至る過程における課題への対処
⑤家族のライフサイクル
　　結婚から拡大家族までの家族機能と課題への対処
⑥障害・病気
　　身体、心、併存障害、二次障害など
⑦社会制度、システム
　　健診、予防接種

援助を必要としている子ども・家庭のアセスメントシート

　前述のCAFのアセスメントシートは、巻末の参考文献にあげた内閣府制作統括官による調査報告書に紹介されています。包括的アセスメントの考えを取り入れて改変したものが「援助を必要としている子ども・家庭のアセスメント（試案）」（図表1-2-3、34～35頁）です。この試案のシートは、私が勤めている児童相談所での使用を前提としているために、寄せられた家族情報の整理をして、子どもの発達上のニーズをいかに保障するのかを考えていく必要性から、発達上のニーズが最後に来ています。使いながら改良を加えていこうと考えていますので、あくまでも試案です。これをベースにアセスメントについて深めていきます。

　紙面の都合上、箇条書き的な解説になりますので、個々の内容に関しては別に学んでください。

❶ペアレンティング能力

　子どもの発達上のニーズを支える2つの局面の1つが、「ペアレンティング能力」（保護者の養育の能力や配慮、技術といった子どもへのかかわり）になります。

　【基本的な養育】
　子どもの生理的欲求に応えて充足する。食事、飲み物、適温、住居、清潔

で身体に合った衣服、衛生の確保、適切な医療を受けさせる（歯科治療など も含む）。
⇒安全と保護を保障する基本的なケア

　【安全性の保障】
　子どもが危険や危害から守られるように気をつける。
　虐待や事故の危険から守り、危険な大人や子どもに近づけない、自傷をさせないことも含む。家庭内外の害や危険を認識している。
⇒安全と保護を保障する基本的なケア

　【情緒的な暖かさ】
　子どもの情緒的な欲求が満たされるように気をつけ、子ども自身が自分は特別に価値のある存在だという感覚を持って、肯定感が得られるようにする。大切な大人と確実で安定した暖かい関係を持ちたいという子どもの欲求を適切に感じ取り、受容して満たすことを含む。適度な接触、子どもを認め、褒め、励ましていることを示す。
⇒情緒的な暖かさと安定性

　【適切な刺激】
　励まし、意識的に刺激を与えることで子どもの学習意欲や知的発達を促し、また、社会活動への参加を勧める。
　子どものやり取りや会話、子どもの発語や問いかけに応え、遊びを促し一緒に遊び、教育の機会を提供する。このような子どもの認知発達を高め、潜在力を引き出すことを含む成功を実感する機会を与え、学校などの教育機会を確保する。難関に挑戦させる。
⇒指導・境界・激励

　【指導としつけ】
　子どもが自分の感情を制御できるようにする。
　親の主要な役割は、適切な行動や感情の制御、他者との関係のあり方ややっていいこと、いけないことの区分の手本を自ら示し、模範となることで、子どもは自分の中に倫理の価値や良心、自分が成長してその一員となる社会で許される行為というもののモデルを培っていく。目的は子どもを自分

第1章　発達支援とアセスメント

なりの価値観を持ち、他者の中で適切な行動を取れる自立した成人に育てること。外的な規範に依存して生きる人間にすることではない。これには冒険や学習の機会に必要以上に干渉して過保護にしないということも含んでいる。

さらに社会的問題の解決、怒りのコントロール、他者への思いやり、行動を効果的に制御し、強制することも含む。
⇒指導・境界・激励

【安定性】

子どもに十分に安定した家庭環境を与えて、主たる養育者とゆるぎない愛着関係を育むことにより、発達に最適な環境を整える。

ゆるぎない愛着関係が乱されないようにし、常に一定の情緒的な暖かさを与え、同じ行為には同じ対応をする。子どもの発達につれて、親の対応も変わり、また発展していく。加えて、子どもたちが大事な親戚やその他の大人に会えるように取り計らう。
⇒情緒的な暖かさと安定性

❷家族・環境要因

子どもの発達上のニーズを支えるもう1つの局面が、家族機能を評価する「家族・環境要因」となります。

【家族史と家族機能】

家族史には遺伝的要因と心理・社会的要因を含む。

家族機能は、次のような要因に影響を受ける。世帯に誰が同居し、子どもとどうかかわっているか、家族や世帯の構成の大きな変化、親の子ども時代の経験、人生の重要な節目や家族にとってのその出来事の意味、兄弟との関係やその影響など家族機能の性質、世帯にいない親も含めて親の長所や問題点、別れた親同士の関係など。
⇒家族史と家族機能

【拡大家族】

子どもと親がどこまでの関係を拡大家族と認識しているのか。血縁者も非血縁者も、不在の者も含む。その人々の役割と重要性は何か、具体的にはど

ういう役割を果たし、どう重要なのか。
⇒拡大家族

【住居】

　住居には子ども、その他の人にとって年齢や発達にふさわしい基本的な生活用具や設備が整っているか。障害がある者も出入りできる適切な作りになっているか。住居内と外側、周辺部を含む。基本的な生活用具や設備とは、水道、冷暖房、衛生設備、調理器具、寝具など、清潔、衛生、安全性などあり、それが子育てに及ぼす影響も含む。
⇒住環境・雇用・経済

【就労】

　世帯の中で誰がどのように働いているか。就労形態に変化はないか。それは子どもに影響を与えるのか。仕事あるいは失業を家族はどう見ているのか。それが子どもとの関係にどう影響しているのか。子どもの仕事の経験やその影響を含む。
⇒住環境・雇用・経済

【収入】

　一定期間家族を養えるだけの収入があるか。家族の収入の恩恵を十分に受けているか。家族の最低限の生活を支えるに十分な額か。家族が利用可能な社会資源はどのように活用されているか（たとえば習い事）。子どもに影響するような家計の行き詰まりはあるか。
⇒住環境・雇用・経済

【社会とのかかわり】

　隣人やコミュニティなどとどのようにかかわり、それが子どもや親にどう影響を与えているのか。近所づきあいや孤立、仲間、友人関係やネットワーク、さらに家族はそれらをどの程度重要と見ているのか。
⇒住環境・雇用・経済

【社会資源】

　近隣の設備やサービスをすべてあげる。地域・家庭医療やデイケア（保育園なども含む）、学校、宗教施設、交通機関、店舗、レクレーション施設と

第1章　発達支援とアセスメント

いった誰でも利用できる施設も含む。利用しやすさ、交通の便と質、障害がある者も含めて家族に対する影響度も考慮する。
⇒地域性、社会的・福祉的サービス

❸子どもの発達上のニーズ

【健康】
　心身の健康だけでなく、成長や発達の度合いも含む。遺伝的要因や障害も考慮に入れる。栄養、運動、病気の時の適切な医療、必要に応じた予防接種や発達診断、歯科や眼科の検査、年齢に応じて性や薬物乱用など健康に影響を与える問題についての情報提供や助言など。
⇒健康全般、身体的発達、言語・コミュニケーション能力の３項目

【教育・学習】
　生まれてからのあらゆる知的発達を含む。遊ぶ、他児とのかかわり、本を読む、さまざまな技能を修得したり関心を満たす、成功や達成を実感するなどの機会を得る。このような子どもの知育や知的発達や向上心に関心があり、子どもの状態を重視して教育上の「特定の配慮」が必要かどうか気にかける大人はいるのか。
⇒理解力・論理的思考力・解決力、学習・教育・雇用への参加度、学習進度と学習成績、目標の４項目

【情緒・行動の発達】
　子どもが主に親や養育者に対して、また成長に伴って家族以外の人に対して、感情や行動を表す反応が適切かどうか。早期の愛着の程度と質、気質の特徴、変化への適応、ストレスへの反応、適度な自己抑制がどの程度できるかなど。
⇒情緒・社会性の発達

【同一性】
　子どもの自分は他者とは違う存在で価値ある存在なのだという感覚が成長と共に育っているかどうか。自分やその能力に対する見方、自己像、自己肯定感、人格の個別性に肯定感情を持っているか（人種、宗教、年齢、性別、性

的指向、障害なども関係する)。家族や同年代の仲間、社会や文化の異なる集団であっても帰属感と受容されている感覚を持っているのか。
⇒アイデンティティ

【家族・社会とのかかわり】

人の立場で考える力、共感力の発達。親や教育者と安定した愛情のある関係があるか。それに対する家族の反応はどうか、兄弟の関係は良好か。加齢につれて同年代との友情や人生に影響を及ぼす人物の重要性が増してくるのか。それに対する家族の反応はどうか。
⇒家族・社会との関係

【社会参加】

自分の外見や行動、障害などが人からどう見られ、どのような印象を生むのかについて、子どもの理解が深まっているのかどうか。年齢、性別、文化、宗教にあった服装をしているのかどうか。清潔や衛生に気を配っているか。親や養育者は場所柄をわきまえた態度や服装を指導しているか。
⇒家族・社会との関係

【セルフケア】

自立に必要な生活力、情緒の安定を保つ力、伝達力を身につけているか。早期の生活力としては、衣服の着脱、食事、自信をつける機会、家族から離れて行動する力。成長した子どもには、ひとりで身の回りのことをする力。社会的問題解決能力を身につけられるよう推奨することも含む。障害その他の要因が自立力の発達に与える影響や、それらの要因を問題化する社会状況に特別の注意を払う必要がある。
⇒生きる知恵と技術(セルフケア)

CAFをベースに

CAFはあくまで基本情報の整理です。支援を行なう機関ごとに支援の目標は異なりますので、目的に沿った別のアセスメントも必要になります。たとえば、子ども虐待のように複合的な課題がある場合には、専門的なリスクアセスメントを行ない、支援の対象となる家庭や子どもの特徴を詳細に分析

します。その上で、子どもの発達のニーズを効率的に保障していくために支援計画を立てていきます。

さらに支援計画では、具体的な目標を定め、どのような方法で、どのような力をどう育てていくのかを明確にしておくことが大切です。具体的でない目標は支援の効果の評価がむずかしく、支援を長引かせ、子どもも保護者も支援者も疲弊させられることになります。また、ショートゴールを設定することにより支援の実施と効果の評価を繰り返すことで、支援の効率を上げ、取り組みの意欲を減退させないようにできます。

もちろん、アセスメントに必要な情報がすべて集まるわけではなく、不完全なものだということを意識して、情報収集、アセスメント、支援の実施、再アセスメントのサイクルを繰り返し、より効果的な支援にしていくことを心がけることが重要です。アセスメントの時に、うまく説明ができない、何か腑に落ちないものを感じるところがあると思います。視点を変えて情報の整理をすることにより、何らかのリスク要因（例えば併存障害など）が見つかることもあります。

幅広い視点をもって臨む

アセスメントは継続的な支援を行なっていくうえで必要なものです。発達相談は、比較的短時間でインテーク、検査、助言と流れていきますので、この流れの中で、包括的なアセスメントがどこまでできるのかと問われると、「簡単なことではないけれど、幅広い視点を持って臨んでください」とお答えしています。

発達検査はいろいろな情報を提供してくれますし、情報収集のためのヒントを与えてくれます。助言過程では、単に検査結果を説明してアドバイスをするのではなく、検査中に感じた疑問を明らかにするために、アセスメントのための情報収集を意識しながら面接を進めていくことが求められます。

（菅野道英）

包括的アセスメントのすすめ

　老人福祉や障害者福祉のサービスでは、利用者の強みを生かし、弱みをサービスで補う、支援者と利用者がパートナーシップをもってよりよい生活を目指すストレングス・アプローチが行なわれています。しかし、児童の領域では、発達保障という命題からか課題を明らかにし、その原因を追究し、改善に向けた支援を検討するという、問題中心、つまり過去や現在の問題を改善するという専門職の作ったリスク中心のストーリーに基づいた支援計画が立てられがちです。

　たとえば、発達相談では、子どもの発達上の課題を明らかにして支援を行ないます。専門家による訓練的な支援もありますが、大半は生活の中での接し方の工夫や環境を整えるといった内容の助言を行なうことが多くなります。保護者の養育能力や家庭環境などに問題がない場合は、助言と経過観察の繰り返しによってサポートすることでいいでしょう。しかし、マルトリートメントなど複合的な課題のある家族の場合は、支援が継続的で、内容も多岐にわたり、複数の機関が支援に関わることになります。また、協力的な家族ばかりではないので、慎重に支援が実行されるような支援計画を立て、取り組んでいく必要があります。

　支援計画を立てるためには現状を明らかにするためにアセスメントを行ないます。この段階から利用者の考えや意見を取り入れ、パートナーシップを築いていく取り組みが必要になります。問題や弱みだけでなく、強みについての情報も見立てに盛り込み、過去の問題や現在の課題だけでなく、未来についての情報（希望とリスク）も共有することで支援者と利用者の良好な関係作りをすすめます。

　さらに支援者側にも同様に強みや弱みなどがあります。それらも含めてアセスメントし、支援者と利用者が共有することにより、支援計画をより実効性のあるものとしていくことができます。

（菅野道英）

図表1-2-3　CAF　援助を必要としている子ども・家庭のアセスメント（試案）

児童名　　　　　　保護者名　　　　　　記録者　　　　　　　　平成　年　月　日

このアセスメントは、援助を考える上でベースとなるものです。
　保護者の養育能力、家族・環境などの要因を強みと弱みの情報に分けて記述し、その後、児童が社会適応に必要とする知識や物事のとらえ方、対処法などを身につけていく上でどのような援助が必要なのかを考えていきます。
　まず、強みと弱みについて記述し、援助の状況について、援助が行われておらず、今後も必要が無い時は「ない」。現在援助が行なわれている時は「ある」。援助が必要もしくは、援助が行なわれていても修正が必要な時は「検討」にチェックしてください。
　理想的には、家族や児童と共有して作成していくことが望ましいものですが、まず関係者で話し合って作成し、その後、家族や児童と共有、修正していくといった使い方も可能です。

養育能力

アセスメント項目と要素	援助の状況	
安全と保護を保障する基本的なケア	ない・ある・検討	衣食住の提供、安全で衛生的な環境、危険から守る工夫と対処
強み		弱み
情緒的な暖かさと安定性	ない・ある・検討	賞賛と励まし、安定した関わり
強み		弱み
指導・境界・激励	ない・ある・検討	適切なストレスの提供、肯定的行動モデルの提示、肯定的活動に対する支援
強み		弱み
既存の支援		**新たな支援**

家族・環境

アセスメント項目と要素	援助の状況	
家族史と家族機能	ない・ある・検討	世帯の文化と歴史、家族内の関係性、非社会的・反社会的行動、親の不在
強み		弱み
拡大家族	ない・ある・検討	祖父母、親戚、プライベートな支援ネットワーク、関係性
強み		弱み
住環境・雇用・経済	ない・ある・検討	住宅設備、労働時間、収入
強み		弱み
地域性、社会的・福祉的サービス	ない・ある・検討	地域の特性、生活の必需品の調達、利用できるサービス
強み		弱み
既存の支援		**新たな支援**

アセスメント項目と要素		援助の状況	
子ども の 発 達 上 の ニ ー ズ	健 康	健康全般	ない ・ ある ・ 検討	現在の状況、医療機関との関わり、予防接種や健診
		強み		弱み
		身体的発達	ない ・ ある ・ 検討	栄養状態、身長・体重、運動能力(微細運動、粗大運動)
		強み		弱み
		言語・コミュニケーション能力	ない ・ ある ・ 検討	望ましいコミュニケーション手段の獲得、聴取・理解・応答
		強み		弱み
		情緒・社会性の発達	ない ・ ある ・ 検討	初期の愛着、情緒的安定感、ストレス対処法、同年代集団との関係
		強み		弱み
		行動の発達	ない ・ ある ・ 検討	TPOに応じた適応的行動様式
		強み		弱み
		アイデンティティ	ない ・ ある ・ 検討	自己認識、自己評価、帰属感
		強み		弱み
		家族・社会との関係	ない ・ ある ・ 検討	家族、仲間、地域社会との安定した関係の構築
		強み		弱み
		生きる知恵と技術(セルフケア)	ない ・ ある ・ 検討	ソーシャルスキル、ADL、適応行動をするための原理の習得
		強み		弱み
	教 育 ・ 学 習	理解力・論理的思考力・解決力	ない ・ ある ・ 検討	創造的・探求的・実験的な姿勢、想像的な遊び&相互関係
		強み		弱み
		学習・教育・雇用への参加度	ない ・ ある ・ 検討	アクセスの仕方やかかわり方、大人による支援
		強み		弱み
		学習進度と学習成績	ない ・ ある ・ 検討	基本的な知識や技能の習得状況
		強み		弱み
		目標	ない ・ ある ・ 検討	成長や進歩に対する考え方、モチベーション
		強み		弱み
既存の支援		新たな支援	

参照:青少年のための共通アセスメントの枠組み(英国における青少年育成施策の推進体制等に関する調査報告書、内閣府政策統括官 H21.3)

第1章 発達支援とアセスメント

第3節　新版K式発達検査の基礎知識

　ここで、あまりK式をご存じでない方のために、あらためてK式の基礎について歴史、特徴、構造の3つにわけて紹介します。これらを知ってもらうことで、次章の理解が進むはずです。

歴　史

　K式は、1951年（昭和26年）に京都市児童院で生まれました。ビネーだけでなく、ビューラー（Buhler, C.）やゲゼル（Gesell, A. L.）の影響を強く受け、「行動パターンの出現する順序と時期はほぼ一定」という考えを採用しています。

　この検査は、もともと乳児用尺度（1歳未満）、幼児用尺度（1～6歳）、学童用尺度（京都ビネー式個別知能検査、4～14歳）の3尺度から成っていましたが、1980年に「新版K式発達検査（Kyoto Scale of Psychological Development）」として1つの尺度となり、1983年に14歳まで尺度が拡張された「増補版」が「新版K式発達検査」として全国的に広まっていくことになりました。その後、時代に合わない部分や抱えている課題に応えるために再改訂が行なわれ、2002年に刊行された成人にまで尺度を広げた「新版K式発達検査2001」が最新版となっています（新版K式発達検査研究会 2008）。私は「新版K式発達検査」になる前のK式に触れていた世代ですので隔世の観があります。

特　徴

①子どもの応答・反応を観察する

　質問紙法ではないので、他の知能検査と同じように1つずつ与えられる検査項目に子どもがどのように応答・反応するかを観察し、その検査項目の通過基準を満たすかどうかを評価します。そこで出現した行動を分析し、また

それをエビデンスとして母親への助言に役立てていくことができる検査です。目の前に子どもがいること、自由遊び場面の行動観察ではないこと、設定された検査項目が構造化されている場であることなどによって、より広く深い客観的な視点で子どもからの生きた情報が得られます。

②子どもと検査者の相互作用から見えてくるものを大切にする

K式の実施手引書（生澤ら2002）には、「検査場面は入学試験のように頑張ったらどこまでできるかを競争するのではなく、子どもとの楽しい応答や会話を通じて、子どもの典型的な反応パターンを見る場面でもあるべき」と記述されています。このために、子どもとのラポール、注意持続の工夫、安全確保、過度の緊張の排除などが注意事項としてあげられており、被検査者として受動的に座っている子どもを想定しているのではなく、主体的に能動的に生きている子どもと検査者の相互作用から見えてくるものを大切にするべきだと考えられます。机の前で黙って集中して答えてくれる年齢に達していない、低年齢の子どもを対象にするときにとても重要ですが、じつはこれを実践しようとするのはとてもむずかしいものです。

③臨機応変な対応を求められる

K式は、乳児期の第1、2葉を除いて、他の知能検査のような検査項目の実施順序は決まっていません。他の検査のようにスタートの検査課題が決まっていて、その後の実施順序もマニュアル化され、終了の条件が明確であるようにはパッケージ化されていません。つまり、K式では、臨機応変に対応することが要求され、「検査に子どもが合わせていくのではなく、子どもに検査を合わせていく」検査です。詳しくは第2章で解説します。

④「遊び＝検査」にしていく必要性がある

実は実施順序が決まっていないからこそ、さまざまな個性の子どもたちに臨機応変に対応し、「遊び＝検査」にしていく必要性があります。「遊びが仕事」である幼児期までの時期は、遊びをとおして最大の能力を示してくれると思います。子どもと遊んだ経験を多く持ち、子どもの発達を知っていることが検査者には重要です。未熟な検査者は子どもに不快な思いばかりさせ、表面的な不当に低い結果や評価を導き出してしまう可能性すらあります

(たとえば緊張して反応してくれない、怒って積木を投げてしまう時でも不通過（−）をつけてしまう）。とくに幼児の場合、自分が検査されたのではなく「楽しく遊んでもらった」と思っており、そして検査者がリラックスしてニコニコと子どもと交流することによって、子どもとのラポールが促進され、効率的に子どもに関する有効な情報を得られるようになります。検査者も楽しむことができればなおいい検査です。しかし、当然心理検査としての教示等の施行方法は遵守しなくてはならないので、実際にはハードルの高い要求がなされているわけです。ですから、初心者は大変苦労します。ただ、検査に馴れ親しんでいくにしたがって、子どもと遊ぶ楽しさ、子どもたちが教えてくれる発達の姿に出会える楽しさ、検査者が立てたその子の発達像に対する仮説検証の楽しさを得ることができます。この自由度の高さは、「半構造化面接型検査」「知能・発達検査分野の投映法」と呼べるかもしれません。

⑤検査をとおして子どもの生活までもみていく

図表1-1-1（20頁）に示したように、K式の検査者は、検査をとおして子どもの生活までも見ていく視点が大切です。K式には生活に具体的につながりやすい検査項目が用意されており、具体的な生活場面への適用が簡単で、個別的な発達像を明らかにしやすいという特徴があります。保護者と話す場面で、実際の家の様子を想定しながら検査の結果を語ることによって、保護者からの共感が生まれやすくなるかもしれません。

構　造

①検査用具と検査用紙

検査用具は、ほとんどが専用の黒のアタッシュケースに入っており、深緑色の課題箱とセットになっています。検査用紙は0歳0カ月〜成人までの範囲を6枚で構成、328項目の検査項目がその上に配置されています（44〜45頁参照）。これらの検査項目については、子どもの観察から得られた情報をもとに標準化の作業が行なわれ、標本全体の50％の子どもたちが通過する年代（領域）の項目として、1カ月（第1、2葉）、3カ月（第3葉）、6カ月（第4葉）、1年、1年以上（第5、6葉）の幅を持たせた領域の中に配置されてい

図表 1-3-1　各検査用紙の年齢領域と検査項目の配点

用紙	年齢領域	範囲	配点
第1葉	0歳0カ月〜0歳6カ月	半年	1点
第2葉	0歳6カ月〜1歳0カ月	半年	1点
第3葉	1歳0カ月〜3歳0カ月	2年	5点
第4葉	3歳0カ月〜6歳6カ月	3年半	前半5点 後半10点
第5葉	6歳6カ月〜14歳0カ月	7年半	10点
第6葉	10歳0カ月〜成人Ⅲ	重複あり	10点

ます（図表1-3-1参照）。なお、K式の検査用紙は「第1葉」などとそれぞれ「葉」と命名されています。

6枚の検査用紙のうち、6歳半の発達年齢までで4枚を使用しています。つまり、就学までの時期に精度が高く、とくに威力を発揮できると期待されます。

②検査項目

検査項目は、①姿勢・運動領域（Postural-Motor Area：P-M）：主として、身体機能の発達を見ていく項目で、第1・2葉が中心の課題領域（3歳半まで）、②認知・適応領域（Cognitive-Adaptive Area：C-A）：主としてモノの認知や操作を中心とした課題領域、③言語・社会領域（Language-Social Area：L-S）：主として言語を用いた認知や操作を中心とした課題領域および社会的能力の3領域に分けられています。それぞれの領域のDA（Developmental Age：発達年齢）、DQと全領域のDA、DQを加えた4種類の数値が得られます。

③得点化と算出方法

基本的に、それぞれの検査項目の判定基準が満たされた反応があれば通過（＋）、基準に満たなければ不通過（−）を記載していきます。ただ、328項目すべて実施するわけにはいかないために、プロフィールというラインを引くことで、実施しなくても通過（＋）とみなす検査項目も含めて、すべての通過した（通過とみなした）検査項目の数を計算し、換算表からDAが導き出

され、DQが計算されます。

　これらの数値を算出することは意外と煩雑でミスを犯しやすいのですが、考え方は至ってシンプルです。各領域の検査項目で通過した（＋と判断された）検査項目の数にそれぞれの重みづけの係数を乗じた得点を総計します。つまり各領域とも1点の検査項目、5点の検査項目、10点の検査項目がそれぞれいくつあったかで総得点が計算されるわけです。配点の異なる問題が含まれた期末テストの採点をイメージするとわかりやすいかもしれません。

　K式では日齢ないし月齢を採用しており、とくにCA、DAが2歳以下の場合は日齢を用います。年齢が小さいほど1日の重みが多く、それだけ正確に算出することが検査結果の精度を高めると考えられます。しかし、日齢は私たちの生活ではなじみが少ないためにかえって扱いにくく（たとえば生後800日と言われても何歳何カ月とピンとこない）、月齢を算出する簡便法を用いたり、手引書にある付表で日齢⇒月齢⇒年齢（○歳○カ月）に換算したりする方法がポピュラーとなっています。私たちはDAによって発達水準をイメージするため、だいたい何歳くらい、何歳何カ月程度と示されるほうがわかりやすいわけです。

　できるだけこの得点化のミスを少なくするために、検査用紙の下の得点欄には、重みづけ係数（配点）とともに、その列以前の全項目が（＋）であったときの合計得点が、姿勢・運動、認知・適応、言語・社会、全領域の順に記入してあります。必ず検算をして正確な数値を導き、ミスによる不当な数値で被検査者である子どもたちに不利益をもたらさないことが肝要です。熟練してくると、検査用紙の（＋）（－）の分布からほぼ妥当な発達年齢が算出されているかどうかわかるようになってきます。

（大島　剛）

第2章

新版K式発達検査を使って子どもの発達像を読む

大島 剛／川畑 隆／大谷多加志

第1節　プロフィールと縦の関連・横の関連・斜めの関連

　大半の心理検査はスタートと終了の項目が明確に決まっており、プロセスも分析の仕方や解釈もマニュアル化しています。ところがK式はそうではありません。実施順序が決まっていないため、初心者にはなかなか理解できないようです。この節では、この点を掘り下げできるだけわかりやすく解説していきたいと思います。

プロフィールとは何か

　他ではあまり強調されていないのですが、K式を実施するうえで大事なことは、プロフィールが検査用紙に引けることです。実はプロフィールが引ける状態でないと検査の終了がわかりませんし、DA（発達年齢）やDQ（発達指数）を算出することができません。それだけでなくその子どもの発達を理解することもままならなくなります。検査場面でプロフィールのラインが読めたときに検査が終わるともいえます。単に事務的に引くようにも見られがちですが、このラインを引くためには、子どもの発達に関する濃厚な知識と、それに基づいた豊富な経験が必要となります。

　プロフィールとは、図表2-1-1(44〜45頁)の矢印のところに示したよう

に、検査用紙上の検査項目が通過（+）から不通過（-）に移り変わる境目をはっきり示すために引かれたラインです。

原則的にラインの左は（+）、右は（-）で、検査用紙の左（年齢が小さいほう）から右（年齢が大きいほう）へ押し上げられていく「発達の最前線ライン」とでもいうべきものです。例外的にラインの反対側に（+）や（-）が出現することがありますが、このラインの形に発達の姿が表されることにより、DAやDQという数値以上の豊かな情報が得られるわけです。「一番低年齢のところで失敗している検査項目は何か」「一番高年齢までできているのはどの検査項目か」「どれぐらいの幅なのか」などを考えながらラインを描いていくことで、被検査者である子どもたちの発達の様子を想像していくことになります。

K式の特徴のひとつに検査項目の実施順序が決まっていないことをあげました。初心者は、どこから始めてどこで終わったらいいのか、大いに迷います。これがK式のむずかしさでもあります。

少し単純化してお話すると、まるで期末テストの採点のようですが、328個の検査項目中、（+）となる項目がいくつあるかによって得点化され、DAおよびDQが算出されます。しかし、当たり前ですが、328個すべての検査項目を1回の検査で実施できません。だからまず、その子どもがその検査項目を通過できそうであるかどうかという「発達的常識」を基にした予測を働かせます。そしてその判断が明らかな検査項目は実施を省き、（+）になりそうな検査項目をあたりをつけて実施し、それ以上右（つまり発達年齢が高い）は（+）は出現しないという境界線ラインを探っていくのです。「発達的常識」という用語を使いましたが、これはごくごく簡単にいえば、「歩いていない子は、ケンケンできない」「正方形が描ける子は、◯が描ける」など、学問的に考えても実態を見ても当たり前であろうということを指しています。検査者の専門性が高まれば、その人の持つ発達的常識は幅広く精度の高いものになります。

あとは飛び地のように出現する例外がないかを確認して、実際にラインを引くか頭の中で引くかは別にして、ラインを途切れさせずに検査用紙上に引

くことができれば検査終了です。くりかえしますが、このラインさえ引ければ、すべての項目を実施しなくても（＋）か（－）かということを判断できるのです。検査者は、その時点のその子において328個のすべての検査項目が（＋）か（－）かを問われれば答えられることになります。これは、津守式乳幼児精神発達検査のような質問紙でそれぞれの領域の能力を単純加算した上限を確認して引くプロフィールとも共通します。K式では、保護者に生活場面でどこまでできるかを聞くかわりに、目の前の子どもに実際に検査項目を実施して確認するわけです。第1章で述べたように、年齢・順序尺度を採用しているので、このようなことが可能となります。

プロフィールと桜前線

　K式では、前述したように、検査用紙の第1葉から第6葉までにわたって、左から右に年齢領域という横軸があり、その横軸上に「姿勢・運動」「認知・適応」「言語・社会」の3領域に属する検査項目が、バラバラとあらゆるところに配置されています。そしてその項目の（＋）と（－）の境界線を示すプロフィールを記入することによって、それが「発達の最前線」のごとく横たわることになります。

　このK式のプロフィールに対してささか唐突な例えをしてみます。日本列島では、日本の春の風物詩である「桜前線」が3月から6月にかけて北上し、九州から北海道にまで上っていきます。人々はこの「桜前線」の北上で春の訪れを実感します。そしてこの桜前線をプロフィールと置き換え、南⇒北の方向を90度傾けて左⇒右にずらしてみてください。日本を横断している緯度を検査用紙では年齢尺度に置き換えて考えます。そして春の訪れを子どもの発達の芽吹きと捉えなおしてみてください。つぼみが咲き始めた各地にある桜の観測木をつなぎ合わせていくことで、桜前線は浮かび上がってきます。K式の観測木は検査用紙上にある検査項目だと考えれば、用紙上でもっとも右にある（＋）の（咲いた）検査項目をつないでいくのがプロフィールだといえます。このプロフィールを描きながら子どもの発達の芽吹きを実感するのです。

図表 2-1-1　新版 K 式発達検査のプロフィール

年齢

領域	3:0超～3:6	3:6超～4:0	4:0超～4:6	4:6超～5:0
姿勢運動(P-M)	+ ケンケン　T14			
認知・適応(C-A)		四角構成例前 2/3P89		
			+ 模様構成Ⅰ 1/5 P90	+ 模様構成Ⅰ 2/5 P91
	門の模倣 例後 P27	+ 門の模倣 例前 P28		
	形の弁別Ⅱ 10/10P84			
				+ 玉つなぎ 1/2　P95
	折り紙Ⅲ　P80			
	+字模写例前 1/3P106		+ 正方形模写 1/3 P107	
		+ 人物完成 3/9　P110		+ 人物完成 6/9　P111
	重さの比較例後 2/2P85	重さの比較例前 2/2P85		
		+ 積木叩き 2/12 P115	+ 積木叩き 3/12 P116	+ 積木叩き 4/12 P117
言語・社会(L-S)		4数復唱 1/2　V3		
	短文復唱Ⅰ 1/3 V8			
			+ 指の数 左右 V20	+ 指の数 左右全 V20
	4つの積木 1/3 V13	13の丸 10まで 1/2V14	13の丸 全 1/2 V15	+ 5以下の加算 2/3V22
		+ 数選び 3　V16	+ 数選び 4　V17	+ 数選び 6　V18
				+ 13の丸理解（Ⅰ）V15 b
		色の名称 4/4　V41		
	性の区別　V38		+ 左右弁別 全逆 V11	
	了解Ⅰ 2/3 V48		+ 了解Ⅱ 2/3　V49	

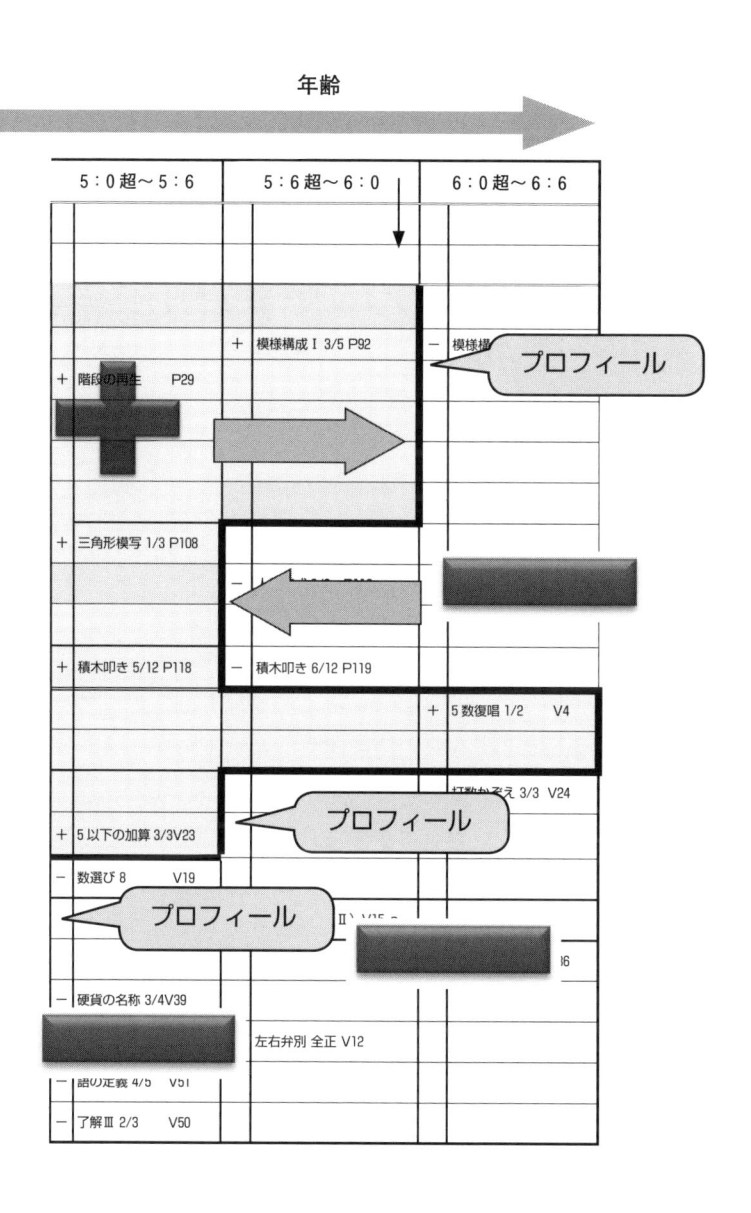

年齢 →

5:0超～5:6	5:6超～6:0	6:0超～6:6
	＋ 模様構成Ⅰ 3/5 P92	－ 模様構成
＋ 階段の再生 P29		
＋ 三角形模写 1/3 P108		
＋ 積木叩き 5/12 P118	積木叩き 6/12 P119	
		＋ 5数復唱 1/2 V4
		打数かぞえ 3/3 V24
＋ 5以下の加算 3/3 V23	プロフィール	
－ 数選び 8 V19		
	プロフィール	
－ 硬貨の名称 3/4 V39	左右弁別 全正 V12	
－ 語の定義 4/5 V51		
－ 了解Ⅲ 2/3 V50		

プロフィール
プロフィール
プロフィール

第2章　新版K式発達検査を使って子どもの発達像を読む

図表 2-1-2　桜前線

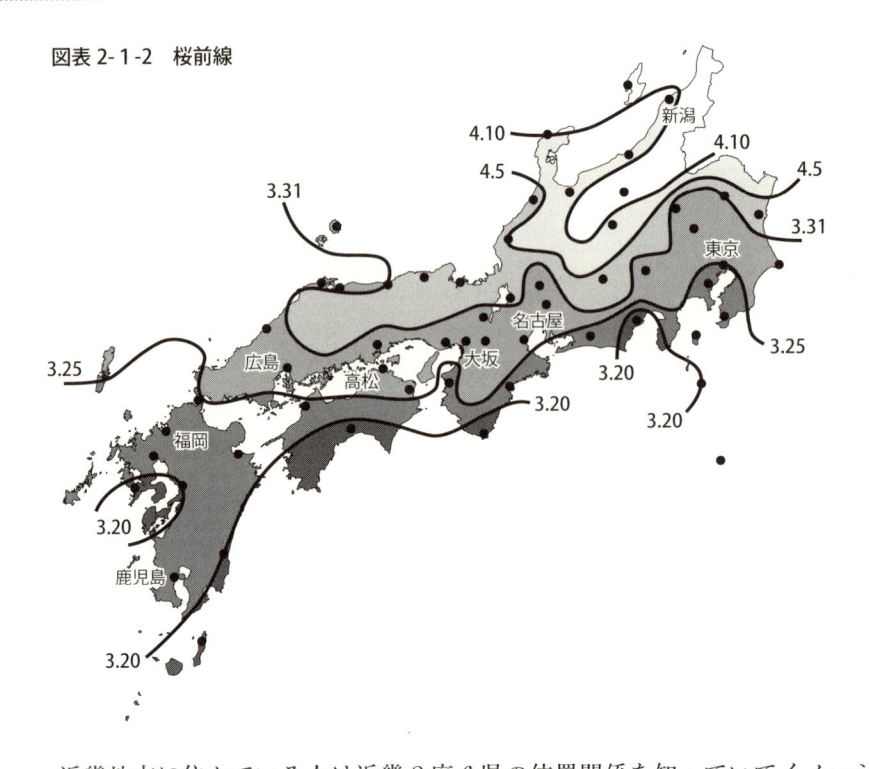

　近畿地方に住んでいる人は近畿２府６県の位置関係を知っていてイメージしやすいので、たとえば大阪城公園で桜がいま咲いたと聞けば、すでに咲いているところやこれから咲くところをおおまかであっても予測しやすいと思います。しかし、関東地方の桜の開花についてはそうはいきません。関東の地理を詳しく知らないかぎり、見当がつかないのがふつうでしょう。まして日本をまったく知らない外国人であれば、大阪で咲いたと聞いても、同じ時期に鹿児島では咲いているのか、仙台では咲いているのか、わかりません。つまり、風土や気候、地理をどの程度知っているかによって、桜開花の予測の精度が変わってくるわけです。もし予測がつかず、それでも知る必要がある場合は、手当たり次第調べるしかありません。ここに大変な時間のロスが生じます。

　これと同様に、K式でも子どもの発達理論や様子をよく知っていれば、プロフィールは引きやすくなります。つまり子どもたちに対する「発達的常

識」があれば、いろいろな検査項目に対する反応を推測しやすくなります。そして検査をたくさんとればとるほど、子どもたちがさまざまな反応パターンを教えてくれるので、発達的常識の厚みと精度が高まっていくわけです。ですから、子どもの発達について知識・経験の乏しい初心者は検査にやたら時間がかかったり、検査項目の実施もれがたくさん出現したりすることになります。そして、予測や仮説が立たないためにプロフィールが引けず、どこまでやったらいいかを見失います。プロフィールのラインを効率よく描くために、検査や発達に関する知識や経験が重要です。

桜は何分咲き？

　プロフィールを桜前線に例えて説明しましたが、もう1つ欲張って解説します。検査項目を桜の観測木としましょう。K式はそれぞれの検査項目に対する子どもの反応をライブで観察し、実施する検査項目の採用や順番の組み立てを行ないます。これは個々の回答の判定をもとに行なうのですが、判定基準に達した（+）か、達していない（−）かだけの判断ではアバウトすぎますし、子どもの示す反応は（+）（−）と単純評価するには余りある情報を提供してくれます。この情報を使わないのは本当にもったいないと思います。

　桜前線を予測する場合、観測木のつぼみがまだまだ固いのか、ちらほら咲いてきたのか、五分咲きなのか、満開なのか、散りかけなのかという情報も重要になります。K式ではこの観測木と同じように検査項目のでき方はどの程度なのかを考えていくのです。そのためには検査用紙にあるメモ欄を最大限に活用して、あとで再現できるくらいに記述することが重要です（検査場面ではそこまで記述するのは困難ですから、終了後に思い出して記述してもいいでしょう）。そして、咲き方の程度を評価するように、反応の様態から絶対に間違えない磐石な（+）なのか、基準ぎりぎりの（+）なのか、（+）と（−）の間なのか（私はこの状況を（÷）「惜しい」と表現しています）、やっぱりまだまだ（−）なのかを考えて、プロフィールを引いていきます。

　（÷）や基準ぎりぎりの（+）になるような反応が出てきたとき、それがまさに発達の最先端に出会った瞬間でもあり、これを「発達の最近接領域」と

第2章　新版K式発達検査を使って子どもの発達像を読む

して考えることができるかもしれません。3回中2回の合格で（+）となる場合、3回中1回の合格であれば、3回中0回の合格とは雲泥の差で、（÷）の状態になります。逆に発達年齢的にかなり簡単だと思われる場合に、3回中2回合格で（+）であっても、1回間違っていることに大きな意味が出て、基準ぎりぎりの（+）となってしまいます。その他でも「下手な鉄砲数撃てば当たる」方式で何とか正解にこぎつける場合もこれに含まれます。いずれにしてもここで得られる子どもの情報は、これからの発達を占うものにもなりますし、保護者や先生が生活のなかで取り組む働きかけのヒントにもなります。このように桜前線とプロフィールを重ね合わせて考えてみると、発達の芽吹きに出会うことを目標にして検査をしている実感がわいてきます。

　子どもたちは必ず成長・発達していくので、K式を複数回施行すれば、このプロフィールのラインは左から右に移動していくはずです。つまり年齢・順序尺度を採用しているK式では、「今ここの時点でにその子どものプロフィールのラインがどこまで移動してきたか」を見ることになります。この考え方を突き詰めていくと、再検査までのインターバルの話に行き着きます。WISCなどでは、学習効果の影響などから再検査するまでの間隔を1年〜2年程度あけるべきだといわれています。私の考えでは、K式はプロフィールのラインが現時点でどの位置に来ているかを見るために検査を行なうので、極端にいえば翌日にまた検査をしてもいいことになります（同一人物が実施するのであれば、それほど変化はないと考えられます）。

　K式を行なったことによる学習効果に余りあるくらいの成長・発達を子どもたちは日々遂げるのであり、よしんばK式を行なったことによって学習効果が表れたとしても、それが発達を促すのであれば歓迎すべきことです。ただ、一夜漬けのような表面的な学習効果によって真の発達の姿がわからなくなるのを危惧する場合には、再検査までのインターバルを考えることがあるかもしれません。しかし、K式は後述する検査項目の関連から発達を見るものであり、実際に子どもと出会って検査に熟練していけば、たまたま覚えていた反応や特定の訓練などによる学習効果の影響もわかってきます。技量がある水準に達すれば、子どもの本来の発達の姿に出会いやすくなるのです。

このあたりが、診断の補助手段であるか、発達の道筋を理解するツールであるかの違いだと思います。

プロフィールはなぜ凸凹になるのか

　プロフィールのラインを桜前線になぞらえてお話ししてきました。じつは、桜前線は一直線ではなく凸凹になっています。これは日本国土の地形や気候による影響でしょう。同じように、子ども１人ひとりには個性ないしは障害があるがゆえに、プロフィールはその子の年齢に即した直線的なラインにならずに凸凹になります。まるで桜前線のこれからの北上具合を予測するように、このプロフィールの凸凹具合から、「その子の発達に何が起こっていて、半年先、一年先にはこのプロフィールのラインはどの位置にどのような形になって描かれることになるのか…」などを考えることが重要になります。

　継続的に複数回Ｋ式を実施すれば、プロフィールの移動や形の変化で発達の道筋はわかりやすくなります。しかし、１回しか実施できないときでも、それなりの発達の様態と道筋を推測する必要が出てきます。当然、事務的に引くプロフィールからでも、認知・適応領域に比べて言語・社会領域の発達が遅いなどという特徴はわかります。しかし、発達障害といわれるくらいの発達の道筋の偏りを考えるには、この程度の分析では単純すぎます。この分析を行なっていくためには、検査項目間にある３つの関連（縦・横・斜めの関連）を考察していくことが必要です。

　まず、検査用紙を縦に貫く、同じ年齢・月齢幅（年齢領域）に並ぶ検査項目の「縦の関連」があります。これは同じ年齢の課題を集めて実施順に並べているビネー式のパターンに似ているといえます。もし、その子どもが単純にその生活年齢の領域にある検査項目が（＋）となる上限であれば、プロフィールは凸凹せずに直線になります。現実的にはそういうことはめったに起きないと思いますが、同じ月齢幅の子どもたち集団の半分ができる検査項目を頭に入れておくことで、その年齢の子どもたちの標準的な発達イメージがついてくると思います。これを物差しにして、ここからどの程度外れてい

第２章　新版Ｋ式発達検査を使って子どもの発達像を読む

るかを考えていきます。できるだけプロフィールは直線に近い（発達の様態にバランスがとれている）ほうがいいので、この直線からなぜ離れて凸凹になるのかを考える種を見つけやすくなります。年齢尺度の基本型を縦の関連が示しているともいえます。

次に、〈積木の塔〉や〈数復唱〉〈積木叩き〉〈数選び〉などのように、同じ検査項目の定量的な反応の度合いによって（ex. 2つ積む、3つ積む）、同じことをしているのに配置される年齢領域が異なる検査項目の関係、〈四角構成〉や〈門の模倣〉の例前・例後など、不通過の場合に例示して見せて、難易度を下げている関係などは、検査項目の「横の関連」と考えられます。これは同種類の検査項目が何問通過できるか、例示する（ヒントを与える）ことにより通過できるかという、ウェクスラー式のパターンに似ています。K式の場合は、同じ行の上に配置されている検査項目の間に線を入れてプロフィールを作成していきますから、横の関連のある検査項目の間であれば、あまり考えずに縦線が引きやすくなります。

このように検査項目が「縦の関連」だけだと同じ年齢領域に入るかどうかの判断しかできませんから、全般的なその年齢の能力が備わっているかの判断だけになりますし、「横の関連」は同じ課題の難易度の違いしか示せないので、限局した能力の特徴しか表しません。

そこで、K式の醍醐味を表すのがもう1つの関連、「斜めの関連」です。これは、実施した検査項目同士の関係のなかで、「縦の関連」「横の関連」に分類されない第3の関連です。つまり、縦でも横でもないすべての関連で、無数にある関係性のなかに、まず「裏つながり」とでもいう関係性を発見することです。それぞれの検査項目が通過できるために必要な認知能力の構成要素を分析し、その共通する要因と異なる要因を発見して、どの要因が大きく影響しているかを考えていくのです。「この検査項目ができているのに、この検査項目がむずかしいのはどうしてか？」「この検査項目ができないのにこの検査項目ができるのは通常はありえない。考えられる可能性は？」などと、2つ以上の検査項目が通過できるために必要な共通する認知能力と、片方しか通過できない場合に作用しているであろう異なった認知能力の存在

を推理していくわけです。それが縦の関連で測られる直線的なプロフィールのある部分を凸にして、ある部分を凹にするさまざまな認知能力の状態を理解していくことにつながります。

裏つながりの極意

　ただ、検査項目同士の「裏つながり」を考えるときに、結果が（＋）か（－）かの判断だけでそこにどのような関係が存在するかを考えるのは、まだ掘り下げが浅いと思われます。実施した検査項目の反応の水準や特徴を考慮し推理していくことで、より分析が進んでいきます。つまり、桜が咲いているのか、いないのかの判断に終わるのではなく、前述した「何分咲き？」であるか咲き方に特徴がないかという情報を加味することによって深みが増していきます。

　じつは、この「斜めの関連」については、検査と並行して考えなければならないため、とても大変なことではあります。しかし、上達してくると、実施順序が決まっていないので、検査用紙の上を縦横無尽に飛び回るごとくに検査を実施できるようになります。これは、検査中に斜めの関連を考えながら検査項目の実施順序を決め（プロフィールを引きながら）、子どもの発達像の仮説検証のために検査を組み立てているからです。検査項目のでき方によっては、確認の意味で関連のある課題をやってみることもありますし、想定外の反応が出てきたら、仮説の修正を行なったうえで再度検証していくわけですから、思った以上に時間を要してしまうこともあります。WISCのようにスタートしたらそのまま最後まで順番どおりに進んでいくものではなく、観客の反応によってライブで演奏される曲の順番が変更され、アドリブも多用されるコンサートのようなものといったらよいでしょうか。

　このような実施順序の工夫は、失敗の連続による検査項目への子どもの取り組み意欲が低下しないように配慮しつつ、検査項目の内容によって興味を持続させるために行なうこともあります。

斜めの関連の実際

　さて、この斜めの関連にはどのようなものがあるのでしょうか。いずれにしても、生活年齢から考えて極端に早いか遅い領域にある検査項目の反応（できるはずなのに通過しない、年齢以上の能力を発揮して通過する、100％できてほしいのにミスが出るなど）、「発達的常識」から考えても矛盾する反応（5つの数を選べるのに3つの数を間違う、真似て縦線を描かないのに十字を描いてしまうなど）、できたりできなかったりと変動の激しい検査項目の反応を、類似する他の検査項目の反応と比較対照するわけです。これは無数にあってしかるべきなのですが、私は3つのフェーズに分けています。

●──斜めの関連の第1フェーズ

　まず第1に、厳密にいえば「横の関連」とオーバーラップするのですが、比較的、共通点が明確にわかる関係です。検査用紙上の姿勢・運動、認知・適応、言語・社会の各領域には、実線と点線で区切られた複数の横の行が用意されており、検査項目がそのいたるところにはめ込まれています。検査用紙上の検査項目の横並びはそれぞれ類似度が高い関係になっており、前述の「横の関連」に示された検査項目などは手続きが同じものです。発達年齢が上がれば横に（＋）が並んでいく関係です。このため、ある検査項目が実年齢より得意であればその行の部分のプロフィールが右に押し上げられ、不得手であればプロフィールは左にずれることになります。ただ、これは今後のK式の改善点であると思われますが、横並びなのに類似度が低いところが部分的に見られ（たとえば、「13の丸（全）」の横に「5以下の加算」がきている）、「斜めの関連」として扱ったほうがいいものもあるので注意が必要です。

　よく〈トラックの模倣〉ができないのに〈家の模倣〉ができる子どもがいます。トラックのほうが早い年齢で通過しやすいので、この場合、発達的常識からいって矛盾するわけです。この場合、トラックは積木が4つで非対称、例示でブッブーと動かすなどの〈家の模倣〉とは異なる特徴が1つでも加わるとその子どもにとっては難易度が増すのかもしれません（次節で、こ

れらのことは詳しく説明しています）。また、あとからもう１度実施するとすんなりとできる場合があり、最初に実施するときの緊張感や教示の理解の問題があるのかもしれません。

　また、〈菱形模写〉まで描ける子どもが、〈人物完成〉では8/9をクリアできない場合があります。描くという点では十分なスキルがあっても、人物を描くこと、人物像に必要なパーツの知識の点で問題があるのかもしれません。

●──斜めの関連の第２フェーズ

　第２フェーズは、もっと遠いと考えられる検査項目間の関係を考えることです。たとえば、〈門の模倣（例後）〉と〈折り紙Ⅲ〉は、３歳〜３歳６カ月の領域に入る「縦の関連」です。しかし、この２つの検査項目は空間的に縦でも横でもない斜めの概念が関係します。門は真ん中の積木を斜めにして置かなければならないし、折り紙は対角線に折らないといけないのです。この関係を考えつくことが、その子どもの発達の理解に役立つかもしれません。

　共通するサブグループを形成する検査項目ばかり抽出し、そのでき方をよく分析すると隠れた認知能力とその実力が発見できたりします。認知・適応領域に属する非言語性のグループ、長い教示を聞いて理解する必要のあるグループ、鉛筆を使って描写するグループ、短期記憶を試されるグループ、問いに対して言語で答えるグループ、数を扱うグループ、単に赤い器具を使うグループ……。無数に考えられます。そして、それぞれの検査項目は複数のサブグループに所属しています。

　昔よく遊んだものに、似たようなものの中から１つずつ順に出されたヒントに合う正解を選び出していくクイズがありました。幾通りかの仮説を出しながら、その仮説を絞り込んでいくというものです。まさにこの「斜めの関連」の分析も、どのようなサブグループに所属するとこのような検査項目群の反応になっていくのかを考えていくという種類の作業です。たぶんこのフェーズが一番大変ですが、面白いかもしれません。

●――斜めの関連の第３フェーズ

　第３フェーズは、対人・社会性の能力の特徴も加味した考え方であり、検査をとおして見られる特徴的な行動や情緒的側面の分析から、もっと大きな特徴を発見するものです。たとえば、「こだわりが強く、きちんと並べることに時間と集中力を費やしてオーバータイムとなってしまう」「検査者の顔色を確認しながら応える」「むずかしい検査項目ほど『簡単や』『わかっている』と連発する」「『人』に関係する内容の検査項目だけは他と違った反応をする」「最初はどうしても緊張してなかなかうまく反応できない」などです。本当は通過できる実力を持っているのに不通過と評価されるなど、数値などの検査結果には直接反映されにくいものですが、これらも「斜めの関連」を理解するための土台となったり背景情報となったりするので、とても重要だと考えられます。より細かくこれらと各検査項目との関係を考えることで、目の前の子どもたちがそのときどのようなことを感じ、思考し、行動特徴がどのように影響しているかを考えていくことにもなります。発達障害を懸念しなくてはならないくらいの偏りは、一部の発達がとくに進みにくいという点で要注意であり、この部分が足を引っ張りながらも発達し続けていくために、その影響は時間が経つほどに大きくなる可能性があります。そのため、周囲の環境をできるだけ整えていくことによって、少しでもこの影響を軽くしていくことが支援となります。そして、環境因には子ども虐待を含む家族的要因もありますから、Ｋ式を施行したときに表われる、過度の怒りや従順さなどの反応パターンから推測して、その子どもが置かれた生活・家庭環境を推測する必要も出てきます。

３つのプロフィールライン

　また、絶対に間違えない磐石な（+）、基準ぎりぎりの（+）、惜しい（÷）、まだまだの（−）など、検査項目の反応水準の分布を見渡すことで、見かけではなく実際の状況に近いプロフィールを発見することができます。たくさんしゃべることで何となく正解したり、必ず１つはピント外れな応答が混じったりすれば、本当の力はもう少し下に見積もったほうがいい場合も

あります。まずはどう転んでも間違えない磐石な（＋）の場所（下限）と、まだまだな（−）の場所（上限）の分布と幅を見ることで、これからのプロフィール（桜前線）の変化を占うことができます。

　この盤石な（＋）ばかりをつないだ「盤石（＋）プロフィール」と、基準ぎりぎり（＋）をつないだ「基準ぎりぎりプロフィール（つまり通常のプロフィールのこと）」と、惜しい（÷）をつないだ「惜しい（÷）プロフィール」の３本のプロフィールラインが引けます。盤石なプロフィールラインをベースに、今どのあたりで、これからどのあたりに行くかを考えてみてもいいでしょう。

　もっと習熟すると、これらの「裏つながり」間の様相から、実施できなかった検査項目やもともと検査項目がない部分の出来具合が推測できるようになってきます。「１つくらい実施もれの検査項目があっても…」と反応事例集（中瀬、西尾2001）にあるように、まさに他の検査項目の結果から推測して解釈することも可能です。ただし、どの検査項目であっても同じように推測できるわけではなく、検査項目によってはその項目でしか見出せないような重要なキーとなる意味を持つものも存在しますから、時間がないとき、子どもの状態が悪いときなど、検査を臨機応変に変更しなくてはならない場合、最低限でもその子どもの発達状態を端的に表しやすい検査項目を適切に選択し実施できるか否かが、検査者の腕の見せ所となります。

　実施手引書にはプロフィールはできるだけ直線に近くなるように引くべしとされています。実際の検査項目の通過・不通過によって凸凹は規定されてしまいますが、検査項目のない場所ではある程度のルールはあるものの自由に引けるため、できるだけ直線に近づけるほうが解釈がしやすくなります。検査項目の反応いかんでは、（÷）の反応を加味することにより、ひどい凸凹がスムージングされて実態に近いプロフィールを想像することができます。

　縦・横・斜めの関連は、Ｋ式をしっかりと実施し解釈していくために重要な概念です。関連は無数にあるので、それらを柔軟に考え出すための発達心理学の基礎知識や生活経験が必要です。本当は検査中に、この関連を駆使して検査項目の順序を組み立て、検査が終わったときに見立てが終わっている

ことが望ましいのですが、それはかなり高度なテクニックであり、今後の目標としてコツコツ経験を積み重ねていただければと思います。

(大島　剛)

第2節　新版Ｋ式発達検査の反応の背後にあるもの

新版Ｋ式発達検査をメタで読む

●──私にとってのＫ式

「子どもの目に映る映像は、また耳から入ってくる音声は、その子にとってどのような意味として受けとめられ、それがその子にどのように影響し行動をコントロールしているかを、自分のことのように語れたらいい。そして、そこにどういう要素がサポートされれば、子どもにとってより生きやすい状況が生まれるのかを考えたい」。これは、私がＫ式をとおして子どもの内面を読み取ろうとするときの気持ちです。

そして、「Ｋ式は自動的に見解をこちらに渡してはくれない。検査を行なう主体である検査者がＫ式の森のなかに入り、自分で獲物をつかまえてこなければならない。しかし、森だとはいっても獲物の通る道の標識はあちらこちらに点在している。その標識をたどりながら獲物に近づく作業には熟練を要するにしても、たどるという行為は子どもを理解したい、役に立ちたいという責任感や開拓心が支えているように思う。Ｋ式を子どもとの間に介在させることの意味の１つは、発達臨床を行なう者にとって、この責任感や開拓心が鼓舞されるところにあるのではないだろうか」。これは、私がいつも感じているＫ式の魅力です。

●──デジタルな時代にアナログな粘り

Ｋ式では、その検査結果の整理によって「姿勢・運動」「認知・適応」「言語・社会」の各領域をわたって描かれたプロフィールと、各領域ごとやトー

タルでの発達年齢と発達指数の数値以外には、目に見える情報は与えられません。より細かく「発達の構造」が表やグラフで表される他の検査に比べてもそれは明らかで、与えられない分、こちらから見つけに行かざるを得ません。アナログとは、まさに「比喩的に、物事を割り切って考えないこと（広辞苑による第二義）」ですが、子どもの発達を割り切って整理しようとせず丸ごとつかもうとするような粘りを、K式はアナログ的に検査者に求めているように思います。「検査を読むのではない。検査をとおしてその子を読むのだ」「検査が読んでくれるのではない。検査をとおして私が読むのだ」。子どもと検査者の人間関係というあいまいな要因を排除せず、それもそこに入れ込みながら、子どもの「発達」というそもそもあいまいなものをとらえていこうとしています。

　また、K式は検査者が子どもと一緒に遊ぶようにかかわる検査です。「検査者という『私』が子どもという『対象者』にかかわらずに何が見えるか？！何が言えるか？！」。子どもの発達をできるだけ具体的に適切にとらえるためだけではなく、子どものことを心配している大人と同じ立場で、同じようにその子とかかわる経験をすることによって、検査者は、評論家ではない具体的で役に立つ助言者、援助者になるという決意までも、そこでは求められているのではないでしょうか。

●──メタ（1つ上位からの）視点

　ロールシャッハテストなどの心理検査の読みや、家族についてのアセスメント、その他の臨床的行為でも同じなのですが、天界から下界を見下ろすようなメタ視点が、このK式の検査結果の読みにも威力を発揮するように思います。つまり、1つひとつの個別の事象（それぞれの検査課題に表れた子どもの特徴）をもう一段上位の視点からとらえてみると、ある共通の要素で括ることができる場合があるのです。たとえば、〈門の模倣〉〈三角形模写〉〈四角構成〉の出来が悪ければ、その3課題には「斜め」の要素が含まれていますから、その子どもは「斜め」に関することが苦手なのかもしれません。

　この共通の要素、すなわちメタ視点は、「斜め」のように目に見えてより

明確な意味を示してくれるようなものであったり、あるいは目には見えず、想定することによって初めて意味が浮かび上がってくるようなあいまいなものだったりします。そしてそれらのいくつかの要素によって描かれる全体像は、子どもの発達の流れを「なまもの」のように映し出してくれるかもしれません。この節では、これらのメタ視点について取り上げます（このK式に関するメタ視点の熟練は、単にK式にとどまらない臨床的力量の向上にもつながるように思います）。

なお、以下に「この検査項目でこのような反応があればこのような特徴が想定される」と読むことのできる部分がありますが、それは「検査項目の課題とその課題によって誘われる反応の特徴」であって「子どもの特徴」ではありません。「子どもの特徴」は「こういう反応があればこういう子だ」というような直線的なサイン・アプローチで把握できるものではないように思います。各課題への各反応から、それが他の反応のそれとのようにつながっているか、検査条件との関連、日常の行動や周りの状況との関連などを全体的、総合的に検討し、子どもがどのように周りの環境と交渉しながら生活しているのかの丸ごとの姿を描き出すべきでしょう。そのようなご理解をいただければと思います。

また、いくつかの視点を以下に述べましたが、もちろん、K式がこれらの視点を最初から込めて作成されているのではありません。K式を用いて発達支援の業務を行なう者は、その業務の目的のために「子どものことをわかりたい」と思っています。そして、そのときに利用可能で有益な「子どもを読む」視点が必要ですし、自らの内に勉強や経験をとおしてそれを作っていきます。以下に述べたものは、その「筆者版」です。

そして、もちろん「視点」はあくまでも「視点」であって、真実ではありません。

検査場面をとらえる枠組み

● ──モノとヒト、認識と感情

ヒトはヒトとモノとの間で生活しています。ヒトはモノと違って向こう

から働きかけてきますし、こちらから働きかけた場合もそれへの反応は一定とは限らず、またお互いに同じような気持ちで同じような行動を共有しあったりもします。反対に、モノに働きかけてもモノは笑ったりはせず、いつも一定の反応をするのみです。ですから、そのモノはそのモノであるというアテをはずしたりはしません。そして、よほどこちらからの思い入れなどがない限り、向こうからこちらの感情をことさらに引き出したりはしません。そのヒトとモノとの間でヒトは育っていくという仮説が以下に述べる三項関係ですが、子どもにとっての外界がこのヒトとモノの2つから成り立っているというおおまかな枠組みは、想定しやすいのではないでしょうか。

　また、子どもの心を構成するものを「認識」と「感情」という概念の枠組みでとらえると（もちろん、心は実際に認識の部分と感情の部分に分かれているのではなく、ひとかたまりです）、両者がどのように絡んで心理状態や行動を支えているかに思いを致しやすくなるでしょう。認識とは対象をどういう意味としてとらえるかであり、感情とは、対象や周囲の状況や自分のコンディションなどから影響を受ける心の波のようなものです。

　子どもたちは、検査場面においても、ヒト（検査者）とモノ（検査用具）との間で認識と感情を織り交ぜながら、自分なりのヒトとしての営みを表現することになります。

●──二項関係と三項関係

　図表2-2-1が検査場面の三項関係です。検査者が子どもとの間に検査課題を介在させているわけで、検査者・子ども・課題の三項がどのように絡むかをみるための枠組みです。ちなみに、検査終了後の助言や協議場面は図表2-2-2、図表2-2-3のような三項関係になるでしょうか。また、図表2-2-4は子どもの発達についての1つの視点で、子どもはヒトやモノとの間で育っていくという仮説を説明していますが、これと検査結果を重ねることができます。すなわち、認知・適応領域課題の出来はモノとの関係の発達を示し、言語・社会領域課題の出来はヒトとの関係の発達を示すとして、この図によっ

てわが子の発達についてのイメージを保護者にもってもらうことができるでしょう。さらに、図表 2-2-5 は象徴や言葉の発達も三項関係で表すことができることを示したものです。リンゴの実物を子どもが目の前にしている場合、それを「リ・ン・ゴ」という音声で表すということを理解し、「リ・ン・ゴ」と耳に届いたら実物をイメージできるようになることです。積木で相手と同じトラックを作ることができたときに、「一緒だね」と声かけをしてもらうことで「一緒だ」というメタ視点を獲得し、それを他のモノとモノとの関係にも適用するような発展もこれに含まれるでしょう。「表わされるモノ」から分離した「表すモノ」という第三項の出現は、子どもにとってのメタ視点の獲得でもあります。

検査場面で、目の前の積木を検査者の教示どおりに操作し正解すれば、子どもは検査者との関係を軸に目の前の積木を求められた内容にそって扱ったとして、三項関係が成立していると評価されるでしょう。しかし、子どもが教示内容には無関心で、目の前の積木に刺激されて単に自分の行ないたいとおりに積んだだけだとしたら、〈積木の塔〉課題は正解だったとしても、自分と積木との二項関係しか結べていなかったことになります。

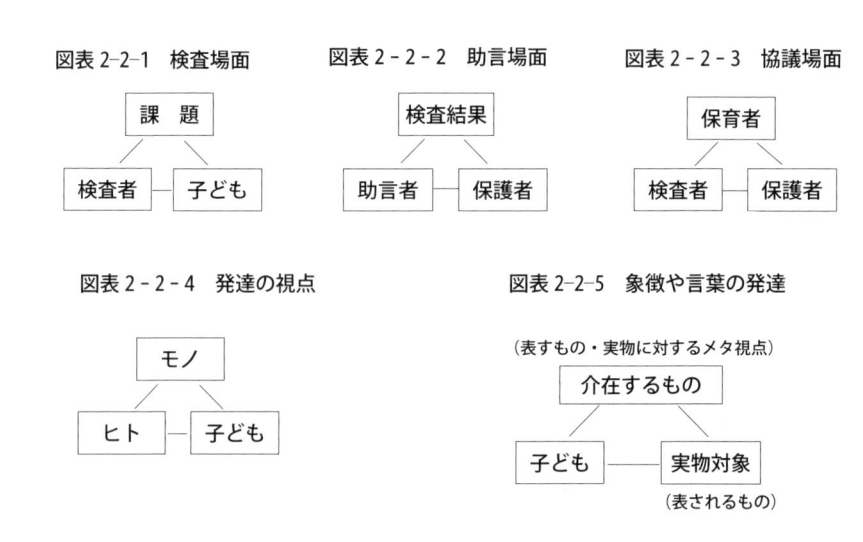

図表 2-2-1　検査場面

課題
検査者　子ども

図表 2-2-2　助言場面

検査結果
助言者　保護者

図表 2-2-3　協議場面

保育者
検査者　保護者

図表 2-2-4　発達の視点

モノ
ヒト　子ども

図表 2-2-5　象徴や言葉の発達

（表すもの・実物に対するメタ視点）
介在するもの
子ども　実物対象
（表されるもの）

〈入れ子〉やその他の課題でも、そこらへんを注意してみておく必要があります。

一方、自分の回答が検査者からの求めに合致しているかどうかのサインを求め、検査者の顔をうかがってばかりで自分の手許をほとんど見ない子どもは、検査者との関係だけに縛られた二項関係の優位な状態にあるのかもしれません。これらのように、課題が正解か不正解かだけでなく、どうできたのか、どうできなかったかをよく見ておくことによって、子どもについての理解に少しでも近づくことができます。

介在する課題の特徴から

●──視覚優位か聴覚優位か

子どもと検査者との間に介在する課題が視覚優位なものか聴覚優位なものかによって、子どもの反応が異なるとすれば、そこに何らかの特徴が示されているかもしれません。〈積木の塔〉や〈トラック、家、門の模倣〉や〈階段の模倣、入れ子〉などは前者であり、〈了解問題〉や〈語の定義〉などは後者です。

視覚優位な課題は、前項でも述べたように、教示という聴覚刺激にはサポートされずにできてしまうことがあるかもしれません。

〈トラックの模倣〉ができずにより高い年齢域に配置された〈家の模倣〉ができる子どもがいます。「トラック」は積木が単純に隣にくっついて並んでいるかたまりで、正解するにあたって、図としての外輪郭の把握力の正確さは、それほど求められません。それに作り方が明示され、「トラック」という具体的な意味が「ブブー」と走ることを伴って与えられますから、表わされるモノの意味がよりクローズアップされます。「家」はトラックより積木の数が少なく隙間があって、図として浮かび上がりやすい（左右対称であることもわかりやすさの1つかもしれません）のですが、その図を再現するには、外輪郭（すなわち積木の置き方や積み方の仕組み）をより正確に把握する必要があります。それに作り方は明示されずに結果だけが与えられ、「家」は「トラック」より大きくあいまいな概念ですから、この積木

によって作られた図の仕組みの把握力がさらに求められます。「トラック」ができて「家」ができない子どもには、相手からの働きかけや対象の具体性（見えの背後にある意味、「地」）が少なくとも意味をもって働きかけているように思います。「トラック」ができずに「家」ができた子どものなかには、もしかして、そのような相手からの働きかけや対象の具体性が大きくはバックアップしなかったり、また、明確で特徴的な「家」の外輪郭に助けられた者たちが含まれているかもしれません。

なお、〈門の模倣〉の場合の積木によって作られた図の仕組み（外輪郭）の把握と模倣には、斜めの積木を下につけずに置けるようにするという、〈家の模倣〉よりも高度な認識とそれに基づいた行為が求められます。

聴覚優位な課題では、教示という聴いた端から消えていく音声の集まりのなかに、どのように言語的な意味を見出しているかが問われるでしょう。

●──同時的か継時的か

視覚優位か聴覚優位かと重なる部分が大きいのですが、〈トラック、家、門の模倣〉課題などで提示された視覚モデルは、子どもがそれと同じものを再生する間ずっとそこにあり続けます。そのモデルを見ながらの再生は同時的処理と呼ばれますが、積木がどのような配置（仕組み）になっているかという空間の構造を把握する作業が求められます。〈階段再生〉ではモデルのないところで再生をしますが、先ほど見たモデルの記憶の保持という要素が加わります。

視覚優位の課題ではあっても〈積木叩き〉は、モデルを見るときも自分が再生するときも、叩き始めてから終わるまでに時間の経過を要します。このように、2つ目の積木の叩きを見ているときには1つ目の積木の叩きは過去のものになっているような、時間経過の要素を含んでいる事態の把握を継時的処理といいます。〈数、短文復唱〉などの課題がまさに継時的ですし、同時処理の課題でも、それについての教示を理解するのは継時的処理の力です。この力は、前述のように、ある時点からその後の時点までの間を一定の意味で埋めて把握する力に支えられているように思います。

● ──部分と全体

　〈四角構成〉ではまさに部分を構成して全体にもっていくのですが、目の前の三角の形を四角という全体の下位にあるものととらえられているかどうかが問われます。〈積木叩き〉でも、全体の叩き方（叩く順番からなる意味）を構成する部分として今その積木を叩いているかどうかです。〈四角構成〉が同時的に全体と部分を行き来する作業を求められるのに対して、〈積木叩き〉は継時的に全体と部分の関係を把握することを求められています。〈折り紙〉は全体と部分の関係という表現には少しなじみにくいかもしれませんが、似たような作業を求められます。

　〈門の模倣〉や〈四角構成〉などでは、例前と例後があります。例前は全体を提示して、その全体から部分を自分自身で想起するようし向けています。例後では、部分から全体を構成するプロセスを実際に見せてあげているわけです。例前では見えなかったものが例後では明示されるという意味で、「仕組みの明示」、あるいは後に述べる「図と地」の「地の図化」ともいえるように思います。

　〈模様構成〉も部分から全体へもっていく作業ですが、カラフルな色が登場します。同じ色のつながりに目を奪われすぎると、その色部分の外輪郭の形が軽視されるようなことが起きて、結果的に手本と同じものにはならないかもしれません。これはロールシャッハテストのカラー部分の処理の仕方についてと重なる見方で、「部分と全体」というよりは「要素と全体」という表現のほうが適切かもしれません。

　またこのようにもいえるでしょう。すなわちこの〈模様構成〉の模様の難度が上がっていくにしたがって、1つの積木の色分けの仕組みや、全体の模様が4つの積木からできているという仕組みの理解を、全体の模様からの印象を超えて貫く力が確実になっていくことが求められます。

　この〈模様構成〉は、全体としての図の中にある部分の把握の前に、図が地から分離できていることを前提としています。またモデルと同じ図だという認識によって、積木をくっつけるという行為をコントロールすることを要求しています。〈四角構成〉に色という要素も加えてより複雑にした

のが〈模様構成〉だといえるでしょうか。

　〈玉つなぎ〉では、色と手触りが同じの3種類の立体をモデルと同じように並べるわけですが、色と手触りにまどわされず、形にだけ注目してその順番を特定（つまり、つなぎ方の仕組みを理解）しなければなりません。かなりの注意力、検討力、持続力が必要です。

●──図と地

　〈4つの積木〉や〈積木叩き〉では机の上に赤い積木が4つ並びます。机の表面が「地」で積木が「図」です。地は子どもの視野から背後に沈み、図は反対にかかわるべき対象として浮かび上がります。自分から図を探さなくても、対象のほうから自分が図だと強力に働きかけてくれるわけです。しかし、この図と地の区別が明確ではなく、地が図と同様、あるいはそれ以上にアピールしてくるとすれば、世の中の把握にかなりの混乱が生じるのではないでしょうか。

　〈形の弁別Ⅰ〉も赤い形がアピールしてきますから、形の外輪郭の違いはおおまかに区別できるほどの把握でいいかもしれません。ところがⅡになると赤い色はありませんしモノクロです。小さくて外輪郭の違いがⅠよりは見分けにくい図形がたくさん並んでいます。外輪郭を頼りに精密な目をもって自分からモデルと同じ図形を探しに行かなければなりません。おまけに、Ⅰのように同じものの上に置いたらいいのではなく、同じものを指さすわけです。指さしは同一のものを「同じ」という概念で結びつけるメタ視点の実現です。

　〈積木叩き〉で、検査者は4つの積木を叩き終わったあと、手に持った積木を机の上に置きます。その置いたことも積木叩きの「叩き」の1つかのように再生するとしたら、「叩き」のモデルの把握において図と地の区別が怪しかったかもしれません。

　〈模様構成〉では平画面に模様を作るように教示しますが、それにもかかわらず立画面に作るとしたら、図だけにしか目が向いていない可能性を考えるかもしれません。

このように、目の前の状況において図と地を区別する力は、具体的な視覚的、聴覚的対象から、「目に見えない前提」「暗黙の了解」のようなノンバーバルなものにまで、向けられているといえるでしょう。

● ── 2つ以上のことをあわせて行なう

「部分（要素）と全体」や「図と地」の把握も、2つ以上のことをあわせて行なうことに含まれるかもしれませんが、〈数選び〉では、積木の数を数えることとコップに積木を入れることの両方を同時に求められます。検査者から「上手に入れてるね」などといわれてしまうと、上手に入れることに焦点化してさらに数がおろそかになるようなことも起きてしまいます。

すでに述べたように、細かく考えると、〈四角構成〉や〈積木模様〉などでも、同じ形だと認識することと、それをくっつけて作ることの両方を同時に求められます。

子どもの取り組みの特徴から

● ── 同化と調節、収束と拡散、行為優先と反応優先、能動と受動

丸棒を丸い穴に入れた子どもが、渡された角板もその小さな丸い穴に入れようとしているとしたら、その行為はピアジェのいう「同化」です。自分のもっているスキルをその対象の性質をあまり考慮せずに適用しています。でもそれで角板が入らず他にあった四角いスリットに入れることができたら、それは「調節」です。新しいやり方を発見してそれに合わせて自分の行為を変化させているからです。こんなふうにうまくいったやり方を適用して世の中のものを探索し、それでうまくいかないと自ら調節して新しいやり方も身につけていくようなことを繰り返して、子どもは成長していきます。

この同化ばかりを繰り返し、なかなか調節的に自分の行動がコントロールされていかない子どもは「同化優位」、場合によっては「拡散的」「行為優先」「能動的」と表現したくなります。いわゆる「やりっぱなし」です。逆に相手からの指示がないと動けなかったり、相手の意向ばかりを気にし

ている子どもは、「調節優位」「収束的」「反応優先」「受動的」と表現できるでしょう。このように言語化することの効用についてはあとであらためて述べますが、たとえば「調節優位」だとみたとしたら、「同化」をそそのかして経験させ、両方のバランスをよくするような課題設定につながるでしょう。「能動優位」で「受動」が下手なら、夜に寝る前の活動性が低下したときに抱っこして絵本を読んであげるなど、受動的状態を経験させる工夫が考えられるかもしれません。

●——同型と異型、私とあなた

「同化と調節」と少しまぎらわしいかもしれませんが、「同型と異型」も重要な視点です。同型とは相手との同じ形のやりとり、異型とは異なる形のやりとりです。前者は笑いかけられたら一緒に笑ったり、相手と同じ言葉でオウム返しに応える、後者は自分に向かって投げられたものを受けたり、尋ねられたらその内容に該当することを答える（つまり、問いの言葉と答の言葉が異なる）というようなものです。検査も子どもに指示したり尋ねたりするのですから、それがスムーズに進行するとしたらそれは異型が成立しているからでしょう。この異型の成立の前提として同型のやりとりができることを想定し、検査課題に応じている目の前の子どもの事態とのかかわり方が同型優位かどうか、同型もできて異型もできているかどうかなどをみていくことができます。まだまだ同型優位な子どもには、絵本でライオンという名前を答えさせる（異型のやりとり）より、「ライオンさんだねえ」と一緒に確認する（同型のやりとり）ようなかかわりを保護者に薦めることになるかもしれません。

〈トラックの模倣〉などで、モデルの上に積木を積もうとする子どもに出会うことはよくあるのではないでしょうか。「あなた」の領域と「私」の領域の境界が不明確だと考えると、上記の同型優位の世界とイメージが重なります。

● ——表すものと表されるもの

　〈階段再生〉で、目の前の赤い積木のかたまりはいわゆる「階段」（家や出かける先のいろんなところに設置してあり、さまざまな形や大きさや勾配のもの）を表すものだと子どもが認識しているのか、「カイダン」と名付けられた、目の前の単なるそういう形のものと認識しているかによって、行なった作業の意味は異なってくるでしょう。前者は目の前の形をきっかけに頭に描いた階段のイメージを再現しているのに対して、後者は単に目の前の形を機械的に再生しているだけかもしれません。

　〈描画（図形の再生）〉もそうです。頭のなかにある「四角」という概念、あるいはそういう概念までには届いていなくても形のイメージを大きく頼りにして描いているのか、単に目の前の形を写生しているだけなのかの違いです。写生の場合は、もしかして、モデルと近接したところでモデルばかり見つめて作る（描く）ようなことが見受けられるかもしれません。

　「子どもが何をモデルにして行なっているか」という視点に話をひろげると、〈積木叩き〉もあげられます。「1、2、3、4、3」は叩けても、「1、2、3、4、2」が「1、2、3、4、3」になり、積木を1つとばして叩くことのできないことがあります。モデルが提示されたのですからそれが記憶に残っていて、その記憶を頼りに（モデルに）できるのなら、飛ばして叩けるでしょう。ところが、その記憶が頼りにならない場合、「叩いて」という指示に従わなければならないとしたら、その叩く根拠はどこに求められるでしょうか。並んでいる4つの積木について、ただ単に「これを叩いてください」といわれたら、私たちはどんなふうに叩くでしょう。よほど意図的でない限り、「1、2、3、4」あるいは「4、3、2、1」と叩くのではないでしょうか。なぜなら、端から始まって隣を叩くからです。つまり、目の前にある積木を叩く順番の根拠は「隣にあるから」です。記憶をモデルにできている子どもは、目の前の積木の並びからの誘惑も感じずにモデルどおりに、1つ飛ばして叩けます。しかし、記憶イメージが危うい子どもは、隣を叩く、つまり「1、2、3、4、2」ではなく「1、2、3、4、3」と叩く誘惑に負けてしまうことがあるのではないでしょうか。

●──「知っている」ことと「わかっている」こと

〈色の名称〉で「アカ、イエロー、アオ、ミドリ」と子どもが答えた場合、「イエローは他に何という言い方がある？」と尋ねたほうがよいといわれます。「キイロ」と答えられたらよいのですが、他の言い方を知らない場合、「色という世界（群）があって、そのなかでこれがアオならこれはアカだ」というような認識をしておらず、こういう「見え」はアカという名前であり、この「見え」はイエローという名前だと、ただ単に１対１対応で命名している可能性があるかもしれません。たとえば、１週間の曜日の名前を尋ねられたときの「月曜、火曜、ウエンズデイ、木曜、金曜…」という答えの奇妙さを思い浮かべてみると、その特徴が際立つでしょうか。

〈左右弁別〉では、とくに子どもの答えた内容を書きとめて、あとで間違いの法則を探すことを薦めたいと思いますが、子どもによっては、右左の概念を理解していてそれを手にあてはめて答えているのではなく、右の手は「右手」という名前、左の手は「左手」という名前だと知っているだけの場合があるようです。教育場面で左右を教えるときには手を使うことが多く、目や耳では教えないということがもしあるのだとしたら、その影響があるかもしれません。

同様のことは〈指の数〉でもあり得ます。この課題は知識を問うものなので、それでいいといえばいいのですが、「右手の指は５本」「左手の指も５本」を知る機会に比べれば、「あわせて全部で10本」を知る機会は少ないのではないでしょうか。

〈表情理解Ⅰ〉は「泣く」「笑う」などの行動の読み取り、〈表情理解Ⅱ〉では「喜んでいる」「驚いている」などのより内面的な感情の読み取りが意図されているように思いますが、〈表情理解Ⅱ〉においても、「喜んでいる人の表情」「驚いている人の表情」についての知識がモノをいう場合があるでしょう。

〈人物完成〉で目を描かない子どもの場合、脚や腕などは片方が描かれているのでもう片方は補いやすかったけれど、目は両方とも描かれていなかったので描けなかったという場合があることでしょう。また、目が描かれてい

ないことは理解していても、両目とも描かれていないことによって「目は描かないんだ」と決め込んでいる場合があるかもしれません。後者の場合はよいのですが、前者で目を想定しなかった場合は検討の必要があります。

　人物を完成させようとするときに、ただ単に目の前の図形を埋めるのではなく、具体的な人物像と頭のなかで照合して作業にかかるものだとしたら、その思い浮かべる人物像にはふつうには目が含まれているだろうと思うからです。目が描かれていなければ、人物を完成させようとしたのではなく、ただ単に目の前の図形で片方が抜けているところを補ったのだという場合があるかもしれません。そして、その片方の補い方も左右対称ではなく、片方と同じ向きのモノが場所をかえても同じように描かれているとしたら、まったくの「写生」ということになります。「人物」だと理解しているなら、ある年齢以上になれば、片方を補うときに、目に入った単なる図形を自分自身の身体（感覚）をとおしてスキャンすることによって、自分の脚や腕を表す象徴としてとらえ直すだろうと思うのです。そして、自分の身体については左右対称のバランス感覚をもって把握しているでしょうから、描くものも左右対称になるのではないでしょうか。

　また、課題の顔のスペースは狭く、下の体幹のスペースは広くなっています。顔に目を描かずに体幹の空白に何かを描いたとしたら、人物だととらえているとしても、同時に図形としてもとらえている程度が高くなるような気がします。

　〈数選び〉や〈13の丸〉などでは数概念の成立を問うています。「最後に数えた数がその量を表す」ことがどれだけ理解されているかです。〈数選び〉では、コップに積木を数えて入れながら、その「自分の数える声を自分の耳で聴いて初めて入れるのを止めた」という描写がピッタリくる子どもがいたりします。これは数認識による入れる行為のコントロールではなく、行為による気づきです。

●──言葉と文脈や背景

　〈語の定義〉は、本節の最初のほうで述べた、そのモノを表す第三項とし

ての「定義」をもっているかどうかをみるものです。「(机)決まってるでしょ、あるでしょ、これ。(鉛筆)色鉛筆、持ってるよ、見せてあげようか。(電話)電話モシモシ。(電車)決まってるでしょ、ガタンガタン」と答えた子どもがいましたが、そのモノとの二項関係が優位で、第三項目がまだ立ち上がっていないといえるでしょう。

〈了解問題Ⅰ〉では生理的欲求場面、〈Ⅱ〉では社会的場面、〈Ⅲ〉では対人場面の了解について尋ねています。上記の子どもは、「(お腹すいたら)プルプルマン。(眠くなったら)眠くないもーん。(寒くなったら)寒くないもーん。決まってるでしょ。〈Ⅰ〉」「(外に行くときに雨が降っていたら)傘でしょ。(家が燃えているのを見つけたら)水、ジャボーン。(どこかに行くときにバスに乗り遅れたら)だめでしょ。〈Ⅱ〉」「(友だちの大事なものを壊したら)それはだめ。決まってる。(どうしたらいい)ごめん。(幼稚園に行く途中で遅刻しそうだったら)だめでしょ。(どうしたらいい)ごめん。(誰が)○○ちゃん[自分の名前](友だちが○○ちゃんの足を踏んだら)それはだめでしょ。決まってるよ。ごめんなさいと言いましょう。(誰が言うの)○○ちゃん。(○○ちゃんが)○○ちゃんが謝る。(お友だちが○○ちゃんの足を踏んだんだよ)○○ちゃんがごめんね。素直にごめんね。(お友だちは)お友だちはいいよって。〈Ⅲ〉」と答えています。〈語の定義〉への回答と同様に、尋ねられた事柄に対して自分の経験に縛られ直接的に反応し、相手が想定しているその事柄の背景までは共有できないようです。事柄に対する一般的なことを述べるためのメタ視点がとれていないことがわかります。「(外に行くときに雨が降っていたら)傘でしょ」は、極端にいえば「雨」→「傘」の対連合を答えたことに近いかもしれません。

〈絵の叙述〉では、通常、子どもたちはその絵には描かれていないことにまで言及するものだということを、前提としておくのがいいでしょう。描かれている事柄を用いてストーリーを作らせる課題ですから、作られたストーリーは目に見えない部分を含むのです。しかし、目に見える部分にしか目がいかず背景のストーリーがたどれない場合は、描かれているものの羅列で終わることもあるでしょう。

〈5以下の加算〉では、聞かされた算数の文章題の内容を想定するだけでなく、そこから問われている部分を特定して計算を適用するという作業が求められます。「2 + 2 =」と問われれば答えられる子どもも、文章題が表している事態の想定と数の背景にあるやりとりの理解がむずかしければ、頭を抱え込むことになるでしょう。

さて、療育の分野に少し想像を働かせてみると、たとえば〈了解問題Ⅰ〉の「(お腹すいたら)」から「今はお腹はすいていないかもしれないけど、もしお腹がすいたとしたら」という条件を読み取らせるためには、「［自分］［今］［お腹がすいていない］－［自分］［今日の給食前］［お腹がすいていた］」と整理することから始める手があるのでしょうか。また、飛躍しますが、イヤな事態でイヤといえない場合、［子ども］の［イヤな事態やイヤな気持ち］に［やめて］という言葉（第三項）を介在させることを教えることが考えられます。さらに、よくいわれるように、聞き言葉は次々に流れて消えますが、そこにあり続ける身振りなどを含む視覚刺激が伴って与えられればわかりやすく、そういった視覚刺激が子どものなかでのイメージの形成を促進するでしょう。「図と地」で考えてみると、子どもが言葉や事柄の背景、つまり「地」に配慮できない場合、その「地」を「図」として取り上げ、［子ども］と［言葉や事柄］との間にその［図化した地］（第三項）を介在させることによって、「地」は［言葉や事象］のなかに取り込まれてゆくかもしれません。たとえば、給食でおかずをよそってもらうための列に並べない場合、「並ぶ」という通常は「地」的な行為を、おかずをよそってもらうという「図」にリンクしたもう1つの「図」として、子どもに提示するようなことです。

より背後にあるかもしれない問題

●――リズムの共有、緊張とリラックス

〈積木叩き〉は1秒に1つ叩くようにマニュアルに書かれていますが、そのようなリズムを子どもに提示することになります。子どもが再生するときにそのリズムも含めて再生しているかどうかは1つのみどころです。〈トラッ

クの模倣〉で、「ブッブー」と検査者の言ったことをマネしているかどうかと同様の興味をもちます。乱暴にただ叩き払っている子どもには、「今度はソーッと叩いてごらん」と指示してそのように叩けるかどうかを見ることもあります。リズムの共有には、子どもの気分、相手との気分や感情の同期のようなもの、それらに伴う身体への力の配分や器用さなどが関連しているように思われます。そうみていくと〈数、短文復唱〉もそうですし、他の課題においても「検査者とのやりとりの呼吸」みたいなものにまでひろげて、このリズムの共有の程度や質について検討することができます。

　たとえば「タン、タン、タン」とリズムを刻む場合、最初の「タン」のところで少し力が入ります。つまり緊張します。そして次に少しその緊張を抜いて（つまりリラックスして）、次の「タン」の緊張に備えます。かけっこの「ヨーイ、ドン！」を例にとればよりわかりやすいでしょう。「ヨーイ」で力を入れて息を溜めます。「ドン！」で息を吐いて力を抜き、今度は走り出すための緊張にギヤを入れます。また、アンパンマンがバイキンマンを追いかけるときには「ガンバレ、ガンバレ！」の緊張で、「つかまえた！ああ、よかった」でリラックス、またバイキンマンが逃げ出すと緊張が入り…。このように、緊張とリラックスは身体のことでありながら、同時に精神のことでもあります。目の前の状況に応じてそこに集中したりするときの精神のベースを、身体が協力して提供してくれるわけです。このように考えると、低緊張などは子どもの注意の集中にどう影響するのでしょうか。

　赤ちゃんの寝息にもリズムがあります。それは自分の身体に閉じたリズムかもしれませんが、日々の生活のなかでだんだん周囲のヒトや状況に開いたリズムも刻めるようになっていきます。みんなが座ったら自分も自然に座るような同型の動作の獲得もリズムの取り入れと関連するでしょうし、ままごと遊びにあとから入れてもらうときにも、その場にすでにあるままごとのリズムに自分から合わせてゆくようなプロセスがあるのではないでしょうか。

　身体も含めた緊張とリラックスが底支えするリズムの共有は、時間の経過をひとまとまりの意味で埋めるような、継時的なものごとの把握力に関連するように思います。

●──水平・垂直・斜め、概念と姿勢や運動

　ハイハイの水平の世界から、重力に抗して立ち上がり垂直の世界へ、そして坂道も登れる斜めの世界へと、子どもは空間を自らの身体をとおして把握していくのでしょうか。

　〈横線（水平）〉そして〈縦線（垂直）〉が引け、〈なぐり書き〉が〈円錯画〉へ、そしてそこから〈丸〉を1つだけ切り出すことができるようになります。運動優位のグルグル描きから、初めと終わりを決めてそこを一致させるという認識による運動のコントロールをより高度に行なっています。〈十字模倣〉は横線と縦線の組み合わせというゲシュタルト把握を、それができないかもしれない子どもには〈例示〉で促進し、〈正方形〉〈三角形〉〈菱形〉へと進みます。丸という角度のない図形から角度を作り出すプロセスを想定してみると、多角形の鈍角から始まり、直角、鋭角へとその角度を作る能力が発達していくように見えます。そして、課題は〈三角形〉〈菱形〉で「斜め」の線を描くように子どもに提起します。

　本節の最初のほうに、「斜め」が含まれる課題として〈門の模倣〉〈四角構成〉などもあげました。対象のなかに「斜め」を描いたり作り出すことと、自分の身体のなかに「斜め」の感覚や姿勢を作り出せることとのつながりを想定すると、坂道を登るときの重心移動や、花壇のレンガの上を歩くときに両手をひろげてバランスをとることになる根拠としてのアンバランス感覚の経験は、まさに「斜め」感覚の体験でしょう。

　このように考えると、概念について単にその「名称」を知っているというだけではなく、その概念の表す意味を自分なりの実感を伴って理解するときには、身体的運動を伴う体験が大きく貢献しているのではないでしょうか。数、大小、長短、軽重、上下、前後、左右…。数を数えるときには首を振るという行為を伴いやすいでしょう。ゾウはアリより大きいけれどクジラよりは小さいことがわかるには、アリを表現するときの体を小さく縮める感じや、ゾウを表現するときの胸を大きくひろげるような感じ、クジラを表現するときの胸を大きくひろげるぐらいでは到底届かないような感じも、貢献しているように思うのです。

子どもの全体像をつかむ

●──検査場面のその他の情報

　各検査課題への子どもの反応の背景に何を想定するかについて、ここまで述べてきましたが、子どもは至るところで特徴的な反応を見せています。

　検査を始めるときに「テストですか？」とか、算数に関する課題を導入するときに「計算ですか？」などと尋ねる子どもがいました。「テスト」「計算」と確定することによって、とる構えがかたまったりするのでしょうか。逆にいえば、何が始まるかわからない状況では不安が高まるのかもしれません。

　別室で待っている保護者を気にする言葉をたびたび口にする子どもがいましたが、どんな課題やそれに関する体験をしたときにその言葉が出るのか、検討する価値があるように思えました。

　「そういえば、あの子は問いかけや指示に対して『知らない』『わからない』と答えなかったなあ」と、検査が終わったあとから気づいたこともありました。

　通過の基準が2/3などの課題の場合には、同じ課題を繰り返すことになります。その繰り返しを、もしかして「今のは間違いだから、もう一度正しくやって」とか「今のは下手だったから、もっと上手にやって」というようなメッセージとして、子どもが受け取ったかもしれないと感じたこともありました。また、二度目に尋ねられたとき、一度目に答えたことと違うことを答えなければならないのではないかと思ってそう答えたのではないかと、疑ったこともありました。

　こんなふうに例をあげるとキリがありません。ともかく、検査場面は情報の宝庫です。

●──事例検討のなかで

　ただ単に子どもの発達状況を知りたいというときだけでなく、子どもに関する心配ごとが何かあってそれを解決するために相談された場合、K式を実

施することをとおしてその子どもを理解し、解決策を保護者と一緒に考えようとします。そしてそのときに、子どもの発達状況だけ、あるいは生活環境上の課題だけが解決すべき問題を作り出しているのではないことに気づきます。よく、子どもに発達上の問題が見つかれば、それだけで問題行動の原因が見つかったかのように思う人や、家庭の養育機能が低下しているだけで子どもの問題行動の原因はそれだと決めつける人がいますが、それは間違いです。子どもと周りの人たちのかかわりは相互に循環しているのです。ですから、その循環が悪循環を招いているなら少しでも良循環になっていくような手だてを考えるために、なおさらのこと、子どもの具体的な姿を描き出す必要があります。それも検査場面という社会的状況で、検査者との関係のなかで展開される子どもの姿をです。

　乳児院で生活する低年齢の子どものK式データを検討したときのことです。「①教示を理解する→②検討する→③回答する」という検査を受ける子どもの側の流れがあるとすると、②に時間がかからず、すぐ③に移れるような課題では正解するのですが、②に少しでも時間がかかる場合、②そして③をすぐに放棄するところがうかがわれました。つまり、自分のなかで「（回答したい）欲求を持続させる」ことのできにくさが読み取れたのです。保護者が他ではないわが子にだけかかわるという状況と、乳児院で複数の子どもたちに職員たちがかかわるという状況の、埋めようとしても埋めきれない差との関連でも、この子どもの反応の特徴は検討されていきました。

　障害幼児の母子通園教室に通っている子どものK式データや療育場面での様子、保護者の状況などを材料に、検討会をもちました。その子どもには心配な行動がたくさんあったのですが、遠感覚（聴覚のように音や言葉で間接的に対象を知るようなもの）の苦手なところを、近感覚（視覚、触覚、嗅覚のような直接的な感覚）で埋めるようなところが、その心配な行動のいくつかのベースにあるように思えました。療育のなかで、近感覚的な遊びをとおして、それをどのように遠感覚に結びつけていくかが話し合われました。また、その子どもが安心、安全に生活できるようには守ってくれていない家庭環境下の、自分で自分を守るしかない状況のなかで、その守り方が不適応な

ものにならざるを得ないことについても言及されました。

　検査場面で通過しなかった課題を、保護者が「家ではできる」と報告した場合、検査場面での子どもの緊張などを想定して、納得しようとする場合もあるかと思います。しかし、通常は家での三項関係（子ども・保護者・課題）が、他の人間関係での三項関係（子ども・検査者・課題）にも般化するものですが、保護者との間での行為の経験は事実であっても、それがそういう社会的な学習にはなっていないとみたほうがいいと思われる事例もありました。

　また、自分の好きなミニカーのドアを開けてほしいときは、保護者の目を見て頼むのですが、教示されたお絵描きの場合は、保護者の手にただ鉛筆を握らせるだけの子どもがいました。その子の場合は他の検査項目への反応もあわせて検討すると、自分と保護者とモノとの三項関係が安定しているのではなく、自分とモノとの二項関係が優位なのではないかと思われました。

●──全体像に迫る、そのために役に立つ言語を作り出す

　ここまで、子どもの特徴に関するメタ視点を記述するために、いろんな言葉を使ってきましたし、他にもいろいろあります。先輩や同僚から教えられたり、自分で取り出したりしてきました。他の本にも書いた、次のような言葉もあります。「あの子は『乱暴だ』と聞いたとき、『対象（相手）の性質（突かれたら痛い心身をもっている）を把握し、その性質にそって働きかけるということができていない』といい換えることのできる場合があります。乱暴については、欲求不満があるからだとか、言葉が使えないからだとかの定番の解釈がありますが、仮にこのようにいい換えると他の現象との発達的な共通点が浮かび上がったりします。卵をつかむときと固い石をつかむときとでは、つかむために作る手の形や力の入れ具合が異なります。それは、それらをつかんだ体験から得た、実際につかむ前に手に生じるイメージによる行為です。相手との会話にしたって、相手に含まれる性質に応じて調節されながら進んでいくものです」。

　私の場合、検査をとおして感じた事柄をそのまま置いておくのではなく、

言葉によって輪郭を与え自分のなかに保持しておこうという動機づけが強かったように思います。そうして言葉にすると、今度はその言葉によって論理を組み立てることができ、新しく出会う事象や、検査をとおして感じたいくつかの事柄同士の関係などを、よりよく説明できるように思いました。そして、そういった作業を面白く感じるようになってきました。子どもを理解しようとするときに、これらの言語が私にはとても役立っています。

あらためて、私はK式をとおして何をしようとしているのでしょうか。それは、「子どもにはどんなふうに見えているか、聞こえているか、その発達状況を『内側』からたどりたい。発達の障害の形に合うところを断片的に拾うのではない。その子の発達のありのままの全体像を描き、そこにその子の『生きにくさ』を見出したい。そして、そこへの手だてをみんなで考えたい」。そんなところでしょうか。

付録：7歳～9・10歳頃の検査項目（第5葉前半）について

……そんなところでしょうか。と、終えたところなのですが、その後、ある特別支援学校の先生から、「7歳から9・10歳頃の発達上の課題、つまり『10歳の壁』といわれるようなところを、K式をとおして考えたいのだが」という研修講師の依頼があり、その研修に向けて以下のようなことを考えてみました。せっかく考えたので、また、第5葉の検査項目のことにはあまりこの本ではふれていないかなとも思うので、荒削りの箇条書きですが、本節の付録として載せることにしました。

ここでもあらためてお断りしますが、K式に発達理論はありません。したがって、以下の内容は私の勝手な読み取りであり、「山の登り方（読み、解釈）」の1つの提示です。もちろん登り方は1つではありません。

以下では、各検査項目を通過するために必要な要素を想定することによって、個々の子どもの独自反応のなかにある特徴の意味を類推する手がかりになればと考えています。ただ、その意味はその検査項目によって引き出された子どもの断片であって、断片同士の相互関連を見ながら、子どものトータルな特徴をそれ以上でも以下でもなく探る作業が必要です。

また、以下の各検査項目の検討においては、大島のいう、検査用紙上の「横の関連」を軸に記述しています。そのなかで「縦の関連」「斜めの関連（横の関連や縦の関連以外の関係）」にも言及していますが、「縦の関連」に置き直してみた表（図表2-2-6）も、そのあとに付けました。

●──模様構成Ⅱ

　〈模様構成Ⅰ〉のⅠ−4までは□（積木1つ分の四角）や□□が部分的にしろ確認でき（Ⅰ−3までは色分けも助けている）、斜めの入った図形も部分的です。4つの積木からできているというメタ視点が強力ではなくても、1つの斜めの積木が置けたらもう1つも調整して置けます。Ⅰ−5以降は□が確認されず、斜めの入った図形ばかりが全面になっています。そして、図が明確で図に引きずられる分、そこに目をつぶって4つの領域に分けるというメタ視点（各々は図は異なっても4分割図形という構造を共通してもっているという認識）を維持し続けなければなりません。とくに、あとに続く〈模様構成Ⅱ〉のⅡ−2などは混乱しやすいのではないでしょうか。
　具体的図形の違いの認識、図形ごとに抱く「感じ」を超えて、そこに共通したルールを基準にして処理していく力が必要なのでしょう。

●──帰納（紙切）

　〈階段再生〉は、記憶をモデルにするといっても見たままの再生です。〈紙切〉は、見えないところを見えるよう（思い浮かべられるよう）に努力しながら「再生」するかのような具体的操作が、法則の発見というまさに形式的な操作力に転じていくのを見るような課題です。
　「法則にそって考えてみても実際に目で見て確認してみないと安心できないから確認する」という繰り返しが、法則を一人歩きさせて思考するという高次の抽象的思考のベースになるのでしょうか。

●──釣合ばかりⅠ、Ⅱ

　支点からの距離とおもりの数との関係に関する課題ですが、Ⅰの場合は、

まだ見た目から生じる「重さに関する認識をとおした身体感覚レベル」でも直感的に判断できるように思われます。そういう意味では、〈5個のおもり〉の出来とも関連します。

この直感的な部分も含む解決には論理的なメタ思考の芽があり、〈模様構成Ⅱ〉の配置とも符合します。

●───玉つなぎ〜記憶玉つなぎ

〈記憶玉つなぎ〉が〈階段再生〉と異なることの1つは、再生するのが円柱・立方体・球の配列だということです。対象の映像による記憶だけではむずかしく、配列のルールを記号や法則によって把握しなくてはなりません。〈模様構成Ⅱ〉の全正解に匹敵する程度の把握が必要でしょうか。

構造（仕組み）の把握という本質抽出ができるためには、1つひとつの具体的見えという特徴を超えた（「図と地」の地に押しやるような）、ルールの図化が必要です。

●───財布探しⅠ、Ⅱ

〈Ⅰ〉では、合理性・計画性と、探索性の初歩的なものが求められるように思います。〈Ⅱ〉では、探索性は「それでも見つからない可能性」を想定するので、より緻密に探すことになるという側面があるでしょう。つまり、自分の行為を異なる自分が見て評価するという側面が入ってきたともいえます。

〈Ⅰ〉レベルでは、まだそこまでの自己中心性からの脱却は起きていません。自分のありようについての評価、それによって悩みが生じるなどのことには今一歩の時期なのでしょうか。

●───菱形模写〜図形記憶

定型の図形から任意の図形へと描画の課題が変わっています。〈三角〉までしか描けない力と〈菱形〉を描ける力の差は、〈模様構成Ⅱ〉ができる力と絡んでいるような気がします。水平や垂直の目に見える基準の下に斜めが

描けるのではなく、斜めだけで対象をなぞることができています。つまり、同化ではなく調整によってまったく新しい対象を取り入れることができるだけのベース（準備状態）を、自分のなかに持ち得てきたといえないでしょうか。仕組みさえわかれば、新しい内容も取り込めるというようなことです。
〈図形記憶〉は、子どもにとって「新しい枠組み」への挑戦が一歩ずつ評価されるような課題であるように思えます。

●──重さの比較〜5個のおもり

「AはBより重い」「BはCより重い」という一対比較が感覚レベルでできることから、「したがって重さの順番はABCとなる」という系列化ができるまでかなりの時間を要しますが、これは三段論法の成立と同時に、それを支える「ものごとを（絶対ではなく）相対的に見る力」が備わったことにつながります。相対化は脱中心化にもつながるので、対人関係や、そのなかでの自分についての認識や感情とも絡んでくるのではないでしょうか。

●──積木叩き 7/12 〜積木叩き 8/12

〈積木叩き 7/12〉から叩き方がより不規則な5桁になります。つまり、描画（菱形や図形記憶）のような任意性の高い長いスパンの叩き方を取り入れなければならないので、刺激を取り込んで再現するときに、「1、3、2、4、3」という命名などの、構造（仕組み）の記号（数字）化がより必要になってくるのでしょう。そういう意味では、〈記憶玉つなぎ〉の処理も同様です。〈7/12〉と〈8/12〉の違いを考えると、そのあたりが、記号化の貢献がなくても正解できるが、記号化がなければ限界になる、というような域なのかもしれません。

●──5数復唱、短文復唱Ⅱ、4数逆唱、6数復唱、8つの記憶

〈5数復唱〉は、〈打数数え〉のできる力を含みながら、〈積木叩き 7/12〉の5桁にも関連するのではないでしょうか。つまり、多くの桁を追っていける力の上に、聴いたとおりではあっても数の呼称が行ったり来たりすること

に、より長いスパンでそう力がなければなりません。〈短文復唱Ⅱ〉は、フレーズが長いことに加えて、ふだん言い慣れた言葉ではないという点で、脱中心化をより求められるのだと思われます。〈4数逆唱〉では、時間もしくは空間を遡る操作をイメージのなかだけで行なわなければなりません。それは4数の定着を前提としていますが、その4数が操作可能なほどに一群としてまとまりをもって把握されていることになります。とすると、〈5数復唱〉と〈6数復唱〉との間には質的な差があり、5数は一群として把握できなくても復唱できる限界で、6数以上になると一群としての把握力が必要になるということかもしれません。〈8つの記憶〉は、まさに記憶を指示するのでなく話の全体の意味を問うわけで、ひとまとまりとしての意味の把握力、それも「定着」しているかどうかが試されています。

　一群としての把握は、メタ（1つ上位からの）視点や本質抽出、複数の視点からの検討ができることなどに関連してくるのでしょうか。

●──釣銭

　〈5以下の加算〉の引き算版ですが、イメージ的には〈5以下の加算〉は順唱、〈釣銭〉は逆唱風です。また「暗算」を指示されることも、制限時間が15秒と短いこともそのイメージに合います。〈釣銭〉では、何円のものを買ったとしてもいくら出したかという基点（基準）のもとでの判断を求められています。〈5以下の加算〉の場合も最初もっていた数が基準にはなりますが、その基準は判断の枠にはあまりなりません。この基準をもとにした判断は、さまざまなルールのもとでの判断力と重なってきます。

●──20からの逆唱、時計の針、数列

　〈20からの逆唱〉は〈4数逆唱〉と似てはいますが、20までの数を覚えてさえいれば20から1までの規則性に自動的にそうので、一群ではありますがそんなに主体的な一群把握力は必要ありません。〈時計の針〉では、何時何分とは時計の針がどこを指しているのかの文字盤と針との位置関係、そしてその針を入れ替えたときの文字盤との位置関係を思い浮かべなければなりま

第2章　新版K式発達検査を使って子どもの発達像を読む

せん。まさに自分の体験などからは離れた記号だけでの操作です。〈数列〉では逆に記号（数字）が操作されていて、その操作の根拠（法則性）を問うています。生活上の体験や習慣をベースに、そしてそれを超えて、精神的作業の一人歩きが可能になっていきます。

●──絵の叙述〜文章整理

〈絵の叙述〉は、絵から文章を作り出す方向を求めています。それとは反対に〈文章整理〉では、文章整理することとそのことによって「絵（意味）」を導くことを求めています。そしてその文章は古くさいもので、子どもにとっては記号操作のニュアンスもあります。また、バラバラのものをひとまとまりにするという点で、〈4数逆唱〉と共通の要素もあるように思います。正しい文法と正しくない文法との比較によるアンバランスをバランスにもっていく作業は、正しい文法のバランス（「絵」との一致による心地よさ）が支えています。

●──日時

「今日は？」と問うことで、単に曜日、月、日、年のそれぞれの名前を知っているというのではなく、時間に関する把握と言語的理解ができているかに迫っているのでしょう。それぞれの子どもの過去・現在・未来の時間的把握や展望のありようの実際が、この課題への回答にどう表れ、どう読み取れるのでしょうか。

●──名詞列挙、三語一文〜反対語

〈名詞列挙〉では、上位項目（メタ視点）の提示によってその下位項目の列挙が求められます。〈三語一文〉は〈文章整理〉と少し似ていますが、〈文章整理〉は視覚で課題を与え、〈三語一文〉では聴覚で与えています。そして、文章整理は目の前の語句を組み合わせたらすみますが、〈三語一文〉では三語を使ってお話を作らなければなりません。そういう意味では絵を材料にした〈絵の叙述〉とも重なってきます。そこには、ただ単に与えられた絵

の部分の指摘や言葉の羅列ではない、絵や言葉の「使いこなし」が求められています。〈反対語〉は、メタ視点についての問いそのものです。

具体的な言葉や抽象的な言葉を組み合わせ使いこなしながら、世の中を読み解いたり意味を見出していくのでしょう。

●──語の差異～語の類似

〈語の差異〉では、異なるところを見つける際に同じところが思い浮かべられるかもしれませんが、〈語の類似〉は〈反対語〉と同じくまさにメタ視点を問うものです。両者の違いは、〈語の類似〉が日常よく見るモノのそれであるのに対して、〈反対語〉はより抽象的な言葉である点です。差異を見つけるときには、はなから言葉が異なるように、対象にしているモノのほうからそれを示してくれるような側面があり、類似点を探すときには、自分のほうからそれを見つけに行くような力が鼓舞されるように思います。

「主体性」という自ら取り組むような側面は、パーソナリティに属するだけでなく、学習によって認識を自分のものにしていく過程にも顔を出します。

●──書取

知っている漢字を使っての聴き言葉から書き言葉への変換です。漢字で書けるということは、漢字を知っているということだけでなく、音を意味として聞いていることの証明になるでしょう。そして、聴き言葉や読字等とのコンビネーションも含めた書字の使いこなしの程度も見てとれます。

聴き言葉は受動ですが、書き言葉は受動でありつつ能動です。表現をすることによって、聴いた言葉の語義だけでなく表現すべく自分のなかに生じた何らかの内容も、その本人のなかでよりよく把握されるのでしょう。

●──理解Ⅰ

社会的な事柄についての理解を問うものです。自分の興味や欲求から離れた事象のなかにある論理的組み立てを見抜く、メタ視点での論理をそこに見つけるというようなもので、〈帰納（紙切）〉の法則の発見と同型です。

第2章　新版K式発達検査を使って子どもの発達像を読む

〈帰納（紙切）〉での法則の発見と、〈理解Ⅰ〉で社会的な事柄について筋道をつけることを対比して考えると、後者の力の現実適用においては、前者の力＋アルファ（感情も含めた総合的人間力）が必要だろうと思います。

子どもの内面について想像を巡らせよう

たとえば〈積木叩き〉で、「1、3、2、4」は叩けるのに、「1、4、2、3」や「1、4、3、2」を「1、2、3、4」と叩いたとします。これを、「『1、3、2、4』という振り幅の小さい行ったり来たりの1つ飛ばし以下の動きは視覚的にとらえやすかったけれど、『1、4』という2つ飛ばしの大きな動きは『いっぱい飛んだ』という印象が強くて混乱し、でも叩かなければならなかったので、ただ単に『叩け』と言われたときのように『1、2、3、4』と叩くことによって相手からの要求に最低限は応じたのかもしれない」と仮説をたててみたとします。でも、この仮説は結果から無理にこじつけただけのものだとして、捨ててしまわれる可能性があります。

「それはもったいない！」と思うのは私だけでしょうか。捨ててしまう判断の根拠になることの1つに、子どもの心理を勝手に想定しすぎていることがあるかもしれません。もちろん勝手に想定しているのですが、「『いっぱい飛んだ』ので混乱しているとはあまりにも都合がよすぎる」と思うのは、大人の判断力をもった今の私です。でも、その大人であっても私が他ではなくそう仮説したのですから、もしかしたら自分の子どもの頃の感性みたいなものが残っていて顔を出したのかもしれません。そして、小さい子どものロールシャッハ反応には理屈や論理ではない「感じ」が優勢ですから、この仮説がまったく不適当だと言い切ることもできないでしょう。

つまり、目一杯、子どもの内面について想像を巡らしてみたらいいと思うのです。もちろん、妥当なものとそうでないものを分けることは必要です。でも、思い巡らしてみた想像が1つの検査課題だけでなく複数の課題で共通に顔を出したとしたら、その想像はさらに捨てがたいものになります。そしてその後、その想像を表す言葉を他の言葉にかえる（異なる角度から見る）ほうが、特徴をより的確にとらえられる場合もあるでしょう。そうなると

しても、最初の目のつけ所はよかったということになります。

(川畑　隆)

図表2-2-6　第5葉前半の検査項目についての個人的仮説の「縦の関連」への置き直し（試論）

【6:6-7:0】
　模様構成Ⅱ 1/3　……………仕組みの第一義化まで今一歩
　釣合ばかりⅠ 3/3 …………身体感覚的直感からまだ足が抜けていない
　菱形模写 2/3 ………………三角の延長、しかし基準にできる水平垂直の線はない
　短文復唱Ⅱ 1/3 ……………他者の文脈の把握における脱中心性の入口
　20からの逆唱　……………ひとまとまりの把握はしているが内容は規則的なもの
　日時 3/4 ……………………時間的概念（？）をあるスパンで知っている
　語の差異 2/3 ………………具体的なことを思い浮かべることによって答えはもらえる

【7:0-8:0】
　模様構成Ⅱ 2/3 ……………仕組みの第一義化の入口から入った
　5個のおもり 2/3 …………系列性、相対性（状況的理解）
　積木叩き 7/12 ……………5桁になって記号化の要否の境目あたり
　釣銭 2/3 ……………………基準を頭においた判断の原型
　文章整理 1/2 ………………視覚的言語（記号的）の文法的整理（文脈把握の初歩）
　名詞列挙……………………メタ視点（少し抽象化）→具体物、演繹的
　三語一文 2/3 ………………聴覚的言語の使いこなし、単語→文脈
　書取…………………………言葉の使いこなし、主体的思考の入口

【8:0-9:0】
　図形記憶 1/2 ………………単一のことであれば新しい枠組みを入れることができる
　4数逆唱 1/2 ………………個々のつながりを全体として把握、5数復唱よりむずかしい
　文章整理 2/2 ………………視覚的言語による文脈把握の定着
　日時 4/4 ……………………長いスパンでの時間的概念（？）を把握している
　語の類似 2/3 ………………具体物→メタ視点、帰納的

【9:0-10:0】
　模様構成Ⅱ 3/3 ……………見えに惑わされず仕組みの第一義化ができる
　記憶玉つなぎ 1/2 …………何らかの形の記号化と仕組みの法則化
　財布探しⅠ…………………合理性、計画性、探索性、しかしまだ不十分
　積木叩き 8/12 ……………5桁把握の安定化、記号化の影響？
　6数復唱 1/2 ………………5数に比べて6数を一群としての把握が必要か
　8つの記憶…………………一群としての意味の把握とその定着
　反対語 3/5 …………………より抽象的な言葉→メタ視点、帰納的
　理解Ⅰ 2/3 …………………一般的物事の中にある論理の把握

【10:0-11:0】
　帰納（紙切）………………まさに記号的世界での帰納的思考の確認
　図形記憶 1.5/2 ……………新しい枠組みの取り入れの進化
　数列 3/8 ……………………記号（数字）的世界での帰納
　時計の針 2/3 ………………記号的世界での操作自由性
　反対語 4/5 …………………より抽象的な言葉→メタ視点の定着化

第3節　検査への取り組みから垣間見える子どものリアリティ

　検査場面で、子どもたちは非常に豊かな反応を見せてくれます。検査者は検査項目の通過、不通過の判断に必要な反応を観察することを意図していますが、子どもは検査の評価基準に関係のある反応だけをするわけではありません。子どもが検査者の働きかけを断固として拒否したり、課題の意図とはまったく異なる風に用具を扱い始めて、対応に困ったという経験をお持ちの方も多いのではないでしょうか。検査者にとっては困った場面ですが、その中にも「子どものリアリティ」は満ちています。子どもの多様な反応を丸ごと観察しその反応の背景について考えていくことが、表面的ではない子どもの発達理解につながっていくだろうと思っています。

　本節では「検査を通して見える子どものリアリティ」に、さまざまな観点から迫っていきたいと思います。まず、検査場面を「構造化された観察場面」としてとらえることから始め、検査手続きや通過基準について改めて考えます。その後、「子どもの具体的反応例」の質的・量的データに基づいて「検査からみえるもの」について考えていきます。

構造化された観察場面

　生澤はK式の検査項目を「構造化された観察場面」（生澤 1996）であると言っています。新版K式発達検査2001実施手引書（生澤ら 2002）には、各検査項目の実施方法について記述があり、教示の内容、用具を提示する位置や動かし方、提示する秒数まで細かく指示されています。このことを「茶道の作法のようだ」と表現された方がいて、うまいたとえだと思いました。なぜこれほど細かな実施法の規定があるかと言えば、どの子どもにも一定の「構造化された場面」を提示し、その場面に対する反応を観察しようと意図しているからです。

　図表2-3-1は新行動主義心理学のS-O-R（Stimulus-Organism-Response）理論

の図解です。

　人の「こころ」は、目に見えず触れることもできません。S-O-R理論では「こころ」を直接扱うのではなく、刺激と、それに対する対象者の反応に注目しながら、その背景にあるその人の内面に迫ろうとするわけです。

　この図に検査場面を当てはめて考えてみましょう。検査者の教示や提示した用具などは刺激（Stimulus）にあたります。子どもはそれを受け止め、反応（Response）します。検査者はその反応を観察することで、子どもの内面（Organism）である「発達」を知ろうとしているのです。

　図からわかるように、刺激が変われば反応も変化する可能性があります。検査を通して理解しようとするその人の「内面」を少しでも高い精度でとらえようと考えると、刺激を可能な限り一定にする必要があります。これが観察場面を「構造化」する理由です。

　また「構造化」にはもう1つメリットがあります。それは、構造化した場面（仮に刺激Aと呼びます）の一部を意図的に変更し、新しい場面（刺激A'と呼びます）を提示してみることで、子どもの反応が変化するかどうかを確認できることです。もし反応が変わったとすれば、刺激Aと刺激A'の差異が、子どもに影響を与えた可能性が高いことがわかります。このような構造の変更を計画的に用意したものが「再質問」や「例示」の手続きです。また、臨床の場では用意された例示や再質問以外にもさまざまな「構造の変更」を試

図表 2-3-1　　新行動主義心理学の S-O-R 理論

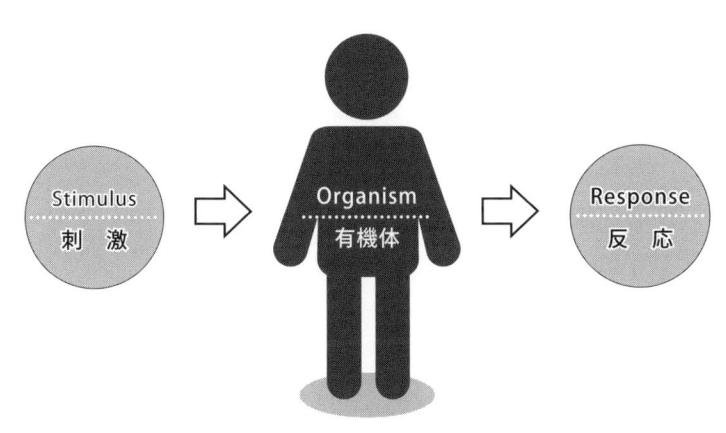

みる場合があると思います。

図表2-3-2は、〈表情理解Ⅰ〉における通常の手続き（刺激A）と規定外の手続き（刺激A'）の例です。刺激A'で課題を実施した場合の、通過・不通過の判断について検査法の講習会でよく質問があります。

通過・不通過の判断は通常の手続き（刺激A）への反応に基づいて行ないます。では、この規定外の手続き（刺激A'）に対する反応はどう考えたらよいでしょうか。図表2-3-2の例では、変更されたのは教示の内容です。「笑っている顔」「泣いている顔」という教示を、「ニコニコの顔」「エンエンの顔」と幼児語にそれぞれ言い換えています。もし通常の手続き（刺激A）では正答の顔を指示できなかった子どもが、規定外の手続き（刺激A'）で指示できたとすれば、教示が幼児語か否かという点が、大きなポイントだということがわかります。「幼児語や擬音語で話しかけると理解しやすいみたいですね」「"エンエンって泣いてるね"と、普通の言い方も添えて話しかけてあげると、表現や理解が広がるかもしれませんね」というように、有効な助言を見つけることにつながっていく可能性もあります。

ところで、もしこの時に最初から規定外の手続き（刺激A'）で検査を実施していたとしたらどうでしょう。正答基準を満たす反応が返ってきたとしても、通常の教示でも理解できたのか幼児語でないと理解できなかったのかは、判断ができなくなります。そのため、まずは軸となる「通常の手続き」から実施することが必要になるのです。

また、規定外の手続きを数多く行なえば検査の所要時間は長くなりますし、そのことが子どもの注意集中などに影響を及ぼすことも考えられます。

図表2-3-2　表情理解Ⅰの標準的な教示と規定外の教示

刺激	提示した検査用具	教示の方法	教示の内容
刺激A	表情理解Ⅰ図版	言語教示	「笑っている顔はどれ？」 「泣いている顔はどれ？」
刺激A'	表情理解Ⅰ図版	言語教示	「ニコニコの顔はどれ？」 「エンエンの顔はどれ？」

検査手続きの変更は検査を活用するための工夫の1つですし、有効な情報を得られることもありますが、上記の点を踏まえ、子どもの反応をよく見ながら有効なポイントに絞って行なうのが望ましいと思います。

通過基準

　子どもの反応を観察する視点として、通過基準はもちろん重要です。通過基準は、提示された検査場面に対する子どもの反応が「年齢」を軸として変化することに着目して設定されています。つまり通過基準自体が、発達の変化をとらえる重要なポイントになっています。

　その一方で、検査を実施する方なら誰しも通過・不通過の判断で迷った経験があるだろうと思います。実施手引書には通過基準が示されていますし、反応実例集（中瀬・西尾　2001）なども用意されていますが、それでもなお評価に迷うことは少なくありません。例えば図形模写の課題では、描線の屈曲の角度について細かな基準が設けられていますが、基準ぎりぎりの微妙な角度になるケースもあり、判定に迷うことは避けられません（子どもの描線は完全な直線ではなく微妙に屈曲していますので、なおさらです）。では、この描線の微妙な角度の違いが、発達上の決定的な違いを示しているかと言えば、おそらくそうではないでしょう。

　通過基準について登山を例に考えてみましょう。「伊吹山」は滋賀県と岐阜県にまたがる、標高1377mの山です。山頂までの標準所要時間は3時間20分、5合目までで2時間程度かかるそうです。伊吹山を登り始めて2時間の時点でまだ4合目にいる者は平均よりゆっくりのペースで進んでおり、反対に既に6合目に達した者は平均より早いペースで進んでいることがわかります。つまり、登山開始から2時間後に5合目に到達したかどうかが、登山のペースが平均的か否かを判断する目安になります。仮に、5合目と書かれた標石を越えた時に5合目「通過」と評価するとしたら、基準ぎりぎりの反応について通過・不通過の判断をすることは、この標石を過ぎたかどうかを見極めようとしているようなもの、と言えるかもしれません。しかし、標石まであと一歩のところにいる者と、標石の一歩先まで進んだ者とで、5合目を

通過したかどうかという違いはもちろんありますが、現在の登山の状況としては大きな違いはないでしょう。

　標石を越えたかどうかの判断も大切ですが、もう一方では標石を越えてどこまで到達しているかという点にも注目しておく必要があります。5合目は「通過」、6合目は「不通過」なら、その人は現在5合目と6合目の間にいることがわかります。しかしその間には、5合目を過ぎたばかりのところから6合目まであと一歩というところまで含まれているのです。通過と不通過の間にも意識を向けること、言い換えるなら「どのように通過しているのか」「どのように不通過なのか」という点に注目することが「子どものリアリティ」に迫っていく上では不可欠なものだと思っています。

検査から見えるもの――具体例を通して

　各検査項目から子どもの発達についてどのようなことが理解できるのか、ということは検査を用いる方にとって大きな関心事です。「検査項目から読み取れる発達の側面」や「検査項目の意味」について明示してほしいという声も多く聞きます。しかし、K式発達検査は特定の発達理論に基づいて作成されたものではありません（松下 2012）。また、発達は、単純に直線的に変化していくものではありませんし、子どもも検査課題を構成するさまざまな要素の影響を受けています。「この検査項目は発達のこの側面を見ている」とか「この検査項目に通過したなら、発達的にこのような意味がある」と単純化して述べることは不可能です。

　ここからは、トップダウンの理論ではなく、実際の子どもの反応から、検査を通して見える「子どものリアリティ」に迫っていきたいと思います。

　具体的には、〈積木の塔〉〈はめ板〉〈了解〉の3つの検査項目について、月齢の変化に伴う子どもの反応の違いについて考えていきます。

　先に断っておきますが、各検査項目について「この月齢では普通こんな反応をする」といったことや「この反応の背景はこういう風に理解したらよい」ということを言おうとしているのではありません。各月齢での反応内容も、その背景についての推測も、あくまでこのケースであればという話で

す。ここで見ていただきたいのは、各検査項目に対する子どもの多様な反応です。それは裏を返せば、子どもの反応の背景も同じく多様であるということです。さまざまな検査項目での子どもの反応について、多面的に理解するための手がかりの1つとして考えていただければと思います。

　なお、ここで取り上げる反応例は、部分的な省略はありますが、すべて実際の子ども（特別な相談ニーズはなく、研究のため同意を得て検査を実施した）の反応をもとにしています。

(1)積木の塔

　〈積木の塔〉は、提示された積木を子どもが何個積み上げたかで評価します。1回失敗したら終わりではなく、やり直して積んだところで評価することもできるので、やり直しを促すか切り上げるかで検査者が迷うこともあります。例えば2段の塔は作れて、その手つきを見ると3段目も積めそうと思うのに子どもがなかなかやってくれなかったりすることもあります。

　ここでは1歳2カ月から1歳8カ月までの子どもの反応実例を取り上げながら、〈積木の塔〉に対する子どもの反応の背景について考えてみたいと思います。

☺A君　1歳2カ月

　積木が提示されるとAはすぐに右手で積木を掴み、机に打ち付けます。その後、左手にも積木を持ち同じく机に打ち付けます。検査者が積木を積んで塔を作って見せると、Aは持っている積木を検査者の作った塔に打ち付け、塔は崩れてしまいます。検査者は再び積木を提示し「この上に積んで」と指さします。Aはしばらく積木を机に打ち付けた後、ふと提示された積木の上に持っている積木を積もうとしました。しかしうまくのせることはできず、積木は落ちてしまいます。検査者は再度積むようAに促しますが、Aは再び積木を机に打ち付け、最後は積木を机の下に払い落としました。

A君の反応には「机に打ち付ける」という感覚運動的な行動と、「積み上げる」という慣用的な操作とが交錯していることが見て取れます。ただ、積み上げるという意図はそれほど明確ではないため、一度は積もうと試みましたがうまくいかなくても特に執着する様子は見られません。〈積木の塔2〉が不通過になった要因は、積木を操作する手指の巧緻性の側面から考えることもできますし、再度積もうとはしなかったという「意図の持続」という側面からも考えることができます。

☻ B君　1歳6カ月

　積木を積むように促されると、Bはすぐに手近の積木を持ち、検査者の提示した積木にのせて2段の塔を作ります。Bは検査者に笑顔を向け、自ら拍手をして賞賛を求めている様子です。なかなか次を積む様子がないので検査者が次を積むように促すと、Bは手近な積木で、もう1つ別に2段の塔を作り、再び拍手をします。その後、検査者は繰り返し積み上げるように促しましたが、Bは2段の塔を作ることはしても3段以上に積むことはありませんでした。

　B君は、先ほどの例とは違って一貫して「積む」という慣用的な操作をしています。一方で、「積む」という行為は、提示された積木の上に持っている積木をのせた時点で完結しているように見えます。つまり2段の塔ができた時点でB君の「積む」という意図は完結しており、2段まで積んだ上に「もっと積む」という発想は持っていないようです。B君の場合は「検査者の賞賛」を期待する部分が強かったと考えることもできるかもしれません。

☻ C君　1歳8カ月

　Cは積木を1つずつ手に取り、2段、3段と積み上げていきます。そして塔が6段まで達した時、Cはその塔を手で押して倒し、検査者に笑顔を向けます。検査者は再度Cに積木を積むように促し、Cも応じて積み始めますが、3段目を過ぎた辺りから口元には笑みが浮かび、既に塔を

倒すことを考え始めている様子です。塔が5段目までできると再び塔を倒し、声をあげて笑いながら検査者を見ます。検査者はさらに粘りますが、Cはあまり気のりしなくなった様子で積木を検査者の方に押しやりました。

　積木という材料は子どもに「積む」という行為を誘発しますが、一方で高く積み上げられた積木は「倒す」という行為を誘発する側面も持ち合わせます。積木を積む過程の中で、積木の塔は刻々と高くなっていきます。先に述べた刺激と反応の関係で言えば、刺激である検査場面も、子どもが取り組む中で刻々と変化していくわけです。徐々に高くなり「倒す」行動を誘発しやすくなる塔に対して、倒す子どももいれば倒さない子どももいます。そこにはやはり子どもの「意図」のあり方が大きく関わっているように思います。

　以上のように、まず〈積木の塔〉について子どもたちの反応例を見てきました。ここで挙げただけでも「慣用操作」「手指の巧緻性」「意図の持続」「検査者との関係性」など、さまざまな側面から子どもの反応の背景を考えることができます。またそれ以外にも、積木を整えながら積むかどうかといったように、積木を扱った経験の程度が反応に表れてくることもあります。一見単純に見えますが、積木を積むということも、実は複雑で総合的な行為なのです。

(2)はめ板

　円形、三角形、四角形の孔の開いた板（はめ板）と、そこにはめ込む円、三角、四角の板を使った課題です。それぞれの板を同じ形の孔にはめ込めばよく、見ただけで題意がわかりやすいことがこの項目の特徴です。〈積木の塔〉に登場したA君の1歳1カ月、1歳4カ月、1歳10カ月の時の反応を順に見ていきます。

☻A君　1歳1カ月

　Aの右手側に円板が置かれ、円形の孔はそこから最も近い位置にあります。検査者が「ここに入れてごらん」と孔を指示すると、Aはすぐに円板を孔のところに持っていきます。数秒間円板を孔に押し付けていると、ガコッと音がして孔にはまりました。Aははまった板を何度か手で叩いた後、満足そうに拍手をしました。

　次に検査者がはめ板を180°水平回転させ、右手側に円板を置き、円形の孔はそこから最も遠い位置になるように提示します。Aは円板を手に取ると、先ほど円形の孔があった位置に、つまり今は四角形の孔がある位置に円板を押し付けます。しばらく板を押し付けますが孔にはまらず、Aは検査者に円板を見せ「アー」と不満そうな声をあげます。検査者に促されるとAはもう一度はめようと試みますが、先ほどと同じでうまくいかず、Aは不満そうな声をあげ、今度は円板を手放しました。

　ここで興味深いのは、〈円板回転〉でA君が〈円板をはめる〉の時と同じ位置に円板をはめようとしている点です。状況の変化には対応できていないのですが、「さっきと同じようにする」という適応的な行動によって、課題に取り組んでいるわけです。これは本章2節で取り上げられている「同化」にあたります。また、板がうまくはまらないことに「不満そうな声」を出していて、「これははまっていない」「成功していない」ということをA君なりに理解しているようです。先に挙げた〈積木の塔〉に比べると、子どもにとっては、成功・失敗が理解しやすい課題であると言えるかもしれません。

☻A君　1歳4カ月

　検査者が〈円板回転〉を提示すると、Aは円板を手に取り最も近い四角形の孔にはめ込もうとします。しばらくすると、ふと横の三角形の孔に目が向き、今度は三角形の孔にはめ込もうとします。三角孔にもはまらないと、今度はさらに横の円形の孔に移行し、ついに円板をはめ込むことができました。

1歳1カ月時の反応との違いは、はめ込むことができなかった後、他の孔に目を向けたことです。円板を四角形の孔にはめようとしており、まだ形を見分けてはいないようですが、その後「ここにはまらないなら、次はこっち」と別の孔にも目を向け、試行錯誤を経てはめ込むことができました。自分の試みがうまくいかない時に、自分の行動を変化させているわけで、これは本章2節で取り上げられている「調節」にあたります。

☺A君　1歳10カ月
　〈円板回転〉の課題が提示されると、Aは円板を手に取り、迷うことなく最も遠い円孔にはめ込みました。続いて〈はめ板全　例無〉〈はめ板回転 全〉も実施しましたが、孔の形を見ながら、ほとんど試行錯誤することなく板をはめ込んでいきました。

　違う形の孔にはめ込もうとする「お手付き」がないのが、これまでの反応と大きく違います。板や孔の形を見ながら課題に取り組んでいて、「試行錯誤」から形を「見てはめる」ようになってきています。
　試行錯誤と、見てはめることの違いは何でしょうか。はまったりはまらなかったりという「手応え」は、いわば結果のフィードバックです。「はまった」とか「はまらない」という結果が、手応えとなって返ってきます。一方で、見てはめる時には視覚的に形を識別して事前にはまるかどうか判断しているわけです。視覚的に形を識別できるかどうかは〈形の弁別〉でも重要なポイントです。試行錯誤によってはめるよりも、見てはめる方がより高度な反応だと言えるでしょう。
　以上、〈はめ板〉について月齢ごとの反応を見ていくと、「同化」から「調節」、「試行錯誤」から「見てはめる」、という変化を見てとることができます。通過基準としては最終的にはめ込むことができたかどうかという点で判断するわけですが、反応の様子を観察すると同じ「通過」の反応の中にも質的な違いが見られます。このように反応内容を吟味していくことが、「どのように通過（または不通過）なのか」を考えることなのだと思います。

(3)了解

最後は〈了解〉です。子どもが言語で反応する課題で、それゆえ評価のむずかしさもあります。例えば、子どもが非常に多弁な場合では、どこまでが課題に対しての応答なのかがわからなかったりします。また、〈了解Ⅰ〉の空腹に「食べる」と答えてくれるとしっくりくるのに、「食べて」と言われると「ん？わかってるのかな？」と思ったりし、少し語尾が違うだけでも随分印象が変わってきます。評価の上では迷うことも多いですが、子どもの反応の背景をじっくり探るには、やりがいのある課題だと思います。

〈了解〉については、A君の2歳6カ月、3歳0カ月、3歳6カ月の時の反応を続けて見ていき、その後各月齢での反応の違いについて考えたいと思います。

☺A君　2歳6カ月

〈了解Ⅰ〉の「空腹」の質問には、すぐには反応できずAは「ん？」と聞き返します。検査者が再度教示すると、しばらく間があった後「ごはん」と答えました。「睡眠」には「寝る」と両手を合わせて頬にあてるジェスチャーをしながら答えます。「寒さ」には「ジャンパー」と自分の上腕に触りながら答えました。

〈了解Ⅱ〉の「降雨」は「かさ」とかさを開くジェスチャーをしながら答えます。「火事」は腕を糸巻のように回し「チリンチリン」と答えました。検査者が確かめるように「チリンチリン？」と繰り返しましたがAは曖昧にうなずくだけで、それ以上は答えません。「乗り遅れ」は「降りる」と答えました。

☺A君　3歳0カ月

〈了解Ⅰ〉の「空腹」には「お腹がすいた」と質問を繰り返すように答えます。検査者が再質問すると「ごはん作る」と言いました。「睡眠」は即座に「寝る」と答えます。「寒さ」は「風邪ひく」と鼻をぬぐう仕草をします。検査者が再質問をすると「ゴホンゴホン」と咳をする

ふりをします。

〈了解Ⅱ〉の「降雨」には「かさ持っていく」と即答します。「火事」は「救急車」と単語で答え、検査者が再質問をすると「こける」と言いました。「乗り遅れ」は少し考える間があり「待っとく」と答えました。〈了解Ⅲ〉の「破壊」には「壊さない」と答えます。再質問にも「壊さない」と繰り返します。「遅刻」は「遅れるー」と言い、背もたれに体を預け課題への集中が切れかけているように見えます。「足踏」にも「踏むー」とやや投げやりな調子で答えます。

● A君　3歳6カ月

〈了解Ⅰ〉の「空腹」には「ごはん食べる」、「睡眠」には「寝る」、「寒さ」には「ジャンパー」と、それぞれ少し考えてから答えました。〈了解Ⅱ〉の「降雨」は「かさ持っていく」と即答、「火事」は「んとなー」と言ったまま黙ってしまいました。そして30秒以上経ってから「新しいお家建てる」と答えました。「乗り遅れ」も「んとなー」と言って目を閉じ、考え込むような様子です。10秒ほどして「次のバスで」と答えました。検査者が再質問をすると「次のバスで乗る」と言いました。

〈了解Ⅲ〉の「破壊」は「えっとな、使う」と答え、「遅刻」は「ちこく？んとなー」と言ったまま目を閉じ考え込むような様子を見せましたが、徐々に顔を横に向け始め結局回答しません。「足踏」も「んとなー」と言ったまま回答しませんでした。

〈了解〉については3つの月齢での反応を続けて見てきました。図表2-3-3から図表2-3-5はその反応内容をまとめたものです。

まず気が付くのは、回答文の長さの違いです。2歳6カ月時の反応はすべて単語1語で、文章による表現は見られません。その代わりジェスチャーによる表現が多く見られます。ちょうど、言葉にはできていない「動詞」の部分を表現しようとしているかのようです。一方、3歳以降では「ごはん食べ

る」「かさ持っていく」など、動詞が出現し、文章による表現が見られるようになっています。中瀬（1988）は、〈了解〉への反応内容の変化について横断的な研究を行なっており、その中で年齢の上昇とともに「動詞」「助詞」の使用が増加し、回答の文章が長くなることを報告しています。その一方で〈了解Ⅰ〉の「睡眠」は年齢が上がっても文章表現が長くならないことが示されています。「睡眠」は質問の性質上、回答は「寝る」の一語言い切りが多く、年齢が上がっても文章表現が増えていく傾向は見られないのです。このような下位項目ごとに課題性の違いが見られることも、〈了解〉の興味深い点だと思います。

　また、反応内容に注目すると、子どもが質問をどう理解し、どのように答えようとしたかが見えてきます。例えば、3歳0カ月時の「寒さ」に対しての「風邪ひく」や3歳6カ月時の「火事」に対しての「新しいお家建てる」という反応は、質問された状況での解決方法にはなっていませんが、仮定的な状況をイメージする力や、言語的な知識がそれ以前と比べて備わってきていることがうかがえます。〈了解Ⅲ〉はすべて誤答ですが、3歳0カ月時はよくわからず質問を繰り返すような反応をしていたところから、3歳6カ月時は「えとなー」と考える間合いが生まれています。わかるかわからないかの即時的な反応から、自分の知識を探ったり質問を吟味する間合いが生まれつつあり、言葉や概念を扱う力が育ってきていることが感じられます。

　以上、3つの検査項目について、反応の変化を見てきました。それぞれの反応の背景については、あくまでこのケースの場合であり、もちろん仮説の域を出るものではありません。ただ、1つの検査項目を取り上げるだけでも、子どもの反応を理解するための視点は非常に豊かにあるということは、お伝えできたのではないかと思っています。

検査から見えるもの──量的研究から

　次は、標準化資料という量的なデータに基づいて「検査から見えるもの」について考えてみます。先ほどのような具体的な反応例とは違いますが、子どもの反応に基づいて考えていくという点に変わりはありません。

図表 2-3-3〈了解Ⅰ〉の 2:6、3:0、3:6 時の反応内容

	空腹	睡眠	寒さ
2:6	「ごはん」	「寝る」と言い、両手を合わせ、頬にあてる仕草	「ジャンパー」と言い、腕を袖に通す仕草
3:0	「お腹すいた」→「ごはん作る」	「寝る」と即答	「風邪ひく」→「ゴホンゴホン」
3:6	「ごはん食べる」	「寝る」と即答	「ジャンパー」

図表 2-3-4〈了解Ⅱ〉の 2:6、3:0、3:6 時の反応内容

	降雨	火事	乗り遅れ
2:6	「かさ」と言い、かさを開く仕草	「チリンチリン」	「えーっと、降りる！」
3:0	「かさ持っていく」	「救急車」→「こける」	少し間があってから「待っとく」と言う
3:6	「かさ持っていく」	「んとなー」と考えてから「新しいお家建てる」	「んとなー」と考えて「次のバスで」→「次のバスで乗る」

図表 2-3-5〈了解Ⅲ〉の 3:0、3:6 時の反応内容

	破壊	遅刻	足踏
3:0	「壊さない」	「遅れるー」	「踏むー」
3:6	「えっと、使う」	「えとなー」と考え込むようにしたが答えず	「えとなー」と考え込むようにしたが答えず

　標準化資料をはじめとする量的なデータについての基礎研究はまだ十分にできているとは言えませんが、地道に続けていく必要がある仕事だと思っています。ここではそのごく一部ですが、〈人物完成〉を取り上げます。

(1) 人物完成の面白さ

　〈人物完成〉は、〈人物完成 3/9〉〈人物完成 6/9〉〈人物完成 8/9〉の 3 つの段階で評価され、50％通過年齢も 3 歳台から 6 歳台まで幅があります。

　人物画検査があることからわかるように、人を描くという行為は総合的な知的活動であり、発達をとらえる 1 つの視点として研究されてきました。しかし、K 式の〈人物完成〉は未完成の人の絵を補って完成させる課題である

ため、何もないところに描く人物画とはまた課題性が異なります。「人の絵を描くこと」と「未完成の絵を補うこと」という2つの要素が、〈人物完成〉の面白さにつながっているように思います。

〈人物完成〉の記録欄には、書き込む情報がたくさんあります。9つの部位のいずれを描いたか、描いた順序はどうか、例示は行なったか、描いた部位の数はいくつか。記録欄に記入する情報だけでもこれだけあります。実際のローデータ（子どもの描いた絵）まで含めると情報はさらに多く、検討すべき視点は数多くあります。現在、標準化資料からさまざまな検査項目についての細かな検討を行なっていますが、〈人物完成〉はその中でもやりがいがある、興味深い課題です。

ここではその中から「描画部位」「例示」という2つのポイントに絞って見ていきたいと思います。

⑵ 描画部位について

通過基準ではいくつの部位を描いたかが問題になりますが、「どの部位を描いたか」は特に問われません。しかし、目を描くことと、耳を描くこと、首を描くことは、まったく同等の行為ではないはずです。そこで、まず各部位がどの年齢でどの程度描かれるようになっていくのかを調べました（大谷2012）。各部位ごとの年齢区分別正答率を示したものが図表2-3-6です。

ごらんのとおり、どの年齢区分においても部位によって描かれる割合が大きく異なります。特に「眉」は他の部位と異なり、加齢に伴う正答率の上昇がほとんど見られません。

その中で、まず注目してみたいのは、「脚」が全ての年齢区分で最も高い正答率になっていることです。〈人物完成〉や人物画検査と、ボディイメージとの関連が指摘されることがあります（小林1977）。しかし、人物画検査では脚よりも眼の方が高い割合で描かれることが示されており、また直感的に考えても脚が最初にボディイメージが形成される部位ではないように思います。〈人物完成〉において脚が最も高い正答率になる理由はさまざまな可能性が考えられますが、人物画と違って未完成の絵を補う形になっているこ

とが1つの要因として考えられるでしょう。
　次に「眼」に着目してみましょう。人物画と〈人物完成〉のいずれにおいても比較的低い年齢から描かれている点は共通しています。しかし、〈人物完成〉で特徴的なのはその後の正答率の推移です。〈人物完成〉では2歳6カ月～3歳0カ月の年齢区分で15％以上の子どもが「眼」を描いています。正答率は年齢とともに上昇していきますが、80％程度に達した後横ばいになります。2歳代でもある程度描かれるにもかかわらず、6歳台でも5人に1人は描かない子がいるのが「眼」なのです。
　〈人物完成〉における「眼」の特徴は、左右とも眼が描かれていないことです。他の部位は片側が既に描かれていますが、眼だけは描かれていません。もしも自分の中にある「人」のイメージから絵を補うのではなく、既に描かれている絵を「見本」と捉えて絵を補うという方略をとった場合、眼だけが描かれないという反応になる可能性があります。
　実際、多くの子どもが未完成の絵を「見本」と捉えていることは明らかです。腕と手、脚と足などは、すでに描かれている部分と同じ形で描かれる場

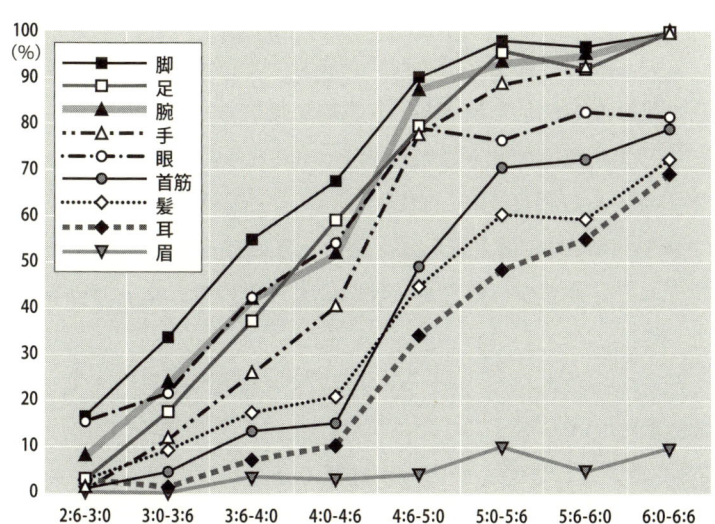

図表2-3-6　〈人物完成〉の各部位の年齢区分別正答率

合が多いようです。また、「眼」について誤答と評価される反応の中に、「見本の鼻を目に見立てて、眼を1つだけ描く」という反応があります。まさに、用紙に描かれた絵を全て「見本」と見なして課題に取り組んでいる反応だと考えられます。この反応は3歳未満では見られず、3歳以降は2〜10%程度の割合で出現し、5歳でピークを向かえ、以降は減少します。

次に「描画部位数7」の反応例に注目してみます。「描画部位数7」の反応例は、〈人物完成8/9〉の基準に及ばなかった「惜しい」反応です。先に述べたように「眉」を描く子どもは非常に少ないので、多くの子どもは「眉」とそれ以外に一カ所補いそびれたところがあるということになります。「眉」以外の補えなかった部位を見ると「髪」と「耳」、「首筋」が合計で80%以上を占めますが、「眼」が描かれていない反応も約13%あります。この反応は「眼」と「眉」以外は全て描いたという反応であり、既に描かれている絵を「見本」と捉えて部位を補った反応がこの中に含まれているように思われます。

以上のように、「描画部位」という観点から〈人物完成〉の課題について見てきました。「眼」や「腕」「手」「脚」「足」などが比較的早い時期から描かれていることから、〈人物完成〉とボディイメージに関連があると考えることは妥当であろうと思います。その一方で、「眼」が描かれなかったり、描かれている鼻を目に見立てる反応があることは、既に描かれている絵を見本にして足りない部位を補うという方略を用いる子どもがいることを示唆しています。極端な話ですが、この場合、「人」の絵を描いているという認識がなくても、ある程度（6〜7部位程度）は部位を補える可能性もあるわけです。このように、〈人物完成〉はやはり「人の絵を描く」ことと「未完成の絵を補う」という2つの要素が、課題の大きな特徴になっていることがわかります。

(3)**例示について**

〈人物完成〉では題意を子どもが理解できなかった場合、例示を行ないます。具体的には、未完成の人の絵をなぞったり、模写したり、無反応である

場合などに、耳が片側しかないことを指摘し補うように促す（または検査者が描く）という手続きをとります。

各年齢区分においてどのくらいの割合で例示を行ったか（以下、例示率と呼ぶ）を図表2-3-7に示しました。また「例示有効率」も同じく年齢区分ごとに示しました。「例示有効率」とは、例示を行なった後、子どもが1つでも正しく部位を描いた割合のことを指します。

2歳台の子どもの場合、ほとんどの子どもに例示が実施されています。つまり、教示だけでは、求められていることが理解できない場合が大半だということです。また例示を行なった場合でも、正答の反応が見られるのはほんの一部です。その後「例示率」は直線的に減少し、5歳を超えた子どもにはほとんど実施されていません。また「例示有効率」も右肩上がりに上昇し、5歳超では100%に達します。例示を必要とした場合でも、例示から課題の求めるところを理解できるようになっていることがわかります。

以上のことから、2～4歳台の子どもにとっては「題意の理解」ができるかどうかが、この課題の1つのポイントになっていることがわかります。一

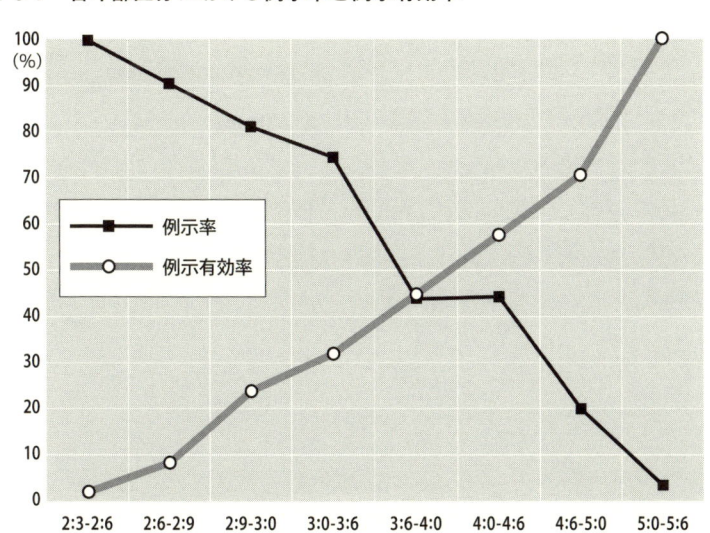

図表2-3-7　各年齢区分における例示率と例示有効率

方、5歳を超えると「題意の理解」ができることはほぼ前提となり、その上でどれだけ細部まで絵を補うことができるかが問われるようになってきていると考えられます。

子どもの行動を理解する視点をたくさん持とう

　ここまで見てきたように、同じ検査項目であっても子どもの反応内容は年齢によって大きく変化しますし、子ども側の課題の捉え方も変化していることが見えてきました。子どもは目の前に提示された用具や教示などから状況を読み取り、その時点で最も適当と思う行動をとります。それが、〈人物完成〉では自分のボディイメージを手がかりにすることであったり、既にある絵を見本にすることだったりするのだと思います。

　何をもってその状況に適応しようとするかは、子どもによっても状況によってもさまざまです。子どもの行動について理解するための視点をたくさん持っておくことは大切です。その上で、先入観や思い込みを持つことなく子どもの反応に真摯に向き合うことが、「子どものリアリティ」に迫っていくためには大切なことだと感じています。

（大谷多加志）

K式の検査項目はどこから始めて どこで終わったらよいのか？

　「K式にはマニュアルがないのでむずかしい」「どこから始めていいのかわからない」「いつ終わっていいのかはっきりしない」などの感想はよく聞かれるところです。まったくもってそのとおりです。もう30年も前にK式と始めて出会ったころの私も同じように感じたはずです。しかし、少なくとも今はその自由度の高さが使いやすさであると感じていますし、出会いの時点からすると180度変わっています。
　この180度の変化の感覚は何かに似ていると、ずっと頭の片隅にありました。言いましょう、囲碁に似ているんじゃないの！？　そういえば私の父を始め、けっこう囲碁好きが周囲におり、彼らの一局を何となく眺めていた記憶がよみがえってきます。楽しそうに長時間打っているのですが、その盤上を眺めても何が楽しいのかさっぱりわからない。わからないばかりか、幼いわたしが碁に手を伸ばそうものなら「だめ！」と注意されることも記憶に残っています。学校の囲碁クラブの存在などを契機として何度か碁を覚えようとトライしてみましたが、結局わかりにくいという理由であきらめました。だから、イメージだけなのですが、「地」を作っていくことや、「囲んだり」、「つながり」を持たせたり、ほら何となく似ていません？（かなり大胆な着想ですが）
　K式はどこから始めてもかまいません。でも、やみくもに始めても時間がかかるだけですから、「あたり」をつけて始めます。それが相手の子どもの生活年齢のあたりの課題です。ただし、発達相談の対象のお子さんでは生活年齢と精神年齢が一致していなくて当然なので、「あたり」をつけにくくなります。ここにもマニュアルどおりにいかないK式の特徴の1つが表れています。こうなるとほんとに「あたり」をつけないといけなくなり、勘や経験則が必要となります。
　何の課題から始めるかについては好みの問題になりますが、もちろん「あたり」をつけた生活年齢にその課題がなければ、そこから始められないわけです。いきおい幅広い年齢域に渡って登場する課題が使いやすくなります。〈積木〉、〈描画〉などです。
　いったん検査を始めれば、できる検査項目（通過）からできない検査項目（不通過）までを確かめられれば終了です。1つのやり方として聞いたことがあるの

は、たとえばその子どものもっとも高い生活年齢レベルで通過した検査項目が5：0超～5：6の縦軸の〈三角形模写1/3〉だったとします。そうするとこれがこの子の上限の検査項目となります。続いて次の5：6超～6：0の縦軸、その次の次の6：0超～6：6の縦軸の課題（つまり2軸分の課題ですね）が、すべて不通過ならこれで終了ということらしいです。しかし、実際は次の軸である5：6超～6：0の検査項目が不通過ならそこで終了にしています。

　もう1つ、K式の始まりと終わりについてのイメージですが、ゲシュタルト心理学の「図と地」の概念によく似ていると思います。「ルビンの盃」という絵がよく引き合いに出されますが、これは、図（盃）に注目すると地が背景に沈み、地（人の横顔）に注目すると図のほうが背景となる「図地反転」の考え方です。つまり、検査結果を記録用紙に写し取り、通過、不通過を布置させ、それをつないでいくことで今まで何もなかった用紙の上にプロフィールが浮き上がってくるわけです。一方、その背後には今回検査はせずとも通過できてきた検査項目の多くと、これから通過していくであろう、あるいは通過していってほしい検査項目の多くが控えているという考え方ができるわけです。

（宮井研治）

K式用語をふつうの言葉に

発達検査結果を文書で提供する機会が増えてきています。新版K式発達検査2001の用語をふつうの言葉に書き換える例をあげてみました。

用語		ふつうの言葉
姿勢・運動	例1	運動の能力
認知・適応	例1	手指の巧緻性や空間的能力等の動作性の能力
	例2	視覚的に物事を理解する力をみる分野
	例3	物を操作したり、形を把握していく具体的な作業の能力
言語・社会	例1	言語や概念等についての能力
	例2	言葉や人とのかかわりに必要な能力（抽象的な概念や数の概念の把握もこのなかに含まれる）
	例3	言葉や人との関わりに必要な能力
粗大運動	例1	身体全体を使う運動
模様構成Ⅰ、Ⅱ	例1	積木構成課題
	例2	4つの積木を組み合わせて目の前の見本と同じ模様を構成する課題
階段の再生	例1	立体の記憶再生
数選び3～8	例1	数の概念とした理解
	例2	数のまとまりとしての理解
積木叩き	例1	検査者が4つの積木を順に叩いてみせ、後で同じ順番で叩いてもらう課題
	例2	視覚的な短期記憶をみる課題
	例3	継次処理課題
重さの比較	例1	重さの概念
5以下の加算	例1	1桁の足し算
	例2	文章を聴き取って数を操作する課題
打数かぞえ	例1	具体物を伴わない数の操作
長短比較	例1	長さの概念
人物完成	例1	人物画の描画
	例2	人物イメージの理解
	例3	言葉によらない概念理解
	例4	不完全に描かれた絵をみて、足りないところを描き足してもらう課題
	例5	手や足などを描き足して人物像を完成させる課題

第2章　新版K式発達検査を使って子どもの発達像を読む

例後	例1	やり方の見本を例示
了解Ⅰ〜Ⅲ	例1	日常生活のありがちな場面の仮定の話について質問する問題
	例2	言葉で説明する力・仮定の話をイメージする力
	例3	仮定状況をイメージして応答すること
	例4	状況の判断ができること
	例5	日常生活レベルの会話に必要な言語表現力
4つの積木、13の丸	例1	数の知識
	例2	数の概念的な理解
	例3	1対1対応で数え上げる力
13の丸	例1	13の丸に指を1つずつ対応させて数えあげること
絵の名称	例1	身近な事物の名称
色の名称	例1	言葉の知識
数唱、短文復唱	例1	耳から聞いて覚える力
	例2	聴いて理解する力・聴いて覚える力
左右弁別	例1	左と右の理解
硬貨の名称	例1	言葉の知識
四角構成	例1	長方形の見本をみながら、2つの三角形を上手に組み合わせて見本と同じ長方形にしてもらう課題
正方形模写	例1	正方形を描いてもらう課題
正方形模写、十字模写	例2	描画課題
玉つなぎ	例1	穴のあいた玉を、検査者の手本を見ながら、同じ順番につないでいく課題
語の定義	例1	身近なものについて適切に説明
絵指示	例1	可逆（応答性のある）指さし
形の弁別Ⅰ	例1	簡単な形態の特徴を視覚的に把握
形の弁別Ⅱ	例1	複雑な形態の特徴を視覚的に把握
クレーン	例1	他者の手を自分の道具に使おうとする要求手段

（梁川　惠）

第3章

検査結果から所見を作成するまで

笹川宏樹／梁川 惠／伏見真里子

第1節　新版K式発達検査のデータから発達像を見立てる

　この章ではまず1人の子どもに実施したK式の検査結果から、その子どもと家族にとって役立つ情報を得るために「ブラインドアナリシス」を試みます。最初の段階では、年齢、性別と所属の基本情報が提示されるだけで、主訴や生育歴などのケース情報はまったくわかりません。検査用紙には検査項目への実際の反応と、その通過・不通過が書き込まれているだけです。

　実際の臨床場面では、ブラインドアナリシスは行なうべきではありません。しかし、先入観をもたずに子どもの実際の反応を分析し、そこから子どもの課題や臨床像を見立てることは意味のあることと考え、そのプロセスを掲載することにしました。

　ブラインドアナリシスは、相談に至った経緯や普段の子どもの様子がわからないからこそ、以下のような利点があります。

①検査課題への反応から、いろいろな可能性を考える機会を与えてくれる
②後でケース情報と照合することで、どの分析や見立てが間違っていたかをチェックすることができる
③さまざまな仮説が立てられるので、保護者等との面談以前に、さまざまなやりとりの可能性について想定することができる

ケースに関連した情報が多ければ、検査の分析は少なくてもなんとかなるでしょうが、実際には、生育歴や普段の様子などの情報が少ないことも多々あります。検査情報だけで多様な分析ができるように訓練することが必要なのです。ブラインドアナリシスは、子どもを理解するための有用な1つの方法です。分析はどこまでいっても完璧ということはなく、どこまでも探求できる奥深いものだと思います。

紙上ディスカッション

ブラインドアナリシスによる見立て

提供されたＫ式の検査項目への反応や、それぞれの反応間の関係について、梁川、笹川によるディスカッションを通して分析し、そこから導かれた仮説について検討を行ないました。なお、この事例についてはプライバシー保護のため、ケースの本質を変えない程度に変更されています。

（事例提供者から渡された封筒１を笹川と梁川は開封しました。そこには検査項目の通過・不通過や反応が書き込まれた第４葉と第５葉の検査用紙〈図表3-1-2〉と、人物完成の用紙〈図表3-1-6〉が入っていました。名前〈仮名〉「鴨川 星（かもがわ せい）」や年齢などの基本情報は図表3-1-1のとおりです）。

図表 3-1-1　基本情報

姓名	鴨　川　星 （かもがわ　せい）			男 女
所　属	□□幼稚園年長組	検査者	A．B．	
開　始	10時15分	終了	11時00分	
検査日	X＋5年5月1日		—	日
生年月日	X年3月1日		—	日
概　算	5年2月0日	精密	—	日
生活年齢	5年2月	換算	62	月

データの分析、検討の手順

笹川　対象の子どもはＸ年3月1日生まれの幼稚園年長組に通う男の子で、年齢は5歳2カ月。家庭や幼稚園では「星ちゃん」と呼ばれている。検査実施日はＸ＋5年5月1日で、時間は午前10時15分から11時までの45分間。さて、どのような手順で、このデータの分析、検討を進めるか？

梁川　私の場合、Ｋ式ではＤＱやＤＡにまず注目するのではなく、検査項目1つひとつの反応、これは通過、不通過にかかわらず、とくに検査中に気になった検査項目への反応を丁寧にみていく。次に検査用紙に描かれたプロフィールと、算出したＤＱ等との一致感、言い換えれば違和感の有無に注目するようにしている。そして、この違和感は何なのか、どこからそう感じるのかを考える。

笹川　では私がまず気になったところをあげてみます。生活年齢5歳2カ月に対して、3歳後半級の〈人物完成3/9〉が最も低い年齢での不通過項目（下限）で、反対に最も高い年齢での通過項目（上限）は6歳後半級の〈短文復唱Ⅱ〉だった。その上限と下限の差が3年ほどもあり、プロフィールには凹凸がある。

　言語性の他の検査項目をみると、6歳前半級の〈5数復唱〉が通過しており、上限の〈短文復唱Ⅱ〉と合わせて考えると、どちらも聴覚的な短期記憶であり、言葉で答えることを得意としている。他方、不得意なのは〈人物完成〉であり、例示後であっても頭髪と眼の2部位しか描けておらず、通過基準が3/9正答の3歳後半級さえもできていない（127頁）。また4歳前半級の〈左右弁別全逆〉も不通過になっている。不得意なこの2つは、どちらもボディ・イメージの形成に関連し、言葉ではなく行為で答えなければならないところが共通している。

図表 3-1-2　新版 K 式発達検査 2001 のプロフィール

領域	3：0 超〜3：6	3：6 超〜4：0	4：0 超〜4：6	4：6 超〜5：0
姿勢運動 (P-M)	＋ ケンケン　　T14			
認知・適応 (C-A)		四角構成例前　2/3P89		
			＋ 模様構成Ⅰ　1/5 P90	＋ 模様構成Ⅰ 2/5 P91　(1)誤：模様図版の上に積木をのせて作ろうとする。(2)正15秒、(3)正45秒、(4)正15秒、(5)正13秒.
	門の模倣　例後 P27	＋ 門の模倣　例前　P28		「これしよう」に対して、「テーマは何？」
	形の弁別Ⅱ　10/10P84			
				＋ 玉つなぎ 1/2　　P95
	折り紙Ⅲ　　P80	例示後の耳、頭髪、眼、右眉毛（誤）、首筋（誤）を描いた後に、すべり台を描く。「すべり台滑っているねん」		
	＋ 字模写例前 1/3P106		＋ 方形模写　　1/3 P107	
		－ 人物完成 3/9　P110		－ 人物完成 6/9　P111
	重さの比較例後 2/2P85	重さの比較例前 2/2P85		
		＋ 積木叩き 2/12 P115	＋ 積木叩き 3/12 P116	＋ 積木叩き 4/12 P117
言語・社会 (L-S)		＋ 数復唱 1/2　　V3		
	短文復唱Ⅰ　1/3　V6			
			＋ 指の数　左右　　V20	＋ 指の数　左右全 V20
	＋ 4つの積木　1/3　V13	＋ 13の丸 10まで 1/2V14	13の丸　全 1/2 V15	＋ 5以下の加算 2/3V22
		＋ 数選び　3　　V16	＋ 数選び　4　　V17	＋ 数選び 6　　V18
				＋ 13の丸理解（Ⅰ）V15 b
		色の名称 4/4　V41		MB
			－ 左右弁別　全逆 V11　(1)誤、(2)正、(3)誤	
	性の区別　　V38			
	了解Ⅰ　2/3 V48		＋ 了解Ⅱ 2/3　　V49	

	5:0超～5:6	5:6超～6:0	6:0超～6:6	6:6超～7:0	7:0超～8:0
↓			第4葉→ ←第5葉		
				やりたがる。(1) 正 OT、(2) 誤 OT、(3) 正 OT.	
		＋ 模様構成Ⅰ 3/5 P92	＋ 模様構成Ⅰ 4/5 P93	― 模様構成Ⅱ 1/3 P94	模様構成Ⅱ 2/3P94b
＋ 階段の再生　P29				釣合ばかり 1/3 P135	
「お尻つけて、ドン、ドン、・・・と、降りるねん」と言い、3個の積木で2段階段を作り、それを壊して4個を1列に並べ、「んっ？」と言って、作るのが止まるが、最後には階段を再生する。					
＋ 三角形模写 1/3 P108				― 菱形模写 2/3　P109	
		― 人物完成 8/9　P112			
					5個のおもり 2/3 P87
＋ 積木叩き 5/12 P118		― 積木叩き 6/12 P119			積木叩き 7/12　P120
(1)～(4) 正，(5) 誤 1423，(6) 正，(7) 誤 1324，(8) 誤 14233．			＋ 5数復唱 1/2　　V4		
				＋ 短文復唱Ⅱ 1/3　V7	
			― 打数かぞえ 3/3 V24	(1) 正、(2) 誤「8」、(3) 誤「10回ぐらい」．	
＋ 5以下の加算 3/3V23		数えながら入れるが、途中で数え直し始めたので、9個入る。			
― 数選び 8　　　V19				20からの逆唱　　V26	
		― 13の丸理解 (Ⅱ) V15 c			
			― 絵の叙述 2/3　　V36		
＋ 硬貨の名称 3/4V39			(1)「絵本よんでる絵」(2)「新聞よんでる」(3)「舟に乗ってる」	日時 3/4　　　V42	
		― 左右弁別 全正 V12			
― 語の定義 4/5　V51				語の差異 2/3　V52	
― 了解Ⅲ 2/3　　　V50					

第3章　検査結果から所見を作成するまで

注意の集中や持続の困難さ、それとも作業や操作における混乱

梁川　注意の集中や持続に欠ける子どもという印象をもった。数選びでは最後の8個で9個入れてしまって失敗している。〈打数数え〉の最初の7個は成功しているが、次の5個では「8」と答え、8個では「10回ぐらい」と言っている。最初は成功するが、次や、その次が失敗するのは、注意集中が持続しないことを示している。他にも〈積木叩き〉の5番目の「1、4、3、2」に対して「1、4、2、3」と失敗するが、少しむずかしくなる6番目の「1、4、2、3」は成功している。このことは課題の難易度で不通過になるのではなく、繰り返されると注意集中が途切れてしまうために失敗しているように思う。

笹川　注意の集中が弱いということだが、〈5数復唱〉や〈短文復唱Ⅱ〉は注意を集中して、数の系列や文章をしっかり覚えなければできない。しかし、それらの検査項目は通過している。注意集中の持続が困難というより、〈人物完成〉や〈数選び〉のように、答えに言葉ではなく行為を要する課題を苦手としている。作業や操作において、混乱が生じているように思えるが。

梁川　私は混乱というより概念化の問題だと思う。〈三角形模写〉のように手本が提示されるとできるが、同じ描画であっても自分で人物全体をイメージして組み立てるといった概念操作を必要とする人物完成はできない。頭の中の人物像と、提示された未完成な人物画とを比較して、腕、脚、首筋が足りないといった照合、概念化が弱いためであり、混乱という状況的な理由ではないと思う。

笹川　たしかに検査課題を概念化という視点でみると、〈図形模写〉と〈人物完成〉の違いは、図形は画一的で明快だが、人物は多様で曖昧といえる。つまり、三角形や正方形などの図形のほうがイメージしやすい。しかし、人物完成は各身体部位の有無や位置といった人物像の概念が形成されていなければならない。他の違いは、〈図形

模写〉は模写するものが目の前にあるが、〈人物完成〉は手本を真似る課題ではない。〈玉つなぎ〉も見本が提示され続け、それを真似る検査項目なので、通過している。しかし、〈打数数え〉は真似る課題だが、刺激が残らず消えてしまう検査項目なので不通過となっている。

梁川　言い方を変えれば、情報が一度に提示されている同時処理能力は高いが、情報が順に提示される継時処理能力は弱い。注意集中が十分でない子どもは刺激を小出しに、順に提示されるよりは、同時に全部を出されるほうが得意である。〈図形模写〉や〈模様構成〉はモデルが提示され続けているので、自分が見たいときに見ればよいし、作業の手順も決められていない。好きなところから描いたらよいし、好きなところから模様を構成したらよい。途中の過程は自由で、完成形だけを正確にすればよい。〈図形模写〉や〈模様構成〉は、自分がやりたいようにしたいタイプの子どもには能力が発揮しやすい検査項目といえる。しかし、〈積木叩き〉は叩く順番が決まっている。しかも、検査者が叩いている間は注意集中を続けなければならず、相手のペースに合わせないとできないという違いがある。やはり注意集中の問題だと思える。

笹川　〈階段再生〉の反応をみると、まず3個の積木で2段の階段を作って、それを壊して4個の積木を横1列に並べて、「んっ？」と言って作るのが止まる。試行錯誤的に階段をかろうじて再生したような印象をもつ。刺激の提示の仕方に左右されるというよりも、やはり実際の作業において、混乱してしまうタイプの子どもだと考えてしまう。

梁川　〈階段再生〉で、3個使って2段の階段を作っている部分と、4個を横一列に並べている部分は、両方とも階段を構成する部分であり、それぞれ正しく作っている。しかし、「んっ？」と止まったのは、完成モデルは提示されていないので、全体を統合しにくかったからだと思う。部分と部分をつなげて作り上げていて、全体像と照合し

第3章　検査結果から所見を作成するまで

にくかったのが理由なので、混乱しているためではないと思う。

笹川　つまり部分から全体に向かうといった概念化はできにくく、部分から部分に広がったために階段の再生に手間取ったと考えるのか。

梁川　そう考える。〈模様構成Ⅰ〉も最初の模様図版の図1ではやり方がわからなくて、できなかったが、それがわかればそれ以降の〈模様構成Ⅰ〉は簡単に通過してしまう。〈模様構成Ⅱ〉は自分でやりたがって、制限時間はオーバーするが、図版1と3は正しく構成している。モデルがあって同時処理課題であれば、年齢以上の範囲までできている。

周囲に理解されにくい星ちゃん

梁川　このように、できたりできなかったりするので、まわりの大人は星ちゃんのことが理解できないと思う。できたと思えば、「どうして、こんな簡単なことがわからないの」みたいな。

笹川　「どうしてわからないの」という見方をされるだけではなくて、「すごく勝手な子ども、言われたことをきちんとしなさいよ」「自分勝手に好きなように解釈して、楽しまないで」と、周囲から言われる子どもだと思う。なぜ、勝手なことをするのか、その理由を考えると、星ちゃんは自分が得意な言葉のほうに向かって引きずられ、とらわれてしまっているように思える。たとえば、〈人物完成〉ではすべり台を描き足して、「すべり台滑っているねん」と自発的に物語を作っている。これはある意味すごいこと、特徴的なことだと思う。〈階段再生〉でも「お尻つけて、ドン、ドン、……と降りるねん」と言っている。非言語性の検査項目なのに、お話のほうへ向かっている。求められていないのに、そんなお話をするから、勝手なことをすると思われる。しかし、本人のなかでは決して勝手なことではない。

　ただ、これまでとは少し違った様相も見せている。〈階段再生〉で「んっ？」と言って、作るのをいったんやめている。これは求め

られた課題から離れてしまっていることへの気づきとも考えられる。他にも〈数選び8〉のように、このままでは間違ってしまうのではと思い、数え直したりしている。

　実際の年齢より、ストーリーを作って話せる能力が長けているから、そちらのほうに向かってしまい、結果的に間違う。そして注意されたり、修正を求められて、星ちゃんは嫌な思いをしなければならない。見本があったら、むずかしくてもこなしてしまい、見本がなかったら、自分でストーリーを作って、それをしゃべり出してしまう。

梁川　先ほどの概念的なところの弱さというのは、具体的なこと、見本のあることの強さであると考えられる。経験したこと、モデルを見たりとか、テレビのコマーシャルで見たり聞いたりしたとか、具体的なものであれば、記憶能力の高さとあいまって、しっかりできる。しかし、何もないところから作り上げるとか、情報が少ないところから自分で補って統合するとかは、星ちゃんが一番苦手とするところだと思う。だから、〈人物完成〉では足らない部分を描き足せず、すべり台を滑って遊んだ自分の経験を描いてしまう。〈階段再生〉でもモデルがなくなってしまったので、階段を作るだけでなく、自分がお尻をつけてドンドン降りた経験を思い出して喋ってしまう。それでまわりからは、勝手な子どもと思われてしまう。

一般化や概念化の困難さ

笹川　求められた教示内容について、まったく応じないのではなく、他のことを考えて、逸れてしまう。たとえば、〈了解Ⅱ〉の「乗遅れ」では「また同じ電車が来るまで待つ」と正答するが、「母さんの実家に行くとき、乗るねん」って、求められていない余計なことまで話している。

梁川　求められたことだけじゃなく、他のことを考えたりすることは誰にでもあることだが、星ちゃんの場合はそのことを脇に置いて、求められたことを優先順位の上位にもっていくことができない。

図表 3-1-3　了解Ⅱ、Ⅲの反応

検査項目	分類記号 項目番号	通過年齢	通過・ 不通過	材料		正答 誤答	反応
了解Ⅱ 2/3	V49	4:0超〜4:6	＋	(1)	降雨	○	「カッパ着る」
				(2)	火事	○	「消防車呼ぶ」
				(3)	乗遅れ	○	「また同じ電車が来るまで待つ。お母さんの実家に行くとき乗るねん」
了解Ⅲ 2/3	V50	5:0超〜5:6	−	(1)	破壊	○	「自分がゴメンナサイって言って、また自分が作る」
				(2)	遅刻	×	「手伝ってもらう。荷物とか運んでもらう」
				(3)	足踏	×	「痛いって言ったら、やめてくれる」

笹川　〈絵の叙述〉で主語が言えないこと、〈人物完成 3/9〉ができなかったこと、〈左右弁別全逆〉ができていないことは、自己のボディ・イメージの形成が不十分なことと関連していると思う。つまり自分自身が曖昧なため、相手との境界がはっきりせず、自他の区別の認識がしっかりしていないんじゃないか。だから、相手の思いや気持ちを年齢相応に意識できないまま、行動してしまうと思う。

梁川　具体的なことがあれば、具体的な処理は簡単だが、ボディ・イメージのように抽象度や概念度が上がってくればわからなくなるし、人との関係をもつにも同様の能力が必要なので、社会的要請に応えられなくなっているだろう。

笹川　〈了解Ⅲ〉の「遅刻」には「手伝ってもらう、荷物とか運んでもらう」と答え、実際に経験したようなことを答えている。もう一言「急いで行く」と言ったら正答になるのに。他にも「うっかりして

足を踏まれたら」に対しても、「ごめんなさい」じゃなく「痛いって言ったら、やめてくれる」って、これも実際にあったようなことを言っている。〈絵の叙述〉の「部屋」、「新聞」、「舟」の図版のそれぞれに対して、「絵本よんでいる絵」「新聞よんでる」「舟に乗ってる」と答え、「誰が」という主語は言っていない。それで不通過になっている。もう一言が足りない。それぞれ「お母さんが」「おじさんが」「みんなで」と、言えていない。星ちゃんにとっては、わざわざ「誰が」と言わなくても、当たり前のことだから「わかるやろ」と思っている。

梁川　また、星ちゃんは〈語の定義〉は不通過になってしまったが、ある程度の用途理解はできている。机は「お弁当とか食べるときに使うねん」、鉛筆は「書くもん」、人形は「遊ぶもの」と正答している。しかし、電話は「電話する」、電車は「駅に迎えに行く」と答えて、正答ではない。おそらく検査者は星ちゃんの言葉の理解の程度を確認したかったので、この2つについて、教示にはないが再質問したのだろう。電話は「おしゃべりする。いろいろなこと、例えば、……」って長々と話し始め、電車は「乗るもの」って答えてお

図表 3-1-4　語の定義の反応

検査項目	分類記号 項目番号	通過年齢	通過・不通過	材料	正答誤答	反応
語の定義 4/5	V51	5:0超〜5:6	−	(1) 机	○	「お弁当とか食べるとき、使うねん」
				(2) 鉛筆	○	「書くもん」
				(3) 電話	×	「電話する」、再質問「おしゃべりする。いろいろなこと、例えば、……」
				(4) 電車	×	「駅に迎えに行く」、再質問「乗るもの」
				(5) 人形	○	「遊ぶもの」

り、どちらも正答となる。
笹川　自分がしゃべったことが引き金となって、次から次へと話し出す。自分のしゃべったことが刺激となって、いろんなことを思い出すのはふつうのこと。でも、それらをすぐにはしゃべらない、口にせず留めておくことが、そろそろできるようになってほしい。
梁川　しかも、その話の内容は具体的なこと、体験したことであって、概念化されたこと、一般化された話にはなっていない。
笹川　4歳後半級の〈了解Ⅱ〉の「乗遅れ」と同様に、「降雨」でも多くの子どもが答える「傘さす」って、一般的な答えではなかった。「カッパ着る」という自分のいつもの行為を話してしまう。ところが、〈玉つなぎ〉では「テーマは何？」って、大人びた言葉遣いをしている。
梁川　クイズ番組の司会者が言っていることをそのまま使っていると思う。その場面だけを覚えているだけなので、テーマといった一般化や概念化はしていない。

✎ 幼稚園では乱暴なタイプか、それとも頼ってしまうタイプか

笹川　これまでの各検査項目への反応やプロフィールについての議論や仮説を踏まえて、幼稚園での適応や、今回の相談に至った経緯、問題について検討したい。ただし、仮説の上に現実の状況を重ね合わせるので、この検討は「思いをめぐらす」レベルに留めなければならないが。
梁川　幼稚園の年長組では、お絵かきなどの設定場面も経験していると考えられるので、ふつう〈人物完成〉はできる。それができないとなると、対人場面での決まり切った基本的なやりとりもできていないように思う。
笹川　来春には小学校入学を控えているので、先生の指示に従って行動することが、これまで以上に求められる。しかし、星ちゃんはそれらがうまくできずに、教室から飛び出して、1人で遊んでしまうこと

もあるだろう。他の子どもが何かで遊んでいても、おかまいなしに突然に話しかけたりすることも考えられる。そんな振る舞いのために自分の思いが伝わらずに、腹を立ててしまって、他児を叩いたり、突き倒したりしていないだろうか。そんな乱暴な面が問題視されているのではと思う。

梁川　〈模様構成Ⅰ〉の最初は図版に積木をのせようとし、何が求められているかを十分にわかっていない。普段の生活でも同じように、わかっていないことがあるように思う。それで、まわりから「何をやってるんだ」と非難されているかもしれない。

　　　星ちゃんは自己万能感をもっているとか攻撃的だから失敗するのではないと思う。できないのはただ単にわからないだけだろう。「それは違うよ」と言われると、「あっ、そうなの」と言って、正しく修正できるから、いらだって攻撃的になることはないと思う。その理由として、〈了解Ⅲ〉の「荷物を持ってもらう」「運んでもらう」は、他者に頼ろうとする依存的な言動であって、攻撃的な言動ではない。また足を踏まれたら「痛いって言ったら、やめてくれる」とか、まわりが助けてくれる環境のなかで育っているんじゃないか。

笹川　配慮されるようなもとでは修正できる。しかし、大人、先生でなければ、そのような配慮はできない。となると、星ちゃんはやはり同じ年齢の子ども集団のなかでは、イライラが募っているように思う。

梁川　星ちゃんを取り巻く環境や状況によって、集団での適応レベルはかなり違ってくる。「星ちゃんだから」「また星ちゃんやっている」といった穏やかな、おおらかな環境であれば、星ちゃんもまわりもつらくない。でも指導や指示が多い環境では、星ちゃんを含んだ集団全体がかなりしんどく、厳しいものになってしまう。

笹川　年長組という年齢段階を考えると、一斉に同じことをしなければならない機会が多くなっている。それが苦手な星ちゃんはこれまでより一層、いらだちや攻撃性が高まっていると思うが、どうだろう。

第3章　検査結果から所見を作成するまで

梁川　攻撃性のサインとして、〈人物完成〉のような描画でお腹の空白部分を塗りつぶして埋めようとしたり、乱雑で太い描線で描く場合がある。しかし、星ちゃんにはそのようなサインはないので、過剰な攻撃性は心配しなくてもよいのではないか。

社会的な要請を理解し、自他の区別ができること

笹川　集団適応に関連して、〈了解Ⅲ〉の「友だちのものを壊したとき」には、「自分がごめんなさいって言って、また自分が作る」と、教科書に書いてあるような模範的な答えをしている。

梁川　〈了解Ⅰ〉の問題は自分がしていることを単に答えればよいが、〈了解Ⅲ〉は実際にしていることではなく、社会的に求められていることを答える必要があるから、模範的に答えること自体に問題はないと思う。そのことが求められているのだから。でも〈了解Ⅲ〉は不通過になっているから、社会的に何が求められるのか、社会的な要請は何なのかはわかっていない。「（あなたは）どうしたらよいと思いますか」と教示されているのに、「してもらう」といった受け身的になった答えをしている。解決はまわりがしてくれることであって、自分がすることではない。まわりが何かしてくれると思っている。しかし、まったくわかっていないわけではない。「足踏」には自分が踏んだと誤って理解して「ごめんなさい」と答える子が多いなか、星ちゃんは相手と自分の立場の違いはわかっている。つまり場面を正しく理解している。

笹川　となると、先ほど話した「自他の区別の認識が十分にできていない」ことと矛盾することになる。

梁川　だから、実際に経験したような日常場面で、誰かから言われたことをそのまま記憶して、星ちゃんはそれを言っているので、具体的な場面では自分と相手の区別ができているように見える。〈絵の叙述〉の課題では、絵のなかから何を選択して、どのようなものを切り出すかは自分で判断しなければならない。何をしているかという

状況だけではなく、誰がといった主体を多くの人物のなかから自分で選び出すことはむずかしい。しかも硬直した説明というか、表現力が弱い。

笹川　表現力が弱いのか、それとも、そこまで言わなくてもわかると思って、いちいち言わないのか。

梁川　そこまでのレベルじゃない。あえて言わないのではなく、言う必要性がわかっていない。勝手に主語を省いているというよりも、自分のことをまわりがわかってくれるのは当たり前と思っている。

笹川　ということは、家では両親がわかってくれているので、家庭では問題がない子ども。お父さんやお母さんは「星ちゃんは〇〇やな」って感じで理解され、配慮されている。しかし、幼稚園では設定場面では馴染みにくく、友だちとやりとりして遊ぶこともできない。

梁川　一緒に遊ぶことはむずかしいが、「星ちゃん、OK」といった星ちゃんルールで、幼稚園ではなんとかやっているのではないか。でも小学校に入ると、そういうわけにはいかないだろう。

笹川　星ちゃんは集中しつづけることはむずかしいので、なかなかお遊戯が覚えられないと思う。お遊戯は人との関係が重要で、先生が手本を見せている間、それをしっかりと見ないといけない。それができないので、教室から出ていってしまい、砂場で１人でお話しながら、お山を作って遊んでいるような感じがする。

梁川　それをしていたら、トラブルにならない。トラブルになるのはお遊戯しているときに、「僕、できない」と言って、みんなの邪魔をしたときだ。しかし、みんながしているお遊戯とはおかまいなしに、１人で遊んでいると思う。先生も他の子どもも「星ちゃーん」って、それを許しているような。だから、まわりがしてくれる、「痛い」って言ったらやめてくれる、手伝ってもらう、荷物を運んでもらう、などになるのではないか。しかし、来春の就学を考えて、このままではよくないと園の先生が心配したのかもしれない。

第３章　検査結果から所見を作成するまで

臨機応変な対応が求められる人間関係のむずかしさ

笹川　1つひとつの経験やエピソードを点とすれば、それらを一般化や概念化したものが面と例えられる。星ちゃんは、その面の理解までは達していないように思う。

梁川　点から面になるというのは、社会性の発達とも考えられる。つまり自分の思いである点だけで行動するのではなく、いろんな状況にも対応できる面をもっていることが社会的に成長することだろう。社会的な要請ということから考えると、星ちゃんは自分を社会に合わせていくのではなく、社会に合わせてもらおうとしている。だから、相手にしてもらうために説得するわけで、多弁になるのだろう。

　過去のデータがないのでわからないが、ここ1年ほどで急激に伸びたかもしれない。5歳2カ月の現在は、発達指数が100を少し超えているが、4歳前後の頃は全体的な遅れがあったかもしれない。また急激に伸びたために発達的な偏りが生じたのだろう。加えて他者への興味・関心が希薄だったので、まわりからのかかわりや問いかけがなかなか入らず、名前を呼ばれても知らんふりだったかも。

図表 3-1-5　K式の結果

生活年齢	5年2月	換算	62月
領域別	得　点	発達年齢	発達指数
姿勢・運動 P-M	84	—	—
認知・適応 C-A	352	65カ月 5:5	105
言語・社会 L-S	212	62カ月 5:2	100
全領域	648	64カ月 5:4	103

笹川　今は一応、求めた課題内容は星ちゃんに届くが、以前はそれらがすんなりと入らなかったと思う。今でこそ間口が少し広がったように思えるが、以前はストライクゾーンが非常に狭かったので、ど真ん中にボールを投げないと、星ちゃんに入らず、受け取ってもらえなかったと思う。それに積み残している低い

能力と、急激に伸びた高い能力があれば、現実生活の適応は低い能力のレベルに落ち着いてしまう。しかし、星ちゃんは一生懸命に高い能力をアピールし、そのレベルで適応しようとしていると考えられる。

梁川　星ちゃんは、概念やイメージの操作が発達的に未形成、積み残しというよりも、その部分が抜け落ちているという感じがする。具体的な能力、たとえば数についての視覚情報の処理の能力などはキャッチアップしていく。しかし目に見えないところはなかなかキャッチアップしにくいだろう。〈指の数〉は実際に数えることが許されていないので自己イメージに関する項目であり、星ちゃんにとってはむずかしい課題と考えられるが、できている。これは「指の数5本、両方で10本」と決まり文句のように覚えていて、それを答えているのだろう。

　注意の集中についても、〈玉つなぎ〉で「テーマは何？」と質問したように、何が求められているのかわかれば、星ちゃんは注意集中がむずかしい子どもではない。

　このようなところから、星ちゃんはモデルの提示やテーマがわかればかなりできる。でも、場の空気を読むとか、社会性に関連した情報を処理するように求められても、何をすればよいのかわからず、うまくできないのだろう。具体的な決まり切ったことはできるようになったが、臨機応変にというのはかなりむずかしい。最後に残る星ちゃんの課題は人間関係だろう。その人間関係がうまくいくかどうかは、星ちゃんを取り巻く環境に左右されると思う。星ちゃんを「ユニークな子ども」として理解をしてもらえるか、「(星ちゃんには) 問題があります」とみなされるかで、星ちゃんの行動はだいぶ変わってくるだろう。

笹川　幼稚園によっては楽器演奏とかダンスの指導がなされている。そういうところでは1人浮き上がってしまうだろう。反対に、自由場面が多いところでは過ごしやすいように思うが、実はそうとも言い切

れない。自由な場面は構造化されておらず、対人接触が増えて臨機応変な対応が求められるが、それができずにトラブルが増えてくるかもしれない。いずれにせよ、星ちゃんがどれだけ他児に関心をもっているかで、違ってくるだろう。星ちゃんは周囲の状況がわかりかけているので、うまくいかない「しんどさ」が意識され始めているように思う。

滑っているところをすべり台の横から見たら

梁川　〈人物完成〉では具体的なモデルのある部位は描きやすい。たとえば、手や足は片方がモデルとなっているので描きやすいと思うのだが、星ちゃんは手や足を描かないで、モデルのない眼を描いている。これはどう考えたらよいのだろうか？

笹川　眼を描けたのは、発達的に早い段階で描ける身体部位だということとも関係するだろう。「よそ見しないで」と幼稚園で注意され、眼を意識させられる機会が多いように思う。

　　　もう一度、この絵を眺めてみると、人物画そのものは不完全だが、すべり台の梯子などの細かいところまで描いている。

梁川　いや、不完全な人物画と思っていたが、実はそうではなさそうだ。すべり台を滑っているところを横から見ていると考えれば、反対側の足は見えない。向こう側のもう一方の手を描いたらおかしい。星ちゃんにとって、この絵は完成形なのだろう。星ちゃんが注意集中ができなく、連想してしまって、すべり台を描いたと思っていたが、そうではなかったんだ。星ちゃんが何を考えているかをしっかり見極めて、理解しないと、見誤ってしまう。

笹川　検査項目としての人物完成は通過しなかったが、横から見た様子を描いたと考えれば、質的にできなかったわけではない。教示の適切な理解はできていないが、星ちゃん独自のとらえ方で描き、答えている。

　　　今のままでは、このような個性的で一面的なとらえ方しかできな

図表 3-1-6 星ちゃんの描いた絵

いだろう。しかし、これからはいろいろなとらえ方ができるようになってほしいし、相手の言っていることを正しく理解できるようになってほしい。星ちゃんのまわりも、そのユニークさを受け入れてほしい。

ＤＱの意味することと、その評価

笹川　ところで、星ちゃんの「全領域」ＤＱをどう評価するかについて確認しておきたい。「認知・適応」と「言語・社会」の２つの領域

間に大きな差がなければ、「全領域」DQの値は額面どおりに受け取ってもよいだろう。しかし、領域間に著しい差があるなら、慎重に取り扱わなければならない。例えば、「認知・適応」と「言語・社会」のそれぞれのDQが83と117で、その差が34もある場合と、96と103で差が小さい場合を比べたとき、いずれも「全領域」DQは100になる。この2つの「全領域」DQ100を同じように扱ってはいけない。それだけではなく、各能力間の差異の大きさも見なければならない。つまり上限（最も高い年齢での通過項目）と下限（最も低い年齢での不通過項目）の年齢幅を見る必要がある。4歳から6歳ぐらいの子どもの場合、上限と下限の差が1年半以上あるのと、ないのでは、DQの値が同じであっても、意味することが異なってくる。

梁川　それらは、最初のデータ分析の手順で話したことだが、検査用紙に描かれたプロフィールと算出されたDQとの違和感と関連している。

笹川　星ちゃんの検査結果を見ると「全領域」DQが103と、標準のレベルを示している。次に2つの領域のDQを比べると、「認知・適応」のDQ105に対して、「言語・社会」は100であり、これらの数値だけを見ると両者の間には差はないように見える。

梁川　実際には領域や能力の発達に差はあると思う。「言語・社会」のDQが100あるのは、抽象的意味理解が不要な〈5数復唱〉と〈短文復唱Ⅱ〉の記憶課題と、〈数選び〉のような具体的な課題で、DQの数値を上げているせいである。しかし、〈絵の叙述〉、〈了解Ⅲ〉、〈語の定義〉ができないので、コミュニケーション能力は弱いだろう。

笹川　「認知・適応」と「言語・社会」の指数の差は以前に比べて縮まったように思うが、今後は「言語・社会」領域の発達が停滞すると予想される。それで「言語・社会」のDQが低下して、再びその差は広がるように思う。

主訴や相談経緯などのケースの情報を踏まえた検討

　実際の主訴や幼稚園での困りごと、今回の相談に至った経緯などのケース情報を踏まえて、星ちゃんの発達とその臨床像の検討に進みます。その上で、支援の方向性を探り、どのような助言が実際的で役に立つのかを考えていきます（事例提供者からいただいた封筒2を開封しました。そのなかには図表3-1-7が入っていました）。

✏️ 幼稚園の先生方への助言

梁川　幼稚園での困りごとに、「突然、みんなが遊んでいるなかに入って、トラブルになる」とあるが、星ちゃんが悪意をもってみんなのところに入るんじゃなく、おもしろそうだと見えるから、そこに入りたくなってしまうのだろう。だから、先生の仲介が必要になる。星ちゃんの思いをみんなに伝え、みんなの思いを星ちゃんに伝える。園の先生はこのようにうまくかかわってこられたので、そのことの意味や重要性を説明し、これからも星ちゃんと他の子どもたちとの仲介役をお願いしたい。

笹川　「場面に合わせて友だちに言葉をかけることはできない」ことも困っておられるので、突然遊びのなかに入っていくのと同じように、他の子に急に話しかけることもあるのだろう。星ちゃんは何らかの思いをもって話しかけているのだろうが、他の子どもと状況を共有していないので、話しかけられた子どもは突然のことに驚いたり、当惑してしまう。たとえば、星ちゃんがサッカーで遊びたいと思ったら、まわりの子が縄跳びしていても、おかまいなしに「サッカーしよう」と、まっしぐらに話しかけるのだろう。しかし、話しかけるにはタイミングが必要で、星ちゃんはいつも間が悪い。

梁川　星ちゃんは場面を読むことが苦手なので、まず「○○くん、今、話していい」と、丁寧に言うことを習慣づけてほしい。

笹川　そのためには、まわりの大人が星ちゃんに話しかけるときも「○○

第3章　検査結果から所見を作成するまで

してね」ではなく、「星ちゃん、〇〇してね」と名前を呼ぶようにして、モデルを示すほうがよい。他者とかかわるときには、相手の注意を引きつけるために「いつも相手の名前を呼んでから」という対人スキルを身につけてほしい。

身体運動のコントロール

梁川　お母さんは運動面の苦手さを一番心配しておられるが、最初のブラインドではあまり分析できなかったので、ここで検討してみたい。運動面の苦手さは、〈左右弁別全逆〉ができなかったことと関連があると思う。自己のボディ・イメージの形成と、自分の身体をうまくコントロールすることは無関係ではないと思う。

笹川　ジャングルジムは細い鉄棒に足をのせてバランスをとらなければならない。そのためには、腕や脚の力の入れ方に強弱をつける必要がある。星ちゃんは、そのあたりのコントロールがむずかしいと思う。ブランコも膝の曲げ伸ばしをリズミカルにしないと、うまくこげないので、これも星ちゃんにとっては、むずかしいだろう。

梁川　お父さんが一生懸命に教えている自転車は、運動能力のなかでもバランスや協調などを必要とするので、かなりむずかしい。

笹川　すべり台を滑っている様子を描けるのは「すごい」ことだと思うが、梯子を上って滑り降りる実際の運動が苦手なことに、星ちゃんの「しんどさ」「生きにくさ」を感じる。まわりがどちらを注目するかによって、楽しく過ごせるか、つらくなってしまうかが決まってくるのだろう。まわりの大人は「すごさ」と「しんどさ」の両方の面を押さえておかないといけない。しかし、多くの場合、大人はつらい面をなんとかしようとして、うまくいかない。

梁川　父親は「星ちゃんに自転車を教えたりしているが、なかなか乗れるようにならない」と気にしており、生活のなかに訓練を持ち込んでいる。このように現在の運動能力ではとても達成できないような訓練を生活のなかに持ち込むと、父子ともにしんどくなってしまうだ

図表 3-1-7　ケース情報

姓名（性別）	（仮名）鴨川　星（かもがわ　せい）　　（男児）
生年月日（年齢）	X年3月1日生まれ　（5歳2カ月）
所属	□□幼稚園 年長組
外見的特徴	身長は高い方だが、体格はそれほど大きい方ではない。
主訴（母親）	・母親は本児の「バランスのまずさ」を心配しており、自転車に乗れないなど、運動面の苦手さが一番気になっている。
幼稚園での困りごと	・語彙は豊富でよく喋るが、場面に合わせて友だちに言葉をかけることができない。 ・そのため、突然みんなが遊んでいるなかに入って、トラブルになることがある。 ・トラブルになるのは、 　①他児が使っているオモチャを勝手に使い始めたり、急に横から取り上げたりする。 　②遊び場面で自分勝手にルールを変える。 ・このようなことに対して、他の園児は怒っているようだが、本児はみんながなぜ怒っているのか、わかっていないようだ。 ・本児は口が達者で、言い返したりするので、他の園児は諦めているようだ。 ・担任の先生が、他児との遊びの仲介をする必要がある。 ・ジャングルジムのような固定遊具を使った遊びや体操をスムーズにすることができない。
検査時の様子	・園活動の途中で抜け、母親が待っている遊戯室に、担任に連れられて入室。 ・本児は緊張する様子もなく、課題に取り組み始めた。 ・取組みは良好だが、集中するとよだれが出てくる。 ・言葉で話をすることはスムーズにできた。 ・ケンケンなど体を動かす課題は嫌がらないが、バランスは取りにくい。 ・検査の課題を楽しんで取り組んだ。切り替えはスムーズだった。 ・検査終了後、部屋へ戻ると友だちに「全部正解だった」と話していた。 （この全部正解は、検査終了時に本児が「全部できたか？」と尋ねてきたため、検査者が声かけしたもの）
生育歴	・妊娠中、分娩時とも異常なし ・出生時：39週 2948gで出生 ・定頸4カ月、独歩1歳6カ月 ・乳幼児健診：1歳7カ月、3歳6カ月健診とも異常なし
家族構成と家庭環境	・父（43歳）、母（38歳）、本児（5歳）、妹（2歳）の4人家族 ・父親は自営業、母親は専業主婦 ・近くに父方祖父母宅がある。 ・母親は父方祖母に「子どもをしっかり育てるように」と言われ、プレッシャーを感じている。 ・父親は本児に自転車を教えているが、なかなか乗れるようにならないことを気にしている。
相談の経過	・以前に保健センターの発達相談を受けていた。 ・幼稚園入園後に受けた教育相談では、「協調運動の障害が疑われるので、専門医の診察や作業療法士による訓練が望まれる」との助言があった。 ・幼稚園から相談申し込みがあったので、発達相談センターが幼稚園を訪問して相談することになった。 ・年長組になり、発達状況の確認とバランスの悪さについて、発達検査を実施することになった。

第3章　検査結果から所見を作成するまで

ろう。
　　これらの運動面の困難さに対して、プログラム的にかかわるにしても、できないところを強調してはいけない。そういう苦手さがあったとしても、トータルとして成功できるような工夫をしなければならない。星ちゃん自身も人物完成ですべり台を滑っている絵を描くなどして、トータルとして成功しようとしている。そのことを理解しておきたい。

笹川　「できないことを強調しない」ことは、かかわりや指導の基本だと思う。誰でも苦手なことは避けようとするので、練習や繰り返す機会は少なくなる。そのために、できないままになってしまう。
　　苦手なことへのトレーニングや指導も大切だが、日常のお手伝いなどでそれらを無理なく経験させたい。たとえば、お茶碗やお皿を運ぶようなお手伝いでは、お盆を持つ、歩く、ひっくり返さないように平衡に持つなどの一連の運動が必要だ。他にもペットボトルからコップに注ぐというのもむずかしい。ボトルをしっかり持って、コップを注視して、こぼれないように注がないといけない。このようなお手伝いを毎日、少しずつさせたい。お手伝いだと、「星ちゃん、お手伝い、ありがとう」と言える。またできなくても、「いいんだ。そのうちできるようになるよ」と、おおらかな気持ちでお手伝いさせたい。
　　自転車の練習については、「お父さん、ちょっと休憩しようか」と言ってあげたい。できないものをやらせるよりも、「できるものからやっていきましょう」と提案したい。

✏️ 子どもの発達にとって、検査を役立てること

梁川　発達検査の結果から、保護者にいろいろな助言をする材料を見つけることができたので、星ちゃんに発達検査を実施してよかったと思う。保護者と園の先生に発達検査の結果をしっかり伝えるフィードバック面接をすることが重要だ。それをしないと何のために発達

検査をしたのかわからなくなる。検査者が納得して「なるほど　なるほど」と思うだけでは意味がない。さらに就学のときには、発達検査の結果と幼稚園の活動と照らし合わせた星ちゃんの特徴を小学校に伝えることが大切だ。そのことによって、星ちゃんは誤解されなくてすむかもしれない。

　発達検査実施直後の面接は、保護者と検査の内容を共有し、いろいろな場所での、これからの支援に役立てていくためのスタートである。

笹川　実施後すぐの面接で発達相談を終了するのではなく、後日、時間をとって保護者や関係者との面接を設定したい。発達検査の結果だけからの助言ではなく、園の状況に応じた説明や提案でないと絵空事になってしまう。また結果についても検査者１人で分析するのではなく、他のスタッフとの議論も必要だ。その上での助言や支援であって欲しい。検査することが目的ではなくて、検査を子どもの発達に役立てるかが大切だと思う。

所見の作成

　年齢や性別などの基本情報と検査結果しかわからなかったブラインドアナリシスと、幼稚園での困りごとや相談の経緯を踏まえたディスカッションを基にして、２人がそれぞれの所見を作成しました（図表3-1-8、図表3-1-9）。同じデータでありながら、また２人で分析、検討したにもかかわらず、その内容やスタイルには異なるところがあります。２つの所見を見比べて、それぞれの特徴を吟味してください。そして自分自身のオリジナルな所見のスタイルを作り上げてください。

（笹川宏樹・梁川 惠）

図表 3-1-8 笹川宏樹所見

[心 理 ・ 発 達 ア セ ス メ ン ト レ ポ ー ト]

○児童名	鴨川 星（かもがわ せい）	○実施年月日	X＋5年 5月 1日
○性別・年齢	男児・5歳2カ月	○生年月日	X年 3月 1日
○所　属	□□幼稚園 年長組	○実施場所	幼稚園遊戯室（母親の同伴）
○主　訴	（母　親）　バランスのまずさを心配しており、運動面の苦手さを気にしている。		
	（幼稚園）　他の園児とうまくコミュニケーションがとれず、トラブルになってしまう。また固定遊具を使った遊びや、体操などの運動がうまくいかない。		
○目　的	言語等の精神発達、コミュニケーションや対人面などの社会性、及び運動面の発達における遅滞の有無や、発達的特徴を査定することにより、今後のかかわりや支援方針の参考とする。		

○心理所見のまとめ

　本児は、身長が高めの幼稚園年長組に通う、5歳2カ月の男児であり、来春に就学を控えている。

［検査場面の行動的特徴］
・初対面でも緊張せず、楽しんで検査に取り組めるが、課題に集中すると涎を垂らしてしまう。
・検査終了時に、「全部できたか？」と尋ねるなど、評価を気にする一面がある。

［発達状況、及び行動の理解］
・検査場面での観察や発達検査の結果（全領域DQ103）からは、精神発達に遅滞は認められない。
・検査の領域間の偏りはないが（C-A DQ105、L-S DQ100）、個々の能力間の年齢差（上限と下限の年齢級の差）は3年と大きく、3歳後半から6歳後半にわたっている。
・得意な能力は数唱などの単純な聴覚的記憶や、見本を真似して作るような視覚的模倣の能力であった。
・他方、ボディ・イメージなどの概念化に関連した能力が不得意である。また相手が何を求めているのかを理解し、それを踏まえて発言・応答するといったコミュニケーション能力が低い。つまり、場を読むのが苦手であり、自他の区別も十分ではないので、相手の状況等への配慮が年齢相応にできない。
・以上のように、具体的なことが求められれば、高いレベルの課題もできる。しかし、一般化や抽象的な内容を含んだ課題では、それらの教示や内容を正しく理解できず、自分なりの解釈で行ってしまい、求められたことから逸れてしまう。
・このために本児は自分の思いや考えを言って、求められたことに応じているつもりであるが、周囲の大人からは、「できるのにしない」、他の園児からは「勝手なことをする」と見なされているのであろう。

［今後の支援方針やかかわり］
　「できないこと」を強調するのではなく、まず本児の特有の場面認知の仕方、考え方や振る舞いを十分に理解すること、その際には否定的にとらえず、ユニークなものとして肯定的にみることが大切である。
　具体的なかかわりとしては、
・これまでと同様に「本児の思いを他児に伝え、他児の思いを本児に伝える」等の仲介の役を大人が担う。
・本児に指示する際には、まず「○○ちゃん」と名前を呼ぶことによって自分自身を意識させ、また本児が他児にかかわるときにも相手の名前を呼ぶように習慣づけ、相手とその状況に注意を向けさせる。
・運動の拙さについては、作業療法士による評価と指導の継続を検討すること。また本児特有の場面認知や発達的なアンバランスについて、児童精神科の専門医による診断や指導が望まれる。

○発達検査の結果

・新版K式発達検査2001　　全領域DQ103、全領域DA5：4、CA5：2.

領　　域	DQ	DA	上限（最後の通過項目）	下限（最初の不通過項目）
姿勢・運動	－	－		
認知・適応	105	5：5	6：0〜6：6　模様構成Ⅰ4/5	3：6〜4：0　人物完成3/9
言語・社会	100	5：2	6：6〜7：0　短文復唱Ⅱ1/3	4：0〜4：6　左右弁別 全逆

［特徴的な反応例と解釈］

認知・適応領域：　人物完成ではモデルのある手足を描けずに、すべり台を描いて「すべり台滑っているねん」と話し始める。手足が描けなかったのは思い浮かばなかったのではなく、横から見た「すべり台を滑っている」様子を描いたため、反対側の手足は見えないので、描く必要がなかったと思われる。
　階段再生は「お尻つけて、ドン、ドン、・・・と、降りるねん」と話し、動作的な課題を言葉での応答にしてしまう。しかし、模様構成Ⅱはやりたがり、時間超過だが図版1と3は正答し、見本があるとできる。

言語・社会領域：　了解Ⅱの乗り遅れでは「お母さんの実家に行くとき乗るねん」と答え、了解Ⅲの遅刻は「手伝ってもらう。荷物とか運んでもらう？」、足踏も「走ってって言ったら、やめてくれる」と自身の体験（依存）を話してしまう。このように課題には正答せず、教示を自分なりに解釈して答えてしまう。
　絵の叙述では、「絵本よんでる絵」などと3枚とも、主語を省略してしまう。

○レポート作成日　　X＋5年 5月 2日　　　　　　　　○作成者　　　笹川　宏樹

○○○発達相談センター

図表 3-1-9　梁川惠所見

発達検査報告書

児童名	鴨川　星	男/女	生年月日	平成 X 年 3 月 1 日（5 歳 2 カ月）

[心理検査所見]

新K式発達検査 2001　　発達年齢　発達指数
姿勢・運動（P-M）　　　　—　　　　—
認知・適応（C-A）　　　　5:5　　　105
言語・社会（L-S）　　　　5:2　　　100
総　　合　（T）　　　　　5:4　　　103

姿勢運動領域　上限（＋）ケンケン
認知適応領域　上限（＋）模様構成Ⅰ 4/5
　　　　　　　下限（−）人物完成 3/9
言語社会領域　上限（＋）短文復唱Ⅱ
　　　　　　　下限（−）左右弁別全逆

[検査の状況]
幼稚園の遊戯室で実施した。本児は園の活動の時間を途中で抜け、担任に連れられて入室した。母親は先に入室していた。本児は緊張する様子もなく課題に取り組み始めた。課題への取り組みは良好だが、集中するとよだれが出てくる。ことばで話をすることはスムーズにできた。ケンケンなど体を動かす課題は嫌がらないがバランスは取りにくい。検査の課題を楽しんで取り組んだ。切り替えはスムーズだった。

[発達検査所見]
　　　　　　　　平均精神発達　　　自閉症スペクトラムの疑い（未告知）

姿勢運動面：発達検査上限に達しているので評価していない。
認知適応面：いくつかの色積木を用いてモデルと同じ模様を作る構成課題では、6歳半の能力を発揮している。このように作業モデルがありどのような作業をすればよいか目でみてわかり、自分の好きな順番に作業が行える同時処理課題だと年齢より高い能力を発揮している。基準には達していないが、7歳0カ月レベルの能力を発揮しかけており、本児の得意な能力である。目で見て積木を叩く順番を順に記憶して再現するような、決められた手順を継次的に再現するような課題については5歳台前半の能力を発揮していて、年齢相応の能力を発揮しているものの、上記の同時処理能力に比べれば得意というものではないだろう。
　一方で、作業モデルがないものについて作業する場合は課題の意図理解がむずかしく、一部の手掛かりから全体のイメージが求められるような能力は一番苦手な能力であり、3歳半レベルの能力が発揮できなったところがある。このように、本児が何をしたらよいかがわかるかどうかで能力の発揮のレベルが異なり、3歳半〜6歳半（場合によってそれ以上）の幅に渡っていて、アンバランスさがみられる。
（次頁へ続く）

発達検査報告書

児童名	鴨川　星	生年月日	平成X年3月1日（5歳2カ月）

（前頁からの続き）

言語社会面：耳から聞いた情報の記憶は6歳台後半の能力を発揮していて、本児の得意とする能力である。このように聴覚情報についても具体的な内容についての記憶は得意である。一方、頭のなかで処理しないといけないような数の処理は4歳台後半の能力であり、苦手としている。加算のような具体的な処理は5歳台前半の能力を発揮していて年齢相応である。空間理解は4歳台前半の課題でできないところがあり、イメージできるかどうかで能力の発揮のしかたが違うようだ。会話については、4歳台前半レベルの仮定状況（もしも〜だとしたら）の理解をして応答できるが、5歳台前半レベルのルールに合わせたり社会的に求められる言動はうまくできない。

　上記から、全般的な発達の遅れはみられないが、状況理解や意図理解が苦手で、社会性の弱さ・コミュニケーションの弱さ・イメージの弱さがみられるため、自閉症スペクトラムの障害特性と一致する部分がみられる。集中力の苦手さもみられるが、イメージのしにくさが主であり、意図や状況の理解ができれば集中しやすくなると思われる。運動能力の弱さについては、発達検査では3歳後半以上の課題がないのでわからないが、認知面と言語面の両方で空間的な能力の弱さがみられる。

　支援方法としては、保護者と幼稚園の職員に本児の発達検査で見られた発達の特徴を説明し、本児を理解した上で子育てや教育に役立ててもらう。自閉症スペクトラムの疑いの告知が目的ではなく、本児の発達特性理解や適切な支援についての理解を優先する。特に、本児に対しては具体的なモデルの提示（できれば視覚情報の提示）が望ましいことを助言する。更に社会的な場面の声かけの仕方など、具体的な対処方法のモデルの提示を助言する。このように、得意な能力を使って、子育てや教育をしていくことの大切さについて説明する。一方で、モデルを提示しないで意図や状況がわからない状態での子育てや教育は本児がどうしていいかわからないためにできなかったり集中できないにつながることについて説明する。

　今後については、就学前に再度発達検査を実施して、発達検査及び聴取により自閉症スペクトラムの障害特性と一致する部分がどの程度であるか確認する。小学校で特別支援教育を含め、適切な教育を受けられるようになるために、支援を行なう。保護者への自閉症スペクトラムの疑いの告知や医師の診断を勧めることや、学校に説明することを検討する（保護者にどの程度のニードがあり理解できるかで、説明のレベルは異なるが、前向きな理解ができるように説明する）。

実施年月日（X＋5年5月1日）　　　　　　　　　　　作成者　（梁川　惠）

第2節　2人の見立てと所見へのコメント

　笹川と梁川が、星ちゃんの検査結果をもとに詳細な分析と所見を提供してくれました。実際の臨床場面では、ケース情報を脇に置いて検査結果だけをブラインドアナリシスで進めることはしませんが、ここでは、検査結果（検査時のことばや行動の観察も含む）からいかに子どもの特徴を読み、それをもとにどう助言するかをよりクリアにするため、あえてこのような方法をとりました。

　この2人の分析と所見に対して、他の執筆者たちでさらに辛口のコメントを加えていきたいと思います。2人の対談で示されたコメントはとても入念に検討されているものと思います。ですが、これが唯一の正答ではありません。対談では、2人の見解のすりあわせが議論を通じてうまくなされ、1つのリアルな星ちゃん像が浮き彫りになりましたが、2人の間でもはじめの意見は異なっている部分があります。また、他に似たようなケースがあったとしても、いつもこのような解釈が成り立つとは限りません。子どもは1人ひとり個性的なうえに、検査場面は検査者と子どもとの相互のやり取りのなかで成り立っています。検査者のどのような働きかけに、子どもがどう反応したかなど、1つとして同じ場面はないと思います。

　そこで、筆者である伏見が他の執筆者たちからコメントをもらいながら、違う角度からも星ちゃんの検査結果を検証してみようと思います。

執筆陣からのリアクション

まずは宮井からのコメントを紹介します。

> 宮井♣この2人の見立ての共同作業の過程を見ていて、まずブラインドアナリシスでよくこれだけの仮説を提出できるものだという驚きがありました。でも基本姿勢は、プロフィールから読み取

第3章　検査結果から所見を作成するまで

れることから仮説を導き出そうとしていることです。単なる妄想ではないということです。

● ──**斜めの関連**

　単なる妄想でないのは、反応やプロフィールを丹念に見て、1つの仮説が妥当かどうかについて隅々まで検討されているからでしょうね。たとえば笹川が、「星ちゃんはボディ・イメージや行為で反応することが苦手なのではないか」という仮説を立てたときに注目したのが、〈人物完成〉と〈左右弁別全逆〉でした。〈人物完成〉が「認知・適応」領域の検査項目である一方、〈左右弁別全逆〉は「言語・社会」領域の検査項目です。単純に、「物との関係が苦手」もしくは「ことばが苦手」と言えないところから、「認知・適応」や「言語・社会」という能力の要因ではない別の要因を探しました。それが、「ボディ・イメージ」の要因だったということです。同じ年齢級の課題（発達的に難易度が同じ課題）を「縦の関連」、発達的な難易度は違うが同じ種類の課題を「横の関連」と大島はいいます。

　さらにもう一つ、課題の難易度も種類も違うのに、何らかのつながりがあってその子の特徴を明らかにするような検査項目のことを「斜めの関連」と呼んでいます。たとえば、「積木を扱う」「形を弁別する」「数に関係する」「人とのかかわりに関係する」など、それらの課題に特有の何かがあり、検証していくことでその子の特徴が際立ってくることがあるものです。

　これについて、大島は次のようにコメントしています。

> 大島♣縦・横・斜めの関連については、2005年の「発達相談と援助」の本のなかですでに書いています。ただ、本書の2章でも述べましたが、最近考えるに「斜めの関連」が一番大事であり、一番面白いということです。
>
> 　「縦の関連」は同じ年齢領域の子どもたちができるようになる検査項目の集まりで、この年齢になるとこの検査項目ができるようになるという、マイルストーンと言い替えることができるかも

しれません。「横の関連」は同じ領域の中で年齢が上がれば、より難易度の高いものができるようになるということです。つまり、この2つの関連は、年齢・順序尺度の考え方を踏襲しているといえます。

　これだけだと「なぜそうなるのか」という問いに十分に答えられません。数値を出すだけであれば、この段階で事足りると思います。

　しかし、「斜めの関連」は年齢・順序や難易度に縛られずに、自由に検査項目同士の「裏つながり」を考察することで、そこに起こっている発達の凹凸を示す原因となる（知的）能力のアンバランスの構造やその影響を検討していくことができるわけです。ＷＩＳＣなどでは、研究によって得られた知能の因子の構造化が先にある（演繹的方法）のですが、Ｋ式はまったく逆の帰納法的、探索的にさまざまな仮説を導き出していきます。

　「この検査項目とこの検査項目のでき方に表される、共通する能力とは？」というように考えていく「斜めの関連」は無数にあるわけです。そして、「なぜプロフィールがこのように凸凹になるのか」「このような行動・反応が出現するのはなぜか」などの問いに的確に答えられるような「斜めの関連」を発見して考察していく能力が検査者の力量になると思います。名探偵シャーロック・ホームズの推理が素晴らしいように、2人の取り上げている「斜めの関連」からの解釈には、臨床経験の厚みが大いに感じられます。

宮井♣また、2人とも成功の仕方より失敗の在りように注目していることも共通しています。

　検査結果を端的に表している表現として、梁川さんのいう「算出されたＤＱとプロフィールとの違和感」ということがあります。私も同感です。簡単にいえば、そこそこ能力はあるけれどバ

第3章　検査結果から所見を作成するまで

ランスがかなり悪いということでしょう。

　そうですね。えてして問題や課題とされるところは、一番低いところが影響しているように思います。桶の例で説明されることがあるかと思いますが、桶を作っている何本かの木材のなかに、1つでも短いものがあると、水はそこまでしか溜まらない。どんなに長い木があっても、水は一番短い木のところから流れていきます。

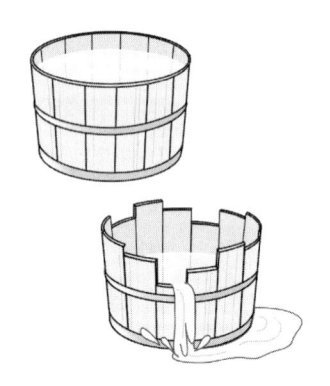

●──概念化のむずかしさ、星ちゃんのユニークな長所

　宮井♣「一般化、概念化のむずかしさ」があげられていますが、それが周囲から求められることが「できたり、できなかったりする」彼の日常生活への眼差しにまで及んでいます。当然、生きにくさに通じることを予想することまでは2人の共通した意見です。でも、あえて2人はそれを星ちゃんのユニークさとしてとらえることを提案しているように思えます。実際、対談のなかで2人は「人物画」を横顔に見立てる彼のユニークさに、その根拠を見つけています。

　そして、そのユニークさを長所としてとらえ、そのほかにも検査のなかから見つけ出した数々の星ちゃんの長所を携えて、助言の仮説に臨んだのでしたね。
　たとえば、〈打数かぞえ〉の8回で「10回ぐらい」と答えたところとか。

無答ではなく「ぐらい」と答えているところに、星ちゃんの応じようとする姿勢・態度がうかがわれて、ユニークでいいところと感じられます。
　また、〈了解〉ではⅡの「乗り遅れ」で「お母さんの実家に〜」と余計なことを言っていますが、自分の体験したことをしっかり覚えて言えています。Ⅲの「破壊」では「自分がゴメンナサイって言って、また自分が作る」と「自分が」を2回も言っています。自分の過ちは自分でなんとかしなければいけないという思いをこの「自分が」に感じてけなげに思えます。これもユニークな長所ととらえることができます。
　川畑は以下のように言います。

> 川畑♣模様構成で、図版の上に積木を乗せてまでして正確に同じ模様を作ろうとしています。あるいは課題の指示がわからなかったのだとしても、わかる範囲で対応をしようとしています。人物完成では自分のなかで明確なところ（顔の部分）については描き入れ、顔と同様には明確でなかったかもしれない身体部分については、未完結なところ（首筋）を完結させ、未完結だととらえなかった（？）手足については滑り台を滑っていると意味づけることによって、整合性をとろうとしています。これらからは、星ちゃんの自分のできることを駆使した「努力」が感じられます。また、相手との関係に忠実であろうとするところも見えます。〈人物完成〉の顔部分への描き入れができることなどは、星ちゃんが他者の顔（関係）を重視していることを示しているかもしれません。行為を行ないながら気づいたり考え直したりしている様子も、「いい加減に突っ走る」子どもではなく、気づいたことからちゃんと影響を受け、認識や行動を変えることのできる柔軟性を示しているように思います。

　このように、検査項目への反応や答え方の特徴から、性格傾向や日常生活の予測ができて、背景の情報と照らし合わせて具体的な助言ができるのがK

式の強みかと思われます。

●──混乱か、注意集中不足か、概念化不足か

2人の対談では、〈人物画〉〈数選び〉〈階段再生〉の反応を巡って「作業や操作において混乱が生じている」とみる笹川と、同じ〈人物画〉と〈階段再生〉の様子から「混乱しているためではなく部分をつなぎ合わせていく過程での注意の持続や全体像との照合ができていないのだ」とみる梁川の見解が2つに分かれました。このあたりは、どのように解釈ができるのでしょうか。衣斐の意見はこうです。

> 衣斐♣K式の検査項目が統計的な標準化により構成されていることを前提にすれば、星ちゃんの反応特徴をどのように解釈し理解するかについては、検査者が解釈や理解の根拠となる一定の発達理論をもつ必要があります。
> 　笹川さんの言う「混乱」が、情緒的混乱を指すのか認知的混乱を指すのか、もし後者であれば梁川さんの言う認知的未分化や未熟さで説明されることと同義だろうと思います。もし、前者の情緒的混乱を指すのであれば、何らかの情緒発達面での不安やパニックが想定されます。あるいは、自閉症児が示す想像力の弱さや固執性の破綻からくるパニックを一種の情緒的混乱とみることも可能でしょう。
> 　しかし、星ちゃんのこの課題への反応を情緒的混乱とみる根拠は乏しく、むしろ、2人が共通に指摘している星ちゃんの認知能力の弱さや不得手さが示された反応特徴だろうと考えました。

ともあれ、概念化不足（全体像との照合ができない）という部分は、「ケースの情報を踏まえた検討」で、星ちゃんの生活場面でのむずかしさとの関連が明らかになりました。また、「作業や操作において混乱が生じている」という読みも、後に「自転車に乗れない、協調運動の障害の疑いを指摘された

ことがある」というケース情報を得たときに、なるほどと腑に落ちる点でもありました。また、実際のケースの主訴は2人にとっては想定内の内容だったようです。

●──自他の区別・社会的要請への感受性

〈了解Ⅱ〉〈了解Ⅲ〉では、社会的要請に応えることができず、自分の経験を話すということが指摘されています。社会性の未熟、対人関係の未熟さという解釈も成り立ちますが、「もしも〜だったらどうする？」という「もしも」という仮定を想像することの困難さともとれるかもしれません。

上記の〈了解〉も同様ですが、〈絵の叙述〉でも単なる「通過」、「不通過」ではなく答え方について解釈がされています。主語がないということについて、自他の区別がないのではとの解釈がありました。川畑は次のような意見を述べています。

> 川畑♣〈絵の叙述〉で「主語がない」ことに関してですが、通常、絵画作品にタイトルをつける場合は「主語はない」ですよね。星ちゃんは視覚的に示されるものに対して、端的にその意味を示すものとしての「額面」（タイトル）を重要視しているように思います。そして、これまで学習してきたことにしたがって、その「額面」どおりに動くのです。
>
> 了解問題についても（視覚ではなく聴覚刺激ですが）同様に、背景抜きの「額面」である「単語的なもの」への反応になっています。「遅刻」は「その場面には一般的に他には誰もいない」「集団登校だとしたら、遅刻しそうなのはみんなと一緒だ」という背景が伴っていないし、「足踏」では「痛いと言う」という質問への答えではなく、「足を踏まれた」状況への対処法が述べられています。

●――幼稚園での適応について

ＤＱの数値だけ見ると、あまり問題がないと誤解されそうな（ですから数値の独り歩きは怖いです。数値だけでなく内容を読み取って助言等に役立てたいものです）星ちゃんですが、上記のように２人は検査から幼稚園での不適応を読み取りました。本章の冒頭に２人が言っているように、「通過、不通過にかかわらず、特に検査中に気になった検査項目への反応を丁寧に見ていく」ことの大切さが実感されます。

攻撃性や注意の集中や持続については多様な解釈がなされていたと思います。正解は１つではありません。みなさんも星ちゃんの検査結果プロフィールを見つめて、私たちが気づかなかった点を探してみてください。

> 大島♣「通過、不通過にかかわらず、特に検査中に気になった検査項目への反応を丁寧に見ていく」ことが、まさに「斜めの関連」を探求していくことですね。「検査中に気になる」ということが、検査の遂行ばかりに目が行ってしまう初心者にはむずかしいことかもしれません。
>
> しかし、何百人の子どもたちに出会うと、その子どもたちの家庭や幼稚園での生活とＫ式の検査結果の関連が見えてきます。つまりは、この経験の蓄積によって、新たな予測を生むことが可能になってきます。これが「子どもたちがお師匠さん」と私が言っている所以です。
>
> １人ひとりの子どもたちはそれぞれ違うけれども、その人生のあり方には共通するものがあります。無茶苦茶で理解不能な反応はそんなにめったには起こらないのです。起こりやすいこと、起こりにくいことの可能性を念頭に置きながら、生活のなかでの実際の適応具合を考えていく経験も必要だと思います。

●――助　言

助言については以下のようなコメントが届きました。

川畑♣「母親は父方の祖母に〈しっかり育てるように〉と言われ、プレッシャーを感じている」とケース情報にあります。父親も本児への自転車乗りの教えの効果がないことを気にしているようです。また、2歳の妹の発達が順調ならば、その妹との比較による何らかの影響もあるかもしれません。つまり、両親の「なんとかしなくては、なんとかしてあげなくては」という焦りは想像に難くありません。

　もし、その焦りに呼応する本児があるとしたら、「焦れば焦るほどうまくいかない」ことになりがちです。まずは、父母自身から焦りについて話が出されなかったとしたら、想像したその「焦り」を父母の前でこちらのほうから言語化してあげたらどうでしょうか。もちろん、「そうですよね。そう思いますよね。大変ですよね」という共感とねぎらいを伴って。焦りを「対象化」することによってコントロール可能なものだと認識できたら、「それ、焦ってないのは適切なこと」「それって、焦りかな」などと一緒に確認しながら、相談を進めていけるかもしれません。

　助言はカウンセリングですね。来談して、少しでも心配が減ること、心を軽くしてもらうこと、来てよかったと思ってもらえることを念頭におきたいと思います。もちろん事実は伝えなければいけないことが多いですし、具体的な助言も必要ですが、それが来談された人に受け入れられなければ何の意味もないでしょう。助言は、ジョイニングやらカウンセリングマインドなど、心理職の技術を総動員してあたるところだと思います。そして、慰めではない説得力について、宮井は次のように言っています。

宮井♣最後に笹川さんは自転車に乗れないことを悩んでいる父親に向けて「できることからやっていきましょう」と投げかけています。「できることをするというのは当たり前のこと」なのですが、2人の対談を読んでこのことばを聞くと、そこには星ちゃ

には「できること」がこんなにあるのだと確信を踏まえているので、慰めではない説得力を感じさせる響きがあります。

また、梁川は「自閉症スペクトラムが疑われるが、その告知が目的ではなく発達特性の理解や適切な支援についての理解が優先する」とまとめています。得意な力を使って子育てや教育をしていくことが大切であるという点で、2人の見解は一致しています。梁川はディスカッションの最後のほうで以下のように述べています。

> 梁川♣発達検査の結果から、保護者にいろいろな助言をする材料を見つけることができたので、星ちゃんに発達検査を実施してよかった。保護者と幼稚園の先生に発達検査の結果をしっかりと伝えるフィードバック面接をすることが重要だ。それをしないと何のために発達検査をしたのかわからなくなる。検査者が納得して「なるほど、なるほど」と思うだけでは意味がない。

助言のスタイルについてもバリエーションがあっていいと思いますし、来談者の希望に合わせるのがよいかと思っています。笹川は、「実施後すぐの面接で発達相談を終了するのではなく、後日、時間をとって保護者や関係者との面接を設定したい。発達検査の結果だけからの助言ではなく、園の状況に応じた説明や提案でないと絵空事になってしまう」と言っています。場合によっては何度も仕事を休んで遠くから来談するのが負担になる方もいらっしゃると思いますので、1回での助言が親切な場合もあるかと思いますが、可能であれば、よりていねいな助言をしていきたいものです。こちらから園を訪問して、子どもの様子や保育環境を見ながら、その場所でできる具体的なアドバイスをするのも有効かと思います。

●──所見について

さて、所見の作成です。文書としてどのように表現するか、誰にあてて書

くのか、様式はどのようなものか、など各職場でも違ってくると思います。みなさんはどのように書かれますか。なにかこだわりがありますか。職場で作った様式は、どのような経過をたどって今の形になりましたか。どんなところが使いやすいですか。なにか使い勝手の悪いところはありますか。

> 笹川♣「Ａ４用紙１枚に、コンパクトに」という点にはこだわっています。次回に面接するワーカーが一見して結論がわかるように、また、保健師やドクターなどの他の専門職に役立ててもらえるように心がけています。そして何を助言したかを具体的に残しておくようなことを大切にして作成しています。

> 梁川♣本書にあげている所見様式は、職場で使っているものを修正したものです。通常、判定書は１時間ほどで作成しています。仕事はこんな感じでやっています。

１時間ほどで書ける、コンパクトで見やすいというのは使い勝手がよいですね。何を助言したかを書いておくことは、次に来談者に会う職員にとって、どういうスタンスで話をしたらいいかの参考になります。機関としての一貫性を保つ、来談者を混乱させないという意味でも大事なことだと思います。
　さて、川畑から所見の内容について意見が出ました。

> 川畑♣梁川さんの所見にある、「自閉症スペクトラムの疑い（本文中の記述も）」が、私は気になります。「心理検査の所見にこれを書く？　その記述があるのは医師による所見でしょ」と思うのです。この記述に対して、「自閉症スペクトラムだとは思わない」という意見がもし出たとして、梁川さんは「いや、自閉症スペクトラムの疑いがある」と反論するでしょうが、その時点でその論争は「星ちゃん」を語ることから外れ始めています。心理職としては診断名を書かず、梁川さんが他のところで、また笹川さ

んも丁寧に書いているように、「星ちゃんらしさ」の探求に没頭するのがよいと、私は思います。

　う〜ん、これはむずかしい問題ですね。目的や誰に読んでもらう所見かによって違ってくるでしょうか。「自閉症スペクトラムの疑い」とか「ＰＤＤ（広汎性発達障害）傾向有り」とか、私も本来心理職が使うことばではないと思っています。ですが、書かざるを得ないときも少なくありません。ただ川畑が言うような「診断名」として書いているつもりはなく、医師にみてもらう所見として、「疑われるのですがどうでしょう。診断がつきますか。治療が必要でしょうか」という意味合いで書いたり、後に所見を読む同僚のために「私は傾向有りと感じた。あなたもそう思い、医師の診断を受ける必要が出てくれば受診をすすめてほしい」という意味合いで記録に残したりしています。

　診断名のかわりに、状態をよく表わすことばを心理職は従来からもっていました。さまざまな発達心理学上のことばや「退行」「合理化」「逃避」などの適応機制がそれです。それが今日では、医学的診断名に置き換わってしまったように思われます。心理職の得意分野であった「愛着」でさえ「反応性愛着障害」という診断名で再デビューした感があります。ですが、医学的な診断名や、心理診断名が付されたとしても子どもの状態がこまやかに把握されなければ、１人ひとりにあった適切な対応方法はつかめません。そういう意味で、「星ちゃんらしさの探求に没頭するのがよいと思う」という意見には賛成です。

　　大島♣梁川所見に関しては川畑さんと同感です。所見はその機関によってさまざまな定式があるので一概には言えませんが、初心者の人が不用意にまねると思わぬ反発を招く可能性があるかもしれません。梁川さんだからこそできると思っています。私の考えでは、本文中に可能性の１つとして、さりげなく記述するくらいはいいのではないかと思いますが、しかし、いずれにしても自閉

症スペクトラムかどうかということではなく、人格のなかに自閉症スペクトラムの状況まで背負っている彼の個性とそれに伴う「生きづらさ」をいかに周囲に理解してもらい、支援につなげるかということです。

　とはいえ、梁川所見はオーソドックスな構造ですが、とてもよくまとまっていると思います。

　笹川所見ですが、数値の独り歩きにおける影響を考えてなのか、後半部分にＤＱなどを配置しているところもいいと思います。ただし、最初のほうにある［発達状況、及び行動の理解］は、最後にある［特徴的な反応例と解釈］からも導き出されたものですから、この順番だと考察を先に書いて、最後に結果の表やデータなどをくっつけたような据わりの悪い印象があります。

●──おわりに

　執筆者たちのさまざまな意見、いかがでしたか？　いろんな見方ができるものですね。検査からいろんな可能性を読みとって、子どもたちの生活状況や保護者の困りごととつきあわせながら、役に立つ助言ができたらよいですね。

　みなさんも、1つの検査結果をじっくり見つめ、1人でなく複数の目で意見を出し合い、子どもの臨床像をつくりあげてください。

(伏見真里子)

第3章　検査結果から所見を作成するまで

＋（プラス）と－（マイナス）

「この検査項目への反応は＋。これは－」…こんなふうに子どもの反応を明確に評価できるのが「プロ」、「マニュアルと照合すると＋なんだけど、なんかしっくりこないなあ」「この反応は－なんだけど、－は全否定のような気がするし、この子の目のつけどころはいいんだけどなあ」…そんなふうに細部が切り捨てられず、＋－の歯切れがよくない「素人」…これって逆じゃないでしょうか。実は前者が素人で、後者がプロ…そう思います。

人間ってわからないことだらけ。だから「わかりたい」となるわけだけれど、「わかった」と思っても、それはほんの一側面だったりします。曖昧な全体からそこだけを切り取り、「わかった」ことをエビデンス・ベイストして臨床を組み立てようという機運がありますが、そのエビデンスってホントにクリアなエビデンスなんでしょうか。少なくとも臨床心理学的なエビデンスには曖昧なことが一杯含まれているのだと思います。そこから「エイ！ヤッ！」と勇ましく曖昧さをそぎ取って「これがエビデンスだ」なんて大きな声で言わなくても、「ああでもないこうでもない」と言いながら「それ以上でも以下でもない」歯切れの悪いエビデンスを大切にしていったらいいのではないでしょうか。

そういう意味で、K式で得られたエビデンスを安っぽいものにしない努力、曖昧さを切り捨てるのではなくそこによりよい理解につながるような形を与えていく努力を、重ねていこうと思うのです。

（川畑　隆）

身体障害のある子どもに対するアセスメント

　療育手帳の判定場面で、脳性まひなど身体障害が顕著な子どもたちに出会います。身体障害者手帳1種1級を所持していても、療育手帳も申請してこられます。K式を使って検査をする場合に、いつも何か矛盾を感じながら臨みます。

　K式には姿勢・運動領域の検査項目があるため、事務的に付ければ、脳性まひがあって歩けていない子どもは、「歩く2、3歩」は当然不通過（−）となります。そのあとの「階段昇降」や「ケンケン」も不通過ですし、「座位」までもが不通過になる子どももいるかもしれません。さてここまで不通過とするのがいいのでしょうか。手先が不器用で積み木が積めなかったら不通過なのでしょうか。

　視覚障害の子どもにK式をするとき、当然うまく積み木が積めなかったり、形の弁別ができなかったりすることがあると思います。聴覚障害の子どもには言語教示が聞こえなかったりして、答えることができない場合があります。視覚障害の子どもの認知・適応領域、聴覚障害の子どもの言語・社会領域もまったく考慮せずに不通過として数値を算出するべきなのでしょうか。身体障害の子どもだけ上記のように数値化するとしたら、障害差別にならないでしょうか。

　本来療育手帳は知的能力の判断を示すものであり、その判断にK式を使う場合はやはり知的能力の部分だけを判断材料にするべきではないでしょうか。そうでないと車いすに乗っている子どもは数値的に知的な問題があると判断されるかもしれないですね。私はこれには反対ですし、差別だと感じています。

　K式の姿勢・運動領域の検査項目については、脳性まひをも想定した標準化はしていないと思います。あくまでも発達していくことが前提となる事象についてのみ評価されるべきではないかと考えられます。脳性まひなどの身体障害のある子どもの場合は姿勢・運動領域は数値を出さないほうが、私はすっきりします。でもトータルの数値を算出するよう求められる場合もあるようですから、現場ではむずかしいのかもしれません。逆に、脳性まひとは診断されておらず、なぜか姿勢・運動領域が悪い子どもの判断はどうすればいいのかと問いかけられるかもしれません。人を人が判断・評価することのむずかしさが現実にあります。ただ、そう決まっているからと事務的に行なうのではなく、本来の意味や目的を考えていく姿勢は常に持っておきたいと思います。

（大島　剛）

第4章

来談者への援助
——助言のために共有したいもの

衣斐哲臣／川畑 隆／伏見真里子

第1節　新版K式発達検査を介在させるなかで見えてくる助言

面接・発達相談の枠組みと流れ

　対人援助における臨床家は、それぞれの領域や現場において有効と考えられる何らかの理論や技術を介在させて、来談者と対面しています。発達相談場面でも同様です。子どもの発達状態を把握し、今後の発達を促すために、必要で有効な理論や技術を介在させます。

　ここでいう"介在"という言葉は、対人援助者が来談者とのかかわりにおいて行なっていることを、一歩上位のポジション（メタ・ポジションと言います）から語ることを可能にする視点として使っています（衣斐　2012）。「私は、○○を介在させてクライエントとかかわっています」とか、「あなたは、あなたの臨床で何をどのように介在させていますか？」といった、来談者との間に"介在させているもの"を想定し、その"介在のさせ方"を語る視点です。

　その"介在させるもの"として、本書ではK式を取り上げています。発達相談において、K式がなぜ有効なのか、具体的にどうやって介在させるのか、どんな介在のさせ方があるのかなどについて扱っています。

その路線にたって、とくに本章では発達相談の助言場面を中心に取り上げ、K式を介在させることで見えてくる枠組みを提示します。

　発達相談に限らず、日頃、私たちが行なっている面接の枠組みについて考えてみます。来談者との面接は、平たく言えば「見る→聞く→合わせる→変える」という流れで進みます。これを、私が志向するシステム論的家族療法に当てはめると、「ジョイニング→情報収集→仮説設定→介入」という手順（吉川 1993）に符合します。さらに、K式を介在させた発達相談の流れに符合させれば、「ジョイニング・行動観察→保護者等からの主訴・情報聴取および発達検査実施→結果・所見および見立て→判定返しおよび助言（→療育）」ということになります（なお、判定返しとは発達検査の結果や見立てについて説明することをいいます）。これらの流れを図表 4-1-1 に示します。

　たとえば、発達相談の場に子どもと母親と担当保育士が来談したとします。援助者は、来られた相手のことを、まず「見る」、そして「聞く」をします。個人を見ると同時に、来談者相互のかかわりや援助者に対するかかわ

図表 4-1-1 面接相談の流れ

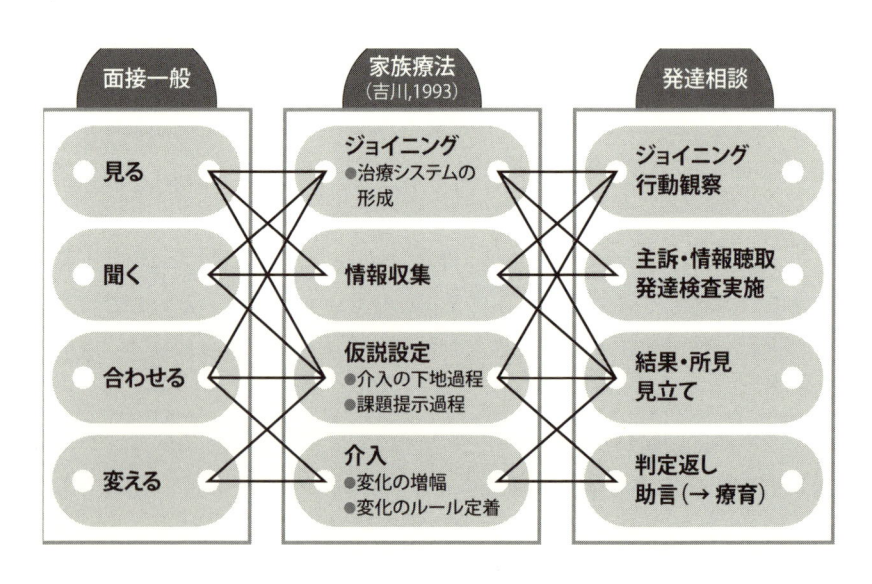

面接一般	家族療法 (吉川,1993)	発達相談
見る	ジョイニング ●治療システムの形成	ジョイニング 行動観察
聞く	情報収集	主訴・情報聴取 発達検査実施
合わせる	仮説設定 ●介入の下地過程 ●課題提示過程	結果・所見 見立て
変える	介入 ●変化の増幅 ●変化のルール定着	判定返し 助言（→療育）

り方を見ます。また、誰がどのように話すのかを聞きます。これが行動観察であり、情報収集のはじまりです。同時に「合わせる」をします。家族療法でいう「ジョイニング」です。来談者の気持ちをつかみ、援助者を信頼してもらい、協調的な関係を作ります。有効な援助およびその後の介入のためには必須です。発達相談における助言を聞いてもらえるための援助システムを作るとも言えます。「助言がうまくできない」という問題は、助言そのものの内容もさることながら、このジョイニングがうまくいっていないことによる場合も多いものです。*

　そして、発達相談においては、子どもの発達状態や対人関係能力を知るために、保護者らから主訴および情報を聴取し、子どもの発達検査を実施します。ここにK式の道具が登場します。

　その後、得られた情報や発達検査結果をもとに、仮説を立てます。見立てと言ってもいいでしょう。そして、「変える」につながります。家族療法では、仮説設定に基づき介入する流れです。発達相談では、判定返しや助言に相当します。必要に応じて療育につなげたりフォローアップを継続したりします。

　適切な助言は、来所以前の情報も含めて、相談場面の流れのなかで得られたもの全体を利用しながら行なわれます。単回の助言で終わる発達相談であれば、以上の流れを基本的な枠組みとして進めます。この発達相談の流れのなかに、もっともフィットするツールがK式です。ツールはK式に限りませんが、本書の執筆者たちはそう考えて、K式の介在のさせ方を工夫してきました。

　次に、以上のような枠組みを念頭に置いて、K式を介在させた助言の実際例を見ていきます。

　＊　ジョイニング、"介在"視点、K式の介在のさせ方については、川畑ら（2005）、衣斐（2008）、衣斐（2012）、川畑（2012）をご参照ください。

新版Ｋ式発達検査を介在させて行なう助言の実際例

Ａ君（５歳４カ月）とＢ君（６歳０カ月）の事例──検査場面の相互作用を利用

　地域の巡回相談の場面です。２人の男児、Ａ君とＢ君がそれぞれ別の時間帯（１時間枠）に母親に連れられてやってきました。この２組は、相談日がたまたま一緒でしたが知らない者同士です。しかし、類似点がとても多い２人でしたので、比較しつつ記述します。主訴は２組とも、療育手帳更新のための判定が主ですが、子どもの発達状態を知りたいという母親の希望がありました。

　座席は図表4-1-2のように、母親の話を対面して児童福祉司（ＣＷ）が聴取し、検査者である私が子どもと90度位置で対応します。

　２人は、最初の来所時の様子がとてもよく似ていました（図表4-1-3）。母親に手を引かれ、下を向いたまま静かに泣きながらぎこちなく入室し、席に着きました。ここまではそっくりでした。

　その後、Ａ君は母親のほうに身体を向け、左腕で涙を拭くようにして顔を隠し、全身に力を入れて耐えているようでした。母親は隣からＡ君の左腕を下ろし前を向かせようとしますが、Ａ君は「いやいや」をして頑なです。ここまでの行動からみる母子関係は、Ａ君の母親に対する甘えと反抗のアンビバレントがあるのかもしれない、などと最初の仮説が浮かびます。

　一方、Ｂ君は席に着きましたが、母親にも検査者にもかかわりを避け、顔を伏せたまま全身に力を入れてこの場に耐えているようでした。母親はそんなＢ君に声もかけず、すぐに児童福祉司との話に入っていました。この行動からみるＢ君の母子関係は、むしろ希

図表 4-1-2　相談時の座席位置

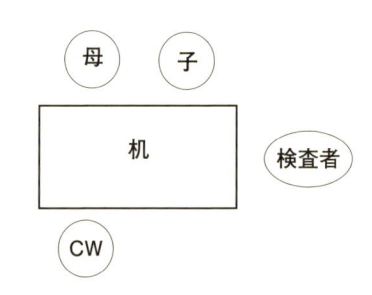

薄か？　と最初の仮説が浮かびます。

　さて、こんなとき、あなたならどうしますか？

　5〜6歳の子が、発達相談場面に来て、泣きながら耐えているように見えます。ちょっとけなげでかわいそうにも思います。同じ状況で屈託なくはしゃぐ子もいますが、正反対です。

　2人のこの行動は、発達的にみるとどんな特徴なのでしょうか。他者を意識して自分を懸命に抑制し統制しようとしているのでしょうか。もし、その統制の仕方が、自分なりに切り替えることができて別の行動へと移行が可能なものであれば、自制心が育った幼児期後半の発達レベル（4〜5歳）を想定することができます。しかし、見知らぬ状況における2人の緊張し萎縮した行動は、自制心の芽生えはあるものの幼児期前半に留まる発達レベル（3歳前半）が推測されます。さらにA君よりもB君のほうがこの状況に対し頑なであり、不安のレベルも高く、より未熟さが見受けられます。そして、私が直接関与する前から泣いていたわけですから、少なくとも私とのやりとりによって2人が泣き出したわけではありません（少し気楽です）。

　いずれにしても、発達の遅れはあるにしろ、この状況に直面して2人のそれぞれの個性が発揮されている場面です。母も緊張はあるでしょうが、慣れているのか見た感じ平然としています（もしかしたら、日常的にありがちなことかもしれませんし、一方通行になりがちな親子関係なのかもしれません）。もちろん、なぜ泣いているのか、母親に聞くこともできたでしょう。〈こうい

図表4-1-3　2人の来所時の状況

なまえ	A君	B君
生活年齢	5歳4カ月	6歳0カ月
来所時の様子	母に手を引かれ、下を向いたまま泣きながら席に着く。	母に手を引かれ、下を向いたまま泣きながら席に着く。
	隣の母の方に身体を向けたまま、腕で涙を拭くようにして顔を隠し、全身に力を入れ耐えるようにしていた。	隣の母にも検査者にもかかわろうとせず顔を伏せ、全身に力を入れて耐えるようにしていた。
	母には甘えと反抗？	母との関係は希薄？

う場面での○○君はいつもこうですか？〉と聞くこともありでしょう。

　でも、私はあえてその問いは後回しにしました。なぜなら、母親に問いかけることで、母親が把握しているいつもの母子関係パターンを見たり聞いたりはできるかもしれませんが、逆に、それはいつも行なわれているやりとりに留まります。いつものパターンであれば後で聞けばいいのです。むしろ、この場面が、助言につながる新たなかかわり方を発見し、母親にもそれを提示できるチャンスになる可能性があります。

　「いま、ここ」で、この子どもに、いかに接近するか、いかに発達検査に導入するか、いかに検査結果を出し助言に反映させていくか、この子がどのように立ち直るのかなどについて、検査者がかかわりながら演出するチャンスです。このようなかかわりや演出をする際に、とても有効な介在ツールがK式です。

　もしここで子どもをうまく検査に乗せることができれば、①療育手帳判定の目的を果たせる、②検査結果から見る発達レベルの把握ができる、③検査場面での相互作用、つまり社会性や対人関係能力などの把握ができて、発達促進のための助言ネタを獲得することができる。まさに、一石三鳥？です。2人には申し訳ないですが、内心、ワクワクしたチャレンジの気持ちです。

●──K式実施の極意

　ここで先に、K式を実施する際の極意なるものを紹介します。誰しもに通用するものかどうかはわかりません。未知の子に出会い対面する際の検査者側の覚え書き程度のものです。繊細さと静かなる気合いを必要とします。たとえば、繊細さとは「一歩先」では多すぎる、「半歩先」がいいなどです。こうした実践スタイルは、子どもとの出会い場面のなかで、検査者が自分の個性を活かしながら積み上げ磨き上げていくものだと思いますので、私固有の覚え書きかもしれませんが紹介します（次頁）。

　この極意なるものを導き出させてくれたのが、A君、B君への対応でした。私がとった具体的な対応は以下のようでした。

- 子どもを安心という空気で包みながら
- 子ども（そして保護者）の一挙手一投足をつぶさに観察しながら
- かかわりの手がかりを見つけ
- 見つけたならば、すかさず、侵入的にならずに入り込み
- それが受け入れられなければ、何もなかったかのようにすっといったん退却して
- 受け入れられれば、さらにすーっと入ってみる
- 子どもにとっての安全な距離感覚を尊重しながらも
- 徐々に緊張領域に入れてもらい、半歩後ろに控える
- 受け入れられたら、半歩先をリードする
- さらに進めば、遊びモードに切り替え
- 検査場面でのやりとりを楽しむところまでもっていき
- よくがんばったね、ありがとうの気持ちを伝えて、おしまい

A君の場合

〈こんにちは〉と声をかけます。A君の動きに大きな変化はありません。左腕を顔に当てたままです。でも、腕の隙間からちらと私のほうを確かに見ました。反応ありです。〈じゃあね、これからこのカバンのなかにあるもので遊ぶからね〉と興味を引くように音を立てて探します。A君は、確かに音の鳴るほうに注意を向けています。

そして、〈ではこれをどうぞ！ はーい〉と言い、赤い積木を1つA君の前に差し出します。この際、差し出す私の手のひらの位置は、A君が積木をチラ見した視線が、私の視線と合わないことを配慮してずいぶん下の位置にします（視線が合うと緊張が高まります）。そのまま、5秒ほど待ちます。すると、A君は積木を

見て右手で積木を取りました。続けて、2つめを〈じゃあ、はーい〉と差し出します。次は3秒ほどで、同じ右手で取りました。3つめ〈はーい〉。A君は、ちょっと躊躇してから左手を顔から離し、積木を持ち替え、右手で取ります。4つめ。右手で2つ持ちます。5つめ（さあ、どうする？）。持ちきれず困っています。〈じゃあ、それちょうだい〉と言い、両手を差し出すと全部の積木を渡してくれます。

〈はーい、次はこれを積んでみて〉と机の上で見本を見せた後、〈はーい〉と手渡していくと、A君は伏し目がちでやや不器用にですが、1つずつ受け取り8個積み上げました。

その後、徐々に反応は早くなりました。私との視線も合い、笑顔も出ました。発語を要する課題にも答え、ひととおりの課題を実施することができました。母親に寄り添い、母親も声をかけました。ケンケンも喜んでやりました。

B君の場合

顔を伏せ全身に力が入ったB君に、〈こんにちは〉と声をかけます。反応はありません。〈じゃあね、これからこのカバンのなかにあるもので遊ぶからね〉と興味を引くように音を立てて探します。やはり、B君の反応はなしです。

〈ではこれをどうぞ！ はーい〉と、積木を1つB君の前に差し出し、しばらく待ちます。が、受け取る動きはありません。下を向いたままです。…でも、目を開いて下は見ています。そこで、差し出した手からわざと積木を床に落としてみました。すると、B君は転がった積木を目で追い、足をビクッと動かしました。反応ありです。次の積木を、〈はーい〉と差し出し待ちますが受け取る様子はありません。これも床に落とします。やはり、目で追います。3つ、4つと同じように落としてみせると、転がる積木を見つめ自分の足下を気にします。でも、それ以上の反応はあり

ません。

　次に、やや強引ですが（…これが上述の極意の「一歩先か、半歩先か」は、この後のB君の反応によって判断します）、B君のズボンのポケットに積木を〈はーい〉と入れ込み、〈ちょうだい〉と言うと、B君はポケットに入った積木を急いで渡してくれました。〈ありがと。じゃあこれも、はーい〉とさらにポケットに入れ〈ちょうだい〉と言うと、同じように渡しました（どうやら、それほど強引でもなかったようです）。これを4回ほど繰り返しました。

　その流れのテンポで、〈いっぱい落ちてるね。じゃあB君、積木を拾って…〉と言うと、B君はさっと椅子から降りて足下の積木を拾ってくれました。1つずつ〈ありがとう〉と受け取り、〈あれも拾って〉と遠く転がった最後の積木を指します。指した先の積木を、意外に軽い足取りで素早く取りにいきました。

　それを見て、〈ケンケンしよう〉と誘い手本を見せると、やや不器用ですが、私の後に続くようにしてB君は「ケンケン」と言いながら3歩ほど片足で跳び、ケンケンの課題をクリアしました。その後は、呪縛の魔法から解き放たれたように固まることなく、比較的スムーズにひととおりの課題が実施できました。

　この間、母親はB君にかまうことなく児童福祉司との話に集中しており、母子のやりとりはとくにありませんでした。

●──結果および助言

2人のK式の結果は、図表4-1-4のようでした。

　発達指数（DQ）は、A君が69、B君が43と比較的大きな差がありました。これは、発達年齢や発達指数に示されるように、2人とも認知機能および言語機能の発達において生活年齢より遅滞があり、その程度がA君（軽度域）に比べてB君（中度域）が重いということを示しています。この結果は、標準化されたK式を規定の手続きに従って実施することで得られたものです。つまり、一定の手続きにより「構造化された観察場面」での結果で

す。これにより、上記の①療育手帳のための判定と、②発達レベルの把握の2つの目的が果たせました。

一方で、この結果が導き出されたのは、上記に示したような検査者とのやりとりによってです。マニュアルどおりの教示だけでは検査に導入することはむずかしい子どもでした。とくにB君には、積木をわざと落とすとかポケットにねじ込むなどにより関心をひき、コミュニケーションを作るやりとりが必要でした。このようなやりとりのなかにこそ、③助言のヒントやポイントが含まれます。つまり、子どもの認知機能や言語機能などの発達も、人とのやりとりのなかで促されます。

したがって、子どもと検査者の間にK式を介在させて、注意深く実施するなかで見えてくる子どもとのコミュニケーションのあり方自体が、発達を促すために有用な助言のネタやヒントになります。見方を変えて言えば、子どもの状態に合わせて検査を実施する検査者の技術は、子どもの個性に合わせた発達促進的なコミュニケーションを行う技術につながります。それは、養育者と子どもの養育関係、さらには子育て支援関係における上手なコミュニケーションのヒントにも通じるものです。

一方、母子関係が希薄に見えたB君ですが、母親の本当のところの心情は実際に聞いてみないとわかりません。もしかしたら、緊張場面で固まるB君に対して、母親もどうしていいかわからず固まっていたのかもしれません。この母親への助言について考えてみます。検査実施の極意と同様に、助言実施においても繊細さと気合いが必要です。

このとき母親には検査場面に同席してもらい、検査者が積木を使ってB君と遊び、一連の検査課題に乗せていく様子を見てもらっています。では、このやりとりのなかで検査者が助言のネタやヒントと思ったこと

図表4-1-4 2人の発達検査結果

なまえ	A君	B君
生活年齢	5：4	6：0
姿勢・運動	3：10＋α	3：10＋α
認知・適応	3：10	3：0
言語・社会	3：5	2：0
全領域発達年齢	3：8	2：7
全領域発達指数（DQ）	69	43

が、果たして母親にも同様なヒントとして受けとめてもらえるのでしょうか。それを提示することで何らかのかかわりのきっかけにしてもらえれば幸いです。以下、母親との助言場面の一部です。

検査者　B君、最後までちゃんとやってくれましたね。
母　はい、知らない場所へ行くと最初はいつもあんな感じです。でも、しばらくすると１人で遊んでます。
検　そうなんですね。どんなきっかけで切り替えるんでしょう？
母　さあ、放っておくといつのまにか遊んでる。
検　なるほど、今日は私とのやりとりのなかで切り替えてましたね。
母　ちゃんとしなさいと言ってもやらないから、放ってるんです。でも、今日はやってましたね。
検　それは珍しい？
母　はい、そうかもしれません。
検　確かに、放っておいて１人で切り替える体験も大事ですね。できないことを１人でやらせたり無理に教えたりすると、よけいに頑なになる。
母　そうです。
検　１人で切り替えることはできている。それともう１つ大事なのは、人とのかかわりのなかで切り替える体験です。それは、今日みたいに、B君のペースやリズムに辛抱強く合わせながら、できそうなことをちょっとだけリードしてあげて、なじんでもらったうえで一緒に遊ぶという感じです。今日は、そんなことができるB君の可能性を見せてもらいました。
　そういう体験がお母さんとの間でも増えてくるといいと思いました。
（…つづく）

　母親は検査者の助言を聞いてくれていました。こういう助言をヒントにして、母親が子どもとのコミュニケーションの幅を広げられることを期待しますが、一朝一夕にできるわけではありません。しかし、最初に子どもが独力でできるレベルを示したうえに、検査者がかかわることで子どものできる領

第４章　来談者への援助

域が広がる現実を目の前で実証してみせると、親も納得して子どもの可能性を信じることができます。つまり、親が自分の子どもに対し、固定的にネガティヴで悲観的な思いを持ってかかわるよりも、柔軟にポジティヴで可能性のあるイメージや思いを持ってかかわり続けられることこそが重要なのです。発達相談の場がそんな機会になり、その後の必要な発達支援につなげることができればと思います。発達レベルとしては、A君もB君も療育的かかわりが必要な子でした。B君はすでに地元の療育機関を利用しているとのことでしたので、その様子を聞いて母親を支持しました。A君には、母親のかかわりをねぎらい、その後のフォローアップと利用可能な関係者へのつなぎを行ないました。

発達検査に乗りにくい事例の発達相談──解決志向型の助言

　上記の事例でもそうでしたが、K式は子どもと遊びを共有するための道具として使えます。逆に言えば、1つひとつの検査課題に応じる様子は、子どもが検査者とどのように遊べるのかという相互作用を見る機会になります。たとえば、検査者と初対面であっても一緒にその場を楽しめるかとか、提示された課題を「ごっこ遊び」のように受け入れて取り組むイメージ力があるか、などです。そんなK式にも応じない子どもがいます。上のA君、B君とも異なるパターンです。そのような場合の助言について、事例を通して考えてみます。

事例C君（3歳11カ月）

　まもなく4歳になるC君が母親と一緒に、発達相談にやってきました。主訴は、「気分にムラがある」でした。

　来談者は、C君と母親、保育園の園長と担任保育士でした。スタッフは、検査者（若手児童心理司）と、検査者の補助者として同席した私（スーパーバイザーの立場）と、児童福祉司でした。全員で7名が机を囲む検査状況であり、最初から緊張感の高い設定となりました（現場ではそんなこともあります。柔軟な応用力が求められます）。

Ｃ君は、母親に寄り添うように入室しました。母親はＣ君の緊張を察して、「注射するところと違うよ」と繰り返しました。Ｃ君は席には着かず、母親の膝の上に乗りしがみついています。検査者が検査道具を出してやさしく誘いますが、ちらっと見るだけで反応はありません。そのうち、「いや！」「うるせえ！」などと乱暴な言動も出てきました。Ｃ君の言動は、単に受け身的な反応ではなく、反抗的な反応でもあります。私はそんなやりとりを少し離れた位置から観察します。
　母親や担任が促しても応じず、提示された積木を足で蹴り落とそうとします。

> **母**　ほらできるでしょ、こわくないよ、積木積んで先生に見せてあげなさい。
> **Ｃ**　……
> **母**　…いったんこうなると、言っても聞かないんです。頑固で…。
> **担任**　ほら、Ｃ君、トラック好きでしょ、積木でトラック作ろうよ。
> **Ｃ**　……

　検査実施が滞り検査者からのＳＯＳもあって、私も加わり「いま、ここ」での様子と他の生活場面での様子の違いを聞きます。他の生活場面でも、同様にこういうことはあると言います。保育所では、気分がいいときは車のおもちゃを使って遊んでいるとのことです。

> **私**　似たような場面では、切り替えるのにどのくらいの時間かかりますか？
> **母**　いや、やらないと言ったらやりませんから。別のことにもっていくしかない。
> **私**　なるほど、では、試しに私のほうでもう１回だけトライしますが、Ｃ君が乗らなければ、今日は検査はやめますけどよろしいでしょうか？
> **母**　はい、けっこうです。

第４章　来談者への援助

その後、私のほうで先の検査者のやさしい口調とは別に、若干語調を変えて母親の膝の上で寝そべっているＣ君の上に、大小比較カードを提示して、淡々と課題に導入しましたが、やはり我関せずの姿勢で拒否のままでした。検査の実施は諦めました。

こうなれば、今度はこちらがＣ君に対し我関せずの姿勢を決め込みます。皆がＣ君に注目し何かをさせようという状況ではない場面でのＣ君の様子を見るためです。

Ｃ君の相手を担当保育士だけに任せ、他の者はＣ君への声かけや目を合わせることを一切やめて、母親と園長に話を聞くことにしました。そうしながら、横目でちらちらとＣ君の反応を観察しました。

母親の膝の上にいたＣ君でしたが、しばらくすると隣に座った担当保育士と電車ごっこをはじめ、自分で母の膝から降りたのでした。Ｋ式のミニカーも自分から取り出して、声を出して遊び始めました。やがて、その場に検査者が加わっても、Ｃ君は抵抗なく受け入れ遊び続けました。

●――助　言

この流れのなかでの助言です。検査結果は正確に出ませんが、「境界域」（「平均」と「軽度遅滞」の間）の発達レベルが推察され、興味の片寄りや対人意識の希薄さと同時に過敏さがうかがえました。日常生活の特徴ともおおむね合致しました。

そして、上手に寄り添っていた担当保育士に聞きました。

　私　どんな方法で、そんなにうまくＣ君と遊べることができているんですか。保育所でも気分にムラがあるとのことですが、どうやってかかわっているんでしょう。そのコツをぜひ教えてください。
　保　とくにコツというほどではないですが、今のように横並びに座って、本人がその気になるまで指示を出さないで、小声で話しかけるようにしてます。
　私　なるほど。他にはどんな工夫をされてますか？

保　他にですか？……指示はせず私も遊ぼうとしてますかね。

私　それがC君にフィットするんですかね。なるほど。今聞いていて、お母さん自身ができそうなことはどんなことでしょうか？

母　私が心配しすぎて先々言うからでしょうか。この子は担任の先生がいるから登園できていると思うんです……。

私　心配のあまり言い過ぎる？　なるほど。で、お母さんができそうなことはどんなことですか？

母　はあ……なんでしょ？（笑）私が黙っていたほうがいいんでしょうか。

私　それもむずかしいですよね。でも、先生のようなモデルがいるのは強みです。C君なりのこだわりはあり、口では「うるせえ！」など乱暴な言い方をしますが、それは単なる反抗やふざけではないようですね。私もよくわかりませんが、乱暴な言い方をしたり一切拒否したりするときは、先生のようにそっと横並びに座って本人の動きを待ってみるという方法を試してみてもいいかもしれませんね。

母　はい…

（つづく）

（このあと、最初に聞かれた母親の「注射するところではないよ」という声かけに象徴されるようなC君の不安を逆に高めるかかわりが、この発達相談場面でも示されていたのかもしれない、という話も出て、母親は少し子どもとのかかわりのヒントをつかんだようでした）

　この助言の仕方は、検査結果の返しをするよりも、やはり子どもとのかかわり方に重きを置いたものです。検査はできなくても、担当保育士が子どもとうまくかかわっていることを解決志向型の質問、たとえば〈どうやってそんなに上手に関わっておられるのですか？　ぜひ教えてください〉〈他にはどんな工夫をされていますか？〉などにより、考えてもらいコツを聞く、それを母親や関係者とも共有し、今後のモデルにするという方向への助言でした。

　さらに、この事例から導き出せる助言のポイントは、母親だけをターゲットにするよりも、子どもを取り巻く保育園など関係者との援助システムを対

象としてとらえ働きかけることが効果的であるということでした。

介在のさせ方のポイント

　以上、助言に重きを置いた発達相談の流れを示しました。助言は、相談場面以外の情報も含め、K式を介在させた相談の流れのなかで見えてくるものを利用して行なわれます。そのために、検査者（＝援助者）はK式の特性や性質に精通し、その介在のさせ方を洗練させていく必要があります。

　K式を介在物として用いた介在のさせ方のポイントを箇条書きします。
　　①K式を使いこなせている
　　②そのことにより子どもの発達状態がよくわかる
　　③対象者との良好な援助関係を築き活性化できる
　　④発達およびコミュニケーション促進の助言ポイントを抽出できる
　　⑤対象者に有用だと思ってもらえる説明ができる
　　⑥対象者にとって有効な介在のさせ方かどうかを客観視できるポジションにいる（有効でなければ、介在のさせ方を変えることができる）
などです。

　そのうえで有効な助言にもっていくポイントも箇条書きします。
　　①相談開始時から行動観察を行ない、子どものコミュニケーション様式を理解し、合わせ、検査に導入する
　　②一定の手続きに基づき検査結果を出す
　　③そこで観察、聴取できた相互作用の情報を見立てる
　　④検査が実施できなくても、そこで起こっている相互作用の情報を見立てる
　　⑤助言の相手を保護者に限定せず、関係者を含む援助システムとしてとらえる
　　⑥来談者のニーズや家族状況などに合わせつつ達成可能で意欲のもてる形で提示する
などです。

（衣斐哲臣）

第2節　助言場面をどのように演出するか

　前節を受けて、「それでは私は具体的にどのような助言場面を作っているのか」について述べます。

　私の助言の基調をなしているのは、「検査結果をとおして具体的な取り組み案を提示しながら、相手を少しでも勇気づけるにはどうしたらよいか」ということです。発達検査の目的は単に検査結果を出すことではなく、当の子どもやその子を育てる家族や関係者への援助なのです。

　ここで述べるのは「私」の助言ですから、もちろん、助言はこのようにしてくださいとお願いしているのではありません。でも、そこに「あなた」の助言を創るときのヒントがあるとしたら、試してみてください。

　実はこの文章は、ある「K式を用いた臨床」に関するワークショップでお話した内容に補足したものですが、そのワークショップで扱った事例は5歳の「ケンちゃん」でした。

　ケンちゃんは「保育園で他児にすぐ手が出る」ことを主訴に、母親とともに来談しました。相談員が母親から話を聴き、その主訴がどこからきているのか、ケンちゃんはどんな子どもなのかを理解するために、まずはケンちゃんにK式を実施し、その結果をもとに、今後のかかわり方について母親や保育士と一緒に検討しようということになりました。

助言場面への導入のヒント

●——まずはねぎらい、そして相手のニードの確認

　ケンちゃん（5歳）の検査が終わってお母さんと会います。待っておられたお母さんのお気持ちを察してねぎらったり、ケンちゃんの検査場面での様子などを肯定的にお話しします。

　私が担当した発達相談では、検査の前に保健師や児童福祉司がすでにインテークしていましたから、そのあとに私がお母さんにお会いしたときには、

第4章　来談者への援助

まずこうお願いしました。「お母さん、何度もしゃべらせてごめんなさい。お母さんが心配しておられることを、もう一度、今度は箇条書きで教えてくださいますか」。お母さんが帰られるまでに私が何について話さなければならないかを、私自身が整理するためです。

こんな言い方もあるでしょう。「今日、私はお母さんに何を伝えたらいいでしょうか」「お母さんが今日はぜひとも聞いて帰らなければならないことは何ですか」「心配なベストスリーを教えてくださいますか」。このベストスリーは、あとから見立てを話すときに焦点を当てたり、課題を与えるときに一番心配している第1位を用いるか、より挑みやすいことからということで第3位を用いるかということにもつながっていきます。

そのようにして保護者のニードとこちらのサービスとの一致を目指して今ここにいるということを、少しでもはっきりさせたいのです。「わかりました。そのことを忘れないようにしますけど、もし忘れていたら、忘れてるよって、お母さん、教えてくださいね」と言うこともあります。

●——スケーリング

スケーリング（尺度化）もよく使います。「そのことについてまったく心配していないのを0点、心配で心配でたまらないのを10点だとしたら、何点ぐらいですか」。

点数と相手の状況次第で、「こんなに大変だと思われる状況で7点。3点の余裕をもって冷静に考えようとしてくださっている。子どもさんにとってありがたいことです」「全然心配してらっしゃらないのかと思っていたら1点で、0点じゃないんですね。どんなところが1点だけ心配ですか？」ともっていけたりします。もちろん、点数の意味づけ方やもっていき方のバリエーションはいろいろにあるでしょう。

つまり、相手を攻撃しないで傷つけないで、その気にさせる方向にアレンジするために用い、結局は少しでも勇気づけることができるようなアプローチです。このことは、発達相談の助言全般に通じるテーマだと思っています。

● ─── 相手が拒否的な態度のとき

　さて、相手は発達相談に従順に応じてくださる方ばかりではありません。行けと言われたから来た方、無理矢理連れてこられた方、もうひとつ状況を飲み込めていない方……。

　「子どもの言葉のことなんて全然心配してないわよ。忙しいんだから、早く終わってね」→「お母さん。何をおっしゃってるんです。保健師さんの専門的な目から見て言葉の伸びが心配なんですよ。お母さんとしてもちゃんと親としての責任感をもって…」→「私の子育てが悪いから言葉も遅いって、そう言いたいんでしょう。余計なお世話よ」→「お母さん、そんなことは言ってないでしょ。子どものことは大事じゃないんですか」…こうなってくると悪循環で、主導権はお母さんに取られていきます。

　主導権を相手に取られているときは、焦ったりイライラしたり不愉快だったりするものです。もちろん、相談員を攻撃する方向、悪い母親だって思ってるんでしょうという方向に主導権を取って進める母親から、その主導権を取り戻そうと思って言い返すわけですが、それをすればするほどさらに相手に主導権を取られてしまうことになります。

　相手に主導権を取られない、あるいは取り返すためには相手のアテを外すことが必要です。投げやりであったり攻撃的な言動をする人は、それへの否定的な反応が返ってくるのに慣れていることが多いように思います。それで、「そうよね。いきなり言葉が遅いって言われてもビックリするよね」「なんか悪く言われているようで、気分悪いよね。よくわかる」「それでも我慢して来てくださったんだ。いいお母さんね」。お母さんが文句をおっしゃらない常識的な態度の方でも、「もしかして、ここへは足を運びにくかったんじゃないですか。それでもよく踏み切って来てくださいましたね」と思いやることで、少しでも同じ地平に立っていてもらえるんだと思っていただけるかもしれません。

　ここで確認しておきたいのは、お母さんをやっつけるのが目的ではないということです。目的は子どものためによいかかわりをお母さんがとってくれること、そのためにこちらとの共有感を増してくれること、こちらと少しで

第4章　来談者への援助

も仲良くなってくださることです。

● ──**相手になじもうとするのも1つのコツ**

　相手のものごとへの理解度も考慮すべきでしょう。できるだけわかりやすい言葉を使うことや、図に書いて説明するとかも相手によっては重要だと思います。ビジュアル（視覚的）な補足は、何も発達障害と診断された人だけに有効なのではないでしょう。

　さらに、相手からこちらになじんでもらうために、こちらからなじむ努力は必要だと思います。上記のような配慮も大切ですし、言葉遣いでも相手の文化に入らせてもらうような工夫が有効な場合もあるかと思います。

　「うちの父ちゃんが」といわれるときに、こちらは「お父さん」とふつうに呼ぶことでそれで十分だと思います。ただ、相手の文化に近づいたほうが何かうまくいきそうだと感じたときに、いきなりこちらも「父ちゃんが」と言うと嫌な感じがあるかもしれませんが、「その、とうちゃんが」と「その」をつけると、だいぶ感じが違いますし、それで少しいい感じでニコッとしあえたりしたら、次からは「その」を抜いていいかもしれません。

　このことは言葉遣いだけでなく、家族のなかで起こったと教えてもらえたエピソードの使い方についても言えます。エピソードは身近なことですから、何かこちらから伝えたいことを伝えるときに、そのエピソードと比較したり例にとったりするとわかりやすいと思います。

検査結果を含む見立てを伝えるときの配慮

● ──**相手のニードにあわせ臨機応変に**

　さて、相手に見立てを話すわけですが、相手のニードとの一致度をはかりながら行なうことになります。極端な場合、子どもの問題についての見立てを話そうにも、それにつながる検査の結果を話そうにも、それを聴きたいというニードがない場合や、それどころではないという他の課題が大きい場合があります。そういうニードや状況におかまいなく検査の結果を話すというのは、こちら側の自己満足を追求しているんじゃないかという点をチェック

する必要があります。

　上記のような場面では検査のことは捨て、保護者の気持ちに寄り添いできるだけ次につながるようにするとか、子どもの問題以外の課題におつきあいする必要が出てきます。実は、この子ども以外の課題であっても家族の課題ということでは一緒の場合があって、その子ども以外の課題をターゲットとして介入することが、子どもの問題への介入にもつながってくることもあります。

　こんな事例を思い出しました。「保健師さんに連れてこられた」と表現するのがピッタリのご家族でしたが、子どもの言葉の遅れにはご両親ともあまり関心を示されません。それよりも、お母さんの身体の具合の悪そうな様子を心配してお父さんは涙ぐんでおられます。そしてその心配ごとだけでなく、他にも借金やその他の問題をたくさん抱えておられました。

　私は子どもにK式を行ない、ご両親にお伝えする助言内容も準備できていたのですが、結局、発達や言葉のことについて助言するのをやめました。つまり、「K式を捨てた」のです。そして、一番心配されているお母さんの身体の具合を調べるためにどのようにして受診するかについて、保健師さんにも入ってもらって一緒に計画を立て、受診のアポイントメントもその場で保健師さんからとってもらいました。

　ご両親は生活自体をうまく運営するのが下手な方たちで、述べたように、ご両親にとって子どもの言葉の問題よりも他の問題が大きくのしかかっています。まるで、すでに4つも5つも重いリュックを背負っているようです。その方たちに、もう1つ、子どもの言葉の遅れという6つ目のリュックを背負わせてどうするのだ⁈と思ったのです。

　私たちがしなければならないことは重いリュックを1つずつでもおろしてもらうことです。保健師さんから役場に保育所利用の了解をとりつけてもらったうえで、ご両親には「子どもさんはよく育ってますよ。でも言葉を伸ばすためにお友だちとたくさん遊ばせてあげましょう」と保育所入所を勧めました。ご両親は了解されましたが、私たちスタッフの本音は「今しばらくの子育ては、保育所に任せよう」ということでした。そして、お母さんの受

診に向けてちゃんと動いた経験が、ご両親による子育て力を上向かせることにもつながればいいなと考えました。

● ──検査場面と日常場面との相似点を見つける

助言場面では相手が聴きたいことは何かを常に頭に置きながら、検査結果を通じて相手の困りごとへの見立てや対応法を話すことになります。あるいは、「そのことにつながるからまずは検査結果を話すよね」といいながら、検査結果を話すという実は時間稼ぎをしつつ、その困りごととの関連を探るわけです。

ここで検査者＝助言者のなかで行なわれることは、各検査課題に表れた特徴を総合した所見（各課題への1つひとつの反応特徴それぞれから、視点を1つ上げたところで見えるケンちゃんの特徴）と、生活上の問題（困りごと、主訴）の構造（どんな場面や人間関係のなかで、どのようなケンちゃんの認識や感情の状態によって起こっていることなのか。表れ方は違うけれど他の場面で起こっていることはないかなど）を見比べるなかで、検査で起こっていることと日常で起こっていることとが相似形に見えたり、関連しているように見えるところが見つかればしめたもので、それを話したらいいのです。

お母さんによっては、なぜ日常場面でそんなことが起きるのかの理屈が「ストンと落ちた」だけで、今日、相談に来てよかったと思ってくださることがあります。

● ──家族背景を見立てることの重要性

このように、大体はニードをもって常識的に相談の場に来てくださる方が多いわけですから、検査結果と相談の主訴との重ね作業がこちらの大きな仕事になります。しかし、子どもではなく保護者自身に育て方等の際立った特徴があったり、お母さん自身の特徴があったり、家族の課題がありそうなときには、それらの要因も重視することになります。いくら助言しても、そのことが日常生活によい方向で役に立ってもらわなければ意味がないからです。

お母さんやその他の家族はどんな人か、親戚やご近所、保育園の先生との

関係はどうなっているか、家族のなかではどんなことが起こっているのか、この子への接し方をよりよくしていってもらうためには、まずはどこから手をつけたらいいのか、いくら必要なことでも今こんな状況でそんなことを伝えてもお母さんの負担になるだけじゃないか…いろんな配慮が必要になってきます。その配慮を見つけ出すためにも、どんな家族か、どんな社会的状況かなどについての見立てが必要になります。

　こんな事例もありました。子どものことはお母さんに任せっきりだったお父さんが、子どもの運動会を見に行き、自分の子どもだけが勝手に動き回って競技に参加しないのに驚いたとのことで、発達相談に初めて顔を見せました。ところが同席した保育士さんに向かって、お母さんの頭越しに、お母さんの子育てのまずさを言い立て同意を求め、保育士さんは困っているという場面が繰り返されました。

　保健師さんからの情報によると、お母さんは、上の子の子育ての頃からお父さんの協力が得られず、心配ごとを１人で抱え込んできたといいます。保育園との連絡ノートにそれらのことや姑へのグチなどをよく書いているようで、実家にもしょっちゅう帰っているようでした。

　私は、子どもの検査を終え、検査にもとづいた助言として、お父さんとお母さんに、「①子どもさんの状態は育て方のせいではなく、子どもさんがもっている特徴です。②お父さんとお母さんとで共同し、夜、子どもさんが絵本を読んでもらって聴いている状況を作ってください。③お父さんとお母さんとの間で、ノートを交換してください。１週間に１回、お母さんが記入し、それにお父さんが言葉で答えて支えてあげてください」と伝えました。この③について、お父さんから「夫婦のコミュニケーションが問題なんですか」と問われましたが、「いいえ、発達相談に一緒に来られているぐらいですから、コミュニケーションはいいほうです。これは子どもさんのような特徴をもった子の教育法の１つです」と、答えました。これは、「ええ、夫婦のコミュニケーションの問題です」と答えると、「そんなことはない」という反論が返ってきて、課題をやってもらえないことになることもあるかもしれないからでした。

第４章　来談者への援助

お父さんもお母さんも課題に熱心に取り組みました。交換ノートにはお父さんのほうが熱心だったようで、お父さんの感想は、「子どもが大きくなったなあと目を向けるきっかけになった」とのことでした。また、保健師さんによると、お母さんの保育園との連絡ノートにお父さんのいいところも書かれるようになり、実家へ帰る回数も減ったようです。

次の発達相談でお父さんとお母さんに、「子どもさんの伸びは順調ですから、今やっておられることを続けましょう」と、課題の継続をお願いしました。お母さんから「もっと早く相談に来たらよかったんでしょうか」と尋ねられましたが、「お母さんが必要なかかわりをこれまでちゃんとやってこられたから、今の変化があります。ちょうどいいときに相談に来られました」と告げました。

●──発達相談と家族援助は切り離せない

ケンちゃんの家族の場合、強い（ケンちゃんの）母方祖母のもとに、これまでずっとペアレンタルチャイルド（家庭の事情で子ども時代から親的役割を背負わされてきた子ども）だったかもしれないお母さんがいて、そのお母さんは、祖母の圧力のもとで子育てを不自由にし、その結果、「不適切なかかわり」にもなるようなかかわりをケンちゃんにしている可能性を私は考えました。

私は、このケンちゃんのお母さんに話すときに、ケンちゃんが「（お友だちや大人との関係のなかで）頑張りすぎている」ことと、お母さんも「（おばあちゃんとの間で）頑張りすぎている」のではないかということを重ねてお母さんに提示し、お母さんとケンちゃんが「頑張らなくていい」ことを共有するところから何かが始まらないかという仮説を立てました。

また、ケンちゃんの相談の主訴である「他児にすぐ手が出る」という個別の事象を、「対象（他児）の性質（叩かれたら痛い）に応じてかかわることができていないのではないか」という発達課題として１つ上位の視点で言い換え、その「対象の性質に応じてかかわる」練習を「頑張らなくていい」課題の中でできないかと考えました。「弟がいないとき、また寝たあと、お母さ

んとケンちゃんが笑って楽しめる時間（「くすぐりあい」でも何でもいいのです）を作る」というのが、浮かんだことです。

　勘のいいお母さんなら、その課題だけでいろんなことに気づきます。でも、他児にすぐ手が出るという心配ごとと上記の「楽しむ課題」との関連を尋ねられたら、検査結果を使った説明をどのようにでもしたらいいし、理屈で抵抗する人には「ともかくやってみて変化をみよう」と行動を推奨したり、場合によっては「他児にすぐ手が出る子には、そういう楽しい時間をもつことが治療になることってあるのよ」と、「治療法」だと枠付けをするのが効果的なこともあるでしょう。

　また、祖母のもとで母は自由に振る舞えないのなら、母との個別面接で祖母と母との思いの違いに焦点を当てて母の思いを肯定的に尊重し、結果的に母が祖母との間に一定の線を引いて対処できていくようなアプローチも必要になる場合があることでしょう。

　発達相談と家族援助は切り離せません。すでに述べましたが、「発達相談の目的は家族援助で、発達検査はそのための手段である」のです。

●――一番の専門家は母親

　大切なことを1つ書きもらしていることに気づきました。これまで述べてきたことを行なう際にも、ずっとその底にあり続ける考えであり、配慮です。私は、助言者は職務として専門家であっても、個別の○○ちゃんについての一番の専門家は保護者だと思っています。ですから、準専門家としての私はお母さんの協力を得ないと何もわからないしできません。このことは専門家としての立場の放棄ではなく、私たちはそういう種類の専門家だと思っていますし、そのことを肯定的に受け入れてくれる保護者は多いのではないでしょうか。ですから正直に「わからない」ことは「わからない」からとお母さんに尋ね、「わかろう」とします。ただ、戦略として「わかったふり」をする部分が必要なときはそういう役割をとることもあるでしょう。

　保護者が一番の専門家であり、その次が保育所の先生、その何番目かのあとにやっと私たちが続くという立場をとることが私はフェアだと思います

第4章　来談者への援助

し、それが役に立つことがいろいろあります。

●──保育士への助言

　ここでは相談場面での保護者への助言に限定して述べていますが、もちろん保育士さんへの助言も重要です。検査結果と保育場面での様子を共同で重ね合わせながら、保育所での対応を作り出せればいいでしょう。

　また子どもへの対応だけでなく、必要な範囲で家族へのかかわりについても共有しておく必要もあると思います。その際に保護者と保育所の間がうまくいっていないなら、その関係も考慮に入れた対策を保育所と共有することも大切です。

援助に向けたさらなる配慮

●──課題の出し方

　ここまで検査結果から援助の方向や内容を導き出すプロセスを述べてきましたが、そこにさらにパワーを与える方法として「課題を与える」ことがあります。

　課題の1つは「観察課題」です。問題になっている状況についてよく見てくることをお願いするわけです。どんな状況でどんな対人場面でそれが起こるのかなどで、焦点を絞ったメモ程度のあまり負担にならない観察日記をお願いすることもあります。助言者が一方的にケンちゃんのことをお母さんに教えようとする図式から、私とお母さんはケンちゃんのことを応援する協力者同士だよという図式への転換です。

　それから「実験課題」。「そのときにこんなふうに対応できますか。できるとしたらそれをやってみてどうなったかを教えてもらえますか」というものです。実験課題で見通しがもてたら「こういうふうにかかわってみましょう」という本課題に入ることもできます。

　実験課題にしろ本課題にしろ、保護者がうまくやれたら「エェッ？　やれたんですか、素晴らしい！　これまでいろんなご家族にお願いしたのですが、おできになったのは初めてですよ。一体どこにそんなうまくやる秘訣が

あるのか、教えてくださいよ」ともっていけます。反対にうまくやれなかったら、「ああ、やっぱりそうですか。ごめんなさいね、じつはこれまでどこのご家族もやれなかったことで、無理で当たり前なんです。エッ、でもそこまでできたんですか。それはお宅が初めてです、すごい。もっと教えてください」となります。

● ── 勇気づけ

　保護者が子どもについての事実を受けとめながら、希望をもって取り組んでいこうと少しでも思える方向に、助言者側の配慮で保護者の気持ちをどう盛り上げていくかが大切です。勇気づけです。「頑張れ」は勇気づけにならないことが多く、頑張れなかった自分を落ち込ませたりします。

　勇気づけには工夫が必要です。工夫には「技法」といわれるものが含まれるわけですが、「リフレイミング（再意味づけ）」は有用です。マイナスの意味をマイナスでもプラスでもない意味やプラスの意味に言い換えるわけですが、練習するとうまくなります。うまくなるというと、「口がうまくなる」ということであまりいい感じをもたれない方がおられると思いますが、「口がうまくなる」練習でいろんな言い換えを練習していると、自分のリフレイムの声を聴きながら、その内容が単なる言い換えではなく「本当にそういう側面ってあるよなあ」と、ものごとの認識がグッと拡がる体験をすることになります。そのことによって、言い方だけでなく認識や気持ちの面からもホントのところで相手を勇気づけられる自分に一歩近づけているのではないかと思えてくるのが、不思議なところです。

　自分のかかわりが悪かったからこんな子どもの状態だと落ち込んでいるお母さんに、「いま子どもさんのそのことでお母さんは心配しておられるわけだけど、彼にはいいところが一杯あるし、それは私も知っています。お母さんはもっともっと一杯知ってるよね。言っとくけど、その彼のいいところは全部お母さんが育てたんだからね」という言い方も私はしていますが、でもホントにそうでしょう。

　また、発達相談場面では子どもへのかかわり方を助言することが多いと思

いますが、「これからはこういうかかわりをしましょう」と助言されると、「これまでのかかわりはよくなかった」と暗黙のうちに伝えられているように受け取る方もおられるのではないでしょうか。これまでが悪かったのだと思うと、もう取り返しがつかないと落ち込むかもしれません。私の場合は、「ここまでご両親が適切にかかわってきてくださったおかげで、いいところまで育ってきています。今は子どもさんの発達が次の段階に入っていくところですから、こういうかかわり方にかえていきましょう」と、かかわりの変更を発達段階のせいにするような工夫も取り入れています。

●──検査用紙の扱い

　検査用紙のことを述べておきます。私は、不安が高すぎたりで検査用紙を見せないほうがいいと判断した保護者以外には、検査用紙を見せています。一般に「検査結果」は相手に公開するからです。公開しないと「結果が悪いからじゃないか」と憶測を呼ぶし、保護者同席で子どもの検査をする場合には、すでに保護者の目に検査者が検査用紙に記入している場面を見せているわけですから、あれはコレですよと提示するのがフェアな感じがするからです。

　利用できるものの1つに50パーセントの通過率があります。その課題ができていたら100人のうちの上位50人に入ってるわけだから優秀だし、その課題ができていなくても100人のうち50人はできていなくても当たり前ですから、それでいいことになります。

　プロフィールのぎくしゃくも「全部の遅れ」ではなく「得手不得手」と言い換えることのできる場合もありますし、この不得手なところをどう伸ばすかという話をビジュアルにも提示することになります。子ども−検査者−検査課題の三項関係がどのように維持されるかというのがＫ式をみる視点の1つですが、認知適応＝モノとの関係、言語社会＝ヒトとの関係として、子ども−モノ−ヒトの三項関係によって保護者に発達の説明をすることもできます。

●──検査場面での保護者からの介入

　検査場面のことでいえば、検査中の検査への母親からの介入にも触れておく必要があるでしょう。検査者「机って何ですか」子ども「…」親「ホラ、いつもお絵描きしてるじゃない…」。苦笑いですますことも多いのですが、制止しないといけないときもあるでしょう。冗談っぽく、「もう、これはケンちゃんの検査、お母さんの検査じゃな・い・の」ってお母さんに言ってみたいところです。

　このことだけで「過干渉」とか「過保護」とか「診断」するようなものでもないと思いますし、そのようなマイナスの意味づけではなく、「子どもを助けてくれるやさしいお母さん」とプラスに意味づけることもできます。そしたら、あとで課題をお願いするときに、「助けてくれるやさしいお母さんだからこれピッタリで、お願いしますね」と、繋げることができます。

　…というようなことで、こんなふうに書き出すとキリがありません。まだ書いていないことはいっぱいありそうですが、これぐらいにしておきます。

（川畑　隆）

第3節　児童相談所での新版K式発達検査を活用した臨床例

　ここでは、行政機関である児童相談所（以下、児相）の臨床を紹介します。メグちゃん（仮名）の事例は、児相では日常的にある、いくつかの事例をもとに創作したものですが、K式の活用方法と児相の臨床の本質は損なわれないようにお伝えします。

●──メグちゃんの生活

　メグちゃんは4歳。21歳の実母と二人暮らしです。メグちゃんの父親とは離婚しています（図表4-3-1参照）。現在、お母さんは夜の仕事へ行っていますが、収入は不安定であまり余裕はありません。メグちゃんはまだ所属が

図表 4-3-1　メグちゃんのジェノグラム

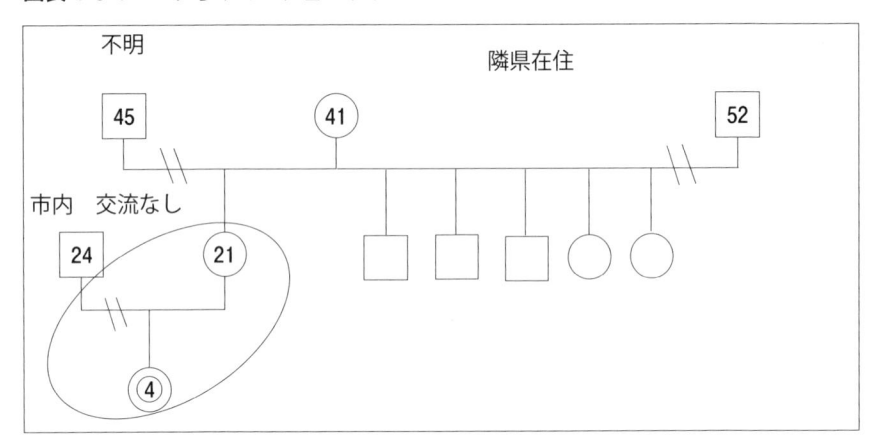

不明　　　　　　　　　隣県在住

45　　　　　　41　　　　　　　　　　52

市内　交流なし

24　　21

4

なく、昼頃までお母さんと一緒に寝ています。時には早く目が覚めて、何か食べたり外に遊びに行ったりしたいのですが、うるさくするとお母さんに叱られるので、布団でごろごろしたり冷蔵庫を開けてパンを食べたりしています。

午後は、お母さんが家の中で忙しくしているので外へ行きます。団地の中の公園が大好きです。仲良しのお友だちが何人かいますが、よくけんかもします。

●──通告

メグちゃんについては、近隣から市のこども課に何度も通告が入っていました。内容は主に、夜間一人で家の外にいる、時々母がメグちゃんを叱る大声がするというものでした。保護が必要になるかもしれないケースということで児相へも情報の提供があり、市のこども課が時々訪問をして見守っているケースでした。

その日は、近隣から児相へ直接電話がありました。もう30分以上叱責する大声と物音が続き、「ごめんなさい」「もうやめて」という子どもの悲鳴が聞こえるということ。子どもが心配だということでした。

●──現認・一時保護

　市こども課から最近の情報をもらい、所内で協議した結果、場合によっては一時保護をするということで家庭を訪問しました。私たち児相職員がメグちゃんのうちへ行くと、メグちゃんが涙と泥で汚れた顔で家の前にいました。髪は汗とどろと涙でべたついています。後頭部にこぶができていました。あざなどの古い傷はなさそうでした。部屋の中へ声をかけると、お母さんが愛想良く迎えてくれました。6畳と4畳半の部屋は、お母さんの服と化粧品と敷きっぱなしの布団で埋め尽くされていました。ちゃぶ台の上は、ビールの缶、たばこの吸い殻、カップめんのからでいっぱいでした。

　訪問の理由と目的を話すとお母さんの表情は一変し、「たしかに今回はかっとなりすぎた。殴ったのではなく押したら倒れて頭を打った。でも可愛がっている」「出勤前の忙しいときに、こどもが服にコーラをこぼした。誰でも怒る」「夜間放置しているといっても夜の仕事しかみつからないから仕方がない。誰の力も借りず一人で頑張って育てている」「夜間保育所や無認可の保育所は高くてあずけることができない」「晩ご飯はパンやお菓子を置いているのに、この子は午前中に食べてしまった。それを叱ると、食べてないと嘘をつく」「昼間の保育所は定員いっぱいで入れない。行政は口ばかりでなにもしてくれない！」と興奮し、緊張が高まってきました。

　結局、半ば投げやりに「保護でも何でもすればいい！」「この子のために働きに行っているのに。私は仕事へ行く！」と母は家を出てしまい、メグちゃんは児相で一時保護をすることになりました。

　児相には一時保護という機能があります。家庭での養育が困難であったり不適切な場合に保護をしたり、問題行動がある場合の検査や行動観察が行なわれます。期間は数日から2カ月程度まで個々人によってさまざまです。保護のあと、家庭へ帰ることもありますが、児童養護施設や児童自立支援施設へ入所することもあります。一時保護所での行動観察や検査結果は、その後の生活を適応的にしていくために、保護者や学校園、保育所、または児童養護施設や児童自立支援施設の職員への助言やサポートのために使われます。

第4章　来談者への援助

虐待を理由とする一時保護は、メグちゃんのケースのように、児童の安全は確保できるが親子にダメージを与えてしまうという一面があります。児相では、一時保護の決定を単純に機械的に行なうのではなく、市区町村や関係機関から情報を収集し、子どもの所属があればそこからの情報も取り、現場に行って子どもと保護者の状態を確認したり意向を聞くなどしてから慎重に行なっています。

●──行動観察

一時保護所でのメグちゃんは、「ママは？　お仕事？」「ママ、お仕事終わったらくる？」とお母さんを待っていました。毎日たくさんの友だちと遊べるし、遊んでくれる大人もいるのでご機嫌はいいほうでした。しかし時には他児を押したりつねったり叩いたりし、保育士が世話をしようとしたときに「ママがいい！」とぐずるような事もありました。お母さんが休みの日には二人でスーパーに行くのが楽しいと話してくれました。いつも大好きな唐揚げを買ってもらうのだそうです。でも、唐揚げとカップめん以外の食べ物はあまり食べたことがないらしく、保護所の料理をみるたびに「これ何？」と尋ねてこわごわ食べてみている様子とのことでした。だんだんといろんな食べ物が好きになり、とくに気に入ったのはタコヤキだったそうです。

●──検査結果と解釈

一時保護中に、K式を実施しました。
検査結果は図表4-3-2のとおりでした。

【検査室での様子】

担当の保育士につれてこられたメグちゃんは、慣れない検査室に警戒した様子で保育士にくっついていました。離れようとしないので保育士も同席で検査を実施しました。検査中、わからないときは、保育士の顔を見て判断しようとしていました。

図表4-3-2　メグちゃんの検査結果

CA 4:6		
姿勢・運動	DA　—	DQ　—
認知・適応	DA 4:9	DQ 106
言語・社会	DA 5:2	DQ 115
全領域	DA 4:11	DQ 109

【解釈】

　知的には正常と思われます。とくに言語社会面では良好です。適切な環境が整えば、より発達が進むことが期待されます。

　〈短文復唱〉(3:0超～3:6)と〈4数復唱〉(3:6超～4:0)は採点上どちらも「通過」であり、短期記憶の力はもっていると思われますが、どちらも第1試行は失敗しています。これは、注意をひきつけておかないと聞けていないことや、慣れないことだとはじめは失敗しやすいことの表れだと思われます。特に集団の中では、注意集中がむずかしくなると予測されますので、注意喚起が必要です。

　言語・社会領域の能力はかなり高いです。しかし、言語・社会領域の課題でありながら実年齢級よりも低い〈指の数〉ができませんでした。数が苦手なわけではないのは、5:0超～5:6の〈5以下の加算〉〈数選び〉ができていることからわかります。〈硬貨の名称〉もできていて数には強そうです。それなのに〈指の数〉がわからないのはどう解釈したらいいのでしょう。興味の偏りや、偏った家庭環境のせいかもしれません。一般的な集団で豊かな環境を与える必要があります。

　〈了解Ⅲ〉の答え方は独特でメグちゃんらしさが表れていると思います。

　「学校に行く途中で遅れるなあと思ったらどうする？」という課題で、「走る」と答え、正答。このような経験がないのに答えられるなんてなんだかおませな感じがします。

　ところで、本書の3章でも複数の執筆者が言うように、正答よりも誤答に着目すると、日常生活での困難の原因が垣間見られて、助言に活かしやすいと思います。メグちゃんのここでの誤答に着目してみましょう。

　「お友だちのものを壊したらどうする？」という課題で、メグちゃんはあわてて「壊してない、壊してないよ！メグ壊してないよ！」と言いました。いろんな解釈があり得ると思うのですが、叱られると思ったのかもしれませ

ん。叱られることが多かったのでしょう。反射的に自分を守る言動をしてしまいます。それが、事実とは異なることもあって、そのような時にメグちゃんのお母さんは「この子は嘘をつく」と言っているのかもしれません。叱ることは嘘をつくことを促進します。今は叱らずに育てることが大切でしょう。

「お友だちが、あなたの足を踏んだときに、あなたはどうしたらいい？」という課題では、メグちゃんは黙ってしまいました。パターン的に「ごめんなさいと言う」と答える子も少なくありませんが、そうでないことや、いつもやってるように相手が謝るのを待たず足を踏み返すことが適切ではないことは、メグちゃんにはわかっていたようでした。しかし、どうしていいかわかりません。相手の謝罪を予測し、それについてどう返事をするかという、より社会的な振る舞いについてはまだ学習ができていないようです。このようなやりとりは、母子関係のなかでも少なかったのではないかと思われました。社会性を身につけるようなかかわりが必要です。

●──保護者面接

児相では、子どもの一時保護と平行し、虐待対応班等で保護者の面接を行ないます。児相の呼び出しに応じてお母さんがやってきました。「メグちゃんを返してほしい」と、はじめからかなり興奮しておられました。児相としては、メグちゃんの生活の安心・安全が確認されないと返せないことを伝えます。場合によっては施設への入所となります。

具体的にどうすればよいのかとのお母さんのことばに答え、「夜間一人にしないこと、激しい叱責をしないこと、食べるものを整えること」を伝えました。「それでは生活していけない、保育所には入れてもらえない」と第1回の面接は平行線のままでした。

●──援助方針会議

児相での相談の受付から援助の実行までの流れは図表4-3-3のとおりです。保護課からの一時保護中の行動観察と相談課（児童福祉司）からの保護者や家庭環境の報告、判定課の心理判定結果などを持ち寄って、今後のメグ

ちゃんの支援について援助方針会議が行なわれました。検査結果等の「心理診断」、児童福祉司による「社会診断」、一時保護所での「行動診断」からわかったことは、メグちゃんは知的には正常なものの、社会的な振る舞いが身についていないということです。それで友だちとのトラブルが多いのだと考えられます。もともともっている衝動性や不注意のせいもあってトラブルが起こることもあります。少し虐待の影響があるのか、ちょっとしたことで叱られると思いやすい心の偏った構えがあったり、自分を守るための嘘がみられたりもします。心理面や社会生活面で、適切な環境やかかわりが足りていません。生活面でも食生活などが、成長に適切とは言いがたい状況です。何よりも夜間の監護がないのが心配でした。この状況では家庭へ帰すことはできず、児童養護施設[*1]への入所が適当と判断されました。メグちゃんは施設へ行くことになりました。

　施設へ入所するにあたり、子どもたちの成長発達に必要な留意事項を書いて施設へ渡す「援助指針」という文書があります。そこへ、発達検査から得

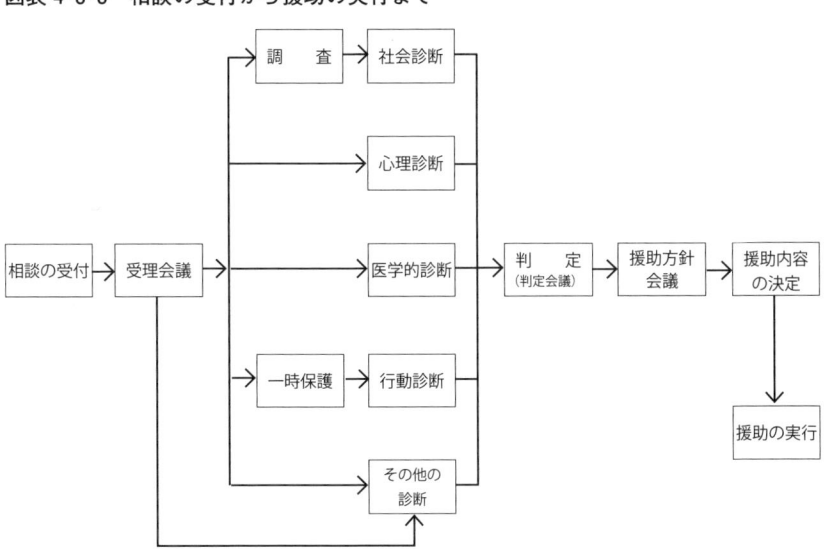

図表4-3-3　相談の受付から援助の実行まで

> **図表4-3-4　メグちゃんの援助指針**
>
> ＊知的には正常と思われる。特に言語社会面では良好。
> 　但し不注意で聞こえていないことがあるので、ことばでの指示は注意をひきつけてからする。
> ＊これまでの養育環境は、心理面でも環境面でも不十分であった。集団生活を経験していないことや生育環境の影響や本児の特性もあり、社会的なルールが身についていない。単独でできることに関しては、しっかりした面をみせることもあるが、相手のあることになるとどうしていいかわからない。生活の場で、その時々で適切な振る舞いを教えてやってほしい。多くの経験をさせて経験から覚えさせてほしい。
> ＊対人関係や集団でのルールを教えるときは、具体的に、「何をどうする」と教えてほしい。「ちゃんとして」「おりこうにして」という言い方では伝わりにくい。「～しないで」ではなく「～して」と肯定的な言い方をするよう気をつける。
> ＊叱られる、と思いがちな偏った心の構えがある。叱られることが多かったために、自分を守るためのうそをつくことがある。叱らずにほめて育てる。

られた情報等をもとに図表4-3-4のようなことを記しました。

●——地域の力

　何度も児相の呼び出しに応じ、話し合いをして、施設への入所を承諾したお母さんでしたが、完全に納得することはできず、苛立ちと落ち込みが増すばかりでした。児相の地区担当児童福祉司が訪問しても居留守を使っているようでした。仕事にもあまり行っていないという情報もありました。そんなときに、市こども課の相談員と保健師がお母さんを訪問しました。2人は、お母さんの訴えの聞き役に徹しました。

　数カ月の間、お母さんの話を聞き続けてきた2人は、ある日、保育所の入所ができないものか、市のこども課で検討すると約束しました。だから、お

＊1　**児童養護施設**：児童の入所施設の主なものには、乳児院（0～2歳未満）、児童養護施設（2～18歳未満）、（福祉型、医療型）障害児入所施設（2～18歳未満）、児童自立支援施設（主に小学校高学年～18歳未満）、情緒障害児短期治療施設（主に小学校中学年～18歳未満）があります。施設の利用が必要となった場合は、知能検査や心理検査及び行動観察、社会調査の結果、その児童にとって適切な対応のできる施設を選んで入所させます。

母さんはそれまでにお昼の仕事をみつけてほしいとの条件をつけて。

　市こども課と地区担当児童福祉司はふだんから情報の共有を行っています。上記の約束についても報告と相談がありました。市こども課によると、お母さんは既に夜の仕事をやめているとのことでした。無気力な様子であったので保健師がじっくり話をきき、寄り添っているとのこと。就労を促してみたところ、保育所の利用が可能でメグちゃんを返してもらえれば働く意欲が湧いてくるかもしれないと言っているとのことでした。

　これを受けて、児相では、施設でのメグちゃんの様子をきき、地区担当児童福祉司と児童心理司が施設のメグちゃんに会いに行き、家庭へ返すことが適当かどうかを再検討しました。施設でのメグちゃんは、少し社会性が増し、幼稚園での生活を楽しんでいました。またメグちゃんはお母さんが大好きで、迎えに来てくれるのを待っています。協議の結果、お母さんが昼の仕事に就き、保育所への入所の準備が整ったらという条件で家庭復帰が決まりました。

　保育所については、入所するために児相から後押しをしてもらえないかという相談が、市こども課からありました。児相では保育所の利用が必要な児童と判断し、児童福祉法26条の4[*2]にもとづき市長通知を送りました。

　それからのお母さんの変わり様はみごとで、夜の仕事の雇い主に頼んで、昼の仕事を探してもらいました。仕事はアルバイトではありましたが、休むことなく定着しました。保育所へ通うための手続きも、若いお母さんには慣れないことばかりでストレスが多かったのですが、市の窓口を訪れて書類を提出したついでに自ら近況報告をするなど、安定していきました。

●──家庭復帰と母への助言

　このような経過をたどって、メグちゃんはお母さんのもとへ帰れることになりました。家庭復帰の日、児相へきてくれたお母さんへ、「メグちゃんはいい能力をもっています。それにお母さんのことが大好きです。一人で大変だったと思うけども、よくぞここまで、お母さんを好きで信頼できるような育て方をされたと思っています。お母さんがすごく頑張られたことは、メグ

ちゃんの様子をみればわかりますよ。だから、あんまり凄い叱り方はやめてね。せっかくの良い素質が育ちにくくなったり、叱られるから嘘をつくみたいに、歪んでしまうことがあるんですよ」と伝えました。それから、児童養護施設への援助指針に示したような、声のかけ方やほめ方のコツを伝えました。そして、メグちゃんが施設という集団で生活を楽しめていたことを伝え、保育所での毎日の豊かな体験が、メグちゃんの能力と心をさらに伸ばすので、毎日休まずに連れて行ってあげてほしいと話しました。

●——その後

　市保健師や相談員たちの見守りに、保育所のかかわりも加わって、メグちゃんの生活は安定していきました。児相では、「児童養護施設への措置」を解除して「児童福祉司指導」[*3]に切り替え、児童福祉司が家庭訪問して指導を継続しました。メグちゃんの大好きなタコヤキを持って訪問したこともありました。もう、居留守を使われることはありませんでした。

（伏見真里子）

---

*2　**児童福祉法26条4**：保育の実施等が適当であると認める者は、（児童相談所長は）これをその実施等に係る都道府県又は市町村の長に報告すること。

*3　**児童福祉司指導**：児童福祉施設入所措置（児童福祉法27条1項3）が解除された後は、通常、児童福祉法27条1項2の「児童福祉司指導」へ措置変更をして、継続して様子をみていきます。その他の措置によらない児相の在宅指導としては、児童福祉法12条2に規定する「助言指導」や「継続指導」があります。

検査項目はどういう順番で実施したらいいか

　子どもの様子やそのときの状況に合わせて、検査項目を実施するのがベストですが、一例として、私の個人内順位は以下のとおりです。

第1位：積木の塔

①多くの子が興味を持ちやすく、取り組みやすい。

　積み木を積んで見せれば、たいていの子が同じように積み木を積んでくれます。発語の遅れがあっても、言葉での指示がわからなくても、検査に応じてくれることが多いです。

②発達程度のめぼしがつけやすい。

　発達の程度が未知の場合でも、積み木を扱わせることで、どのあたりまで発達しているかのめぼしがつけやすいです。というのも、この課題が、発達年齢で1歳0カ月超から2歳3カ月までをカバーしていて、何個積めたかで大まかに発達の状況がわかります。大まかな発達状況がわかれば、必要以上に課題をこなさなくてよくなり、子どもへの負担が減ります。

③次の高度な課題への移行が容易。

　〈積み木の塔〉の後、発達年齢2歳3カ月超から4歳までの間に、積み木を使い手本を模倣して作る〈トラックの模倣〉〈家の模倣〉〈門の模倣〉が続いています。遊びながらこれらの課題へつなげることが容易にできてしまいます。その後、〈積木叩き〉への移行も容易です。

第2位：模写

　〈横線模倣〉〈縦線模倣〉〈十字模写〉あたりから始めることが多いです。「お絵かきしようか」「ほーら、こんなふうに描いてごらん」と誘って模倣、模写をさせます。上記の場合よりも少し発達年齢の高いお子さん向けかもしれません。そのまま、「じゃ、今度はこれ」と〈正方形模写〉〈三角形模写〉へ進め、あっという間に2歳0カ月超から5歳6カ月程度の課題までできてしまいます。もちろん、〈横線模倣〉から〈三角形模写〉まですべて実施する必要もないでしょう。

　「あたり」をつけた発達年齢にその課題がなければ、そこから始められないわけですが、いきおい幅広い年齢域に渡って登場する課題が使いやすくなります。「積木」「描画」などです。

（伏見真里子）

子どもを縦断的にみる

　以前、児相のプレイルームを使って幼児対象の母子通所教室を実施していた。発達の特性や遅れのある子が、月に 2 ～ 3 回のペースでやってくる集団療育の場だった。現在、行われている市町村や事業所主催の親子教室の先駆けでもあった。当所の場合、児童心理司スタッフがリードして、感覚運動遊びを中心にした 1 回 2 時間のプログラムをさまざまに工夫し実施していた。臨床に初めて携わる新人スタッフにとっては、先輩と共に学べる実地研修の格好の場面でもあった。

　通所教室では、一人の子どもを比較的長期にわたって定期的にみる縦断的観察ができた。発達相談や発達検査をする者にとっては、より多くの子どもをみる横断的観察とともに重要で必要な経験である。K式を実施し助言をし、通所するようになった親子と直接関わりながら、自らの発達検査の所見や助言について検証・省察する機会にもなった。数カ月後に再検査を行い、発達成長の様子をみて、その要因について保護者と話し合うこともできた。

　発達相談は、比較的経験の浅い若手心理職員も携わることが多い。決して簡単ではない。K式を武器にして子ども・保護者・関係者に挑むことになる。プロとして実施する以上、未熟とか経験不足を言い訳にはできないが、隠しようもない。誠実に向かい合うしかない。援助者の成長のためにはいろいろな年齢や特性をもつ多くのケースと出会いたいものだ。加えて、一人の子どもの経過を追いフォローアップできるような縦断的観察の機会ももちたいものである。

　ここで、縦断的観察の一つの方法として、石川（2012）の短期通所型発達相談の体験を紹介する。

　多動を主訴として来所した 3 歳男児と母に対し、3 カ月間に 6 回の通所を行った。内容は、①主訴および生育歴等の聴取、K式の実施と助言、②自由遊びによる行動観察、③構造化された遊びプログラム実施（2 回）、④母への心理教育、⑤フォローアップである。男児の行動に振り回されていた母の要望もあって実施できたものだが、単回の発達査定と助言に留まらず、検査者が査定を踏まえて、男児との遊び場面を設定して実際に関わ

り、その成果を母に対し見せると共に、心理教育的関与を行なった。

　この発達相談について母は、子どもとの関わり方のヒントを与えてもらっていたので、後に受けた発達障害の診断告知の受け入れがスムーズであったと振り返った。

　発達相談は、単回の助言で終わり、検査者自身がその効果を検証する機会は意外と少ない。子どもを縦断的にみる方法は上記以外にも多くあろう。そんな経験の機会をぜひ確保していただきたい。ちなみに、上記の③構造化された遊びプログラムは、以前当所で実施していた通所教室のものであった。

※石川（2012）は、臨床発達心理士の資格取得のための事例レポートである。

（衣斐哲臣）

第5章

新版K式発達検査の深い学びへ
──ワークショップの真髄

宮井研治／井口絹世／長嶋宏美／菅野道英／衣斐哲臣

第1節　ワークショップ・イン・神戸の歴史と「子どものロールプレイ」の意義

　いよいよ自分（たち）のやってきたことを振り返る機会が与えられるような年齢になったのかという感慨を覚えながら、この章をスタートしたいと思います。私たちは1996年からワークショップ・イン・神戸を開催しています。当時『児相の心理臨床』誌という同人誌の活動の一環として企画された研修会が始まりでした。その目的は同業の若い人たちへ対人援助に関するノウハウを伝承することにありました。当時（現在でも）、研修と名のつくものは多くてもほんとうに参加者の役に立つものは少ないのではないか、それなら自分たちで企画・開催しようという熱い思いが後押ししていたように記憶しています。

どんなふうにワークショップは続いてきたか？

　本書の前作に位置づけられる『発達相談と援助──新版K式発達検査2001を用いた心理臨床』（ミネルヴァ書房）の第6章では、「ワークショップの実際」と題して、ワークショップの内容、すなわち各セッションの説明から、懇親会から二次会に至るまでをプログラムに沿って、どんなふうに実施しているのかを紹介しています。以下に示したワークショップの形式は

1997年ころのものですが、その後マイナーチェンジはしたものの、現在のワークショップの形式とほとんど変わっていません。1996年から18年間にわたり31回（2013年時点）も続けてこられたことを考えると、この形式は過不足ないものだったのでしょう。基本の形式のままで運営が続けてこられたのは、事務局である菅野の力によるところが大きかったと思います。菅野曰く「（ワークショップを開催するうえで）必要なのはおもてなしの心ではないか」。この「ホスピタリティ」がワークショップの基調をなしてきたといえるでしょう。現在はなくなりましたが、「懇親会」や「ケーキタイム」は参加者のコミュニケーションを促し、ワークショップが終わった後も、プライベートでつながる参加者同士が数多くいました。今は主催者側がしかけをしなくとも、つまり放っておいても、つながりは活発なようです。

ワークショップ・イン・神戸の初期のプログラム

第1日目
　オープニング
　蘊蓄（その1）
　セッション①（ロールプレイ）
　昼休み　2時間
　セッション②（スコアの吟味）
　休憩　ケーキタイム
　蘊蓄（その2）
　セッション③（所見の検討）
　放談（その1）
　懇親会
　懇親会PART2（いわゆる2次会）
第2日目
　蘊蓄（その3）
　セッション④（助言の検討とロールプレイ）
　セッション⑤（助言ロール）
　放談（その2）
　エンドセッション

どんな人が参加してきて、何の役に立ってきたのか？

　ワークショップの副題に「若手心理職のため」と銘打っているとおり、臨床経験の浅い心理職にターゲットをしぼってスタートしましたが、それは現在まで変わっていません。ただ、途中から参加資格に「実際にK式を用いて相談援助活動に従事している者」という条件が付加されました。たんに知識を吸収するだけでなく、現在の自分の仕事に役立てたい、職場で実際に困っている、といった現場主義を意識した結果の参加条件設定でした。その後、相談援助活動に従事しているのであれば、現時点ではK式をメインの検査として使っていないが、これから積極的にK式を使っていこうと思っている人たちに向けても、徐々に門戸を広げていきました。

　これまで参加者が集まらずワークショップが中止になったことはありません。自画自賛になりますが、参加者の日々の仕事になにかしら役立ってきたのであろうと自負しています。参加している人からは「毎日の仕事の中では、1つのケースをじっくり検討する経験はなかった」「日頃と違うケース検討ができ見方の幅が広がったように思う」など、日常業務とは違うK式の深め方ができたという声を多数いただきました。また、「グループワークをする中でいろんな人の見方を聴けて目から鱗でした」「グループでああでもない、こうでもないと話し合う中で思わぬ発見がありました」という、グループワークでのケース検討体験に触発されたという意見もあります。なかには「こんなに雰囲気のよい研修会には参加したことがない」「勉強と思えないほど楽しめた」という、ワークショップ自体の持つ雰囲気のよさを挙げてくれる人もいます。総じて、通常の研修との違いに驚かされる参加者が多いようです。

変わってきたこと

　「若手への伝承と、そのために役立つ研修」ということを掲げてスタートしたワークショップでしたが、その中で参加者からよく聞かれるようになった要望に、「スタッフのスキルや見立てをもっと聞きたい」「スタッフの助言

のロールプレイをもっとみたい」という声がありました。もちろん、「蘊蓄」(スタッフが20分間の持ち時間の中でK式を行なううえでのスキルやノウハウをしゃべったり、その時々の思いや持論を語るコーナー)や「放談」(スタッフによるまとめの座談会のようなもの。グループの様子を報告したり、ケースの見立てについてしゃべります。表題のごとくスタッフも好きにしゃべっています)のコーナー、スタッフが各グループを担当するなかで持論や意見を挟むことは、従来から行なわれてきました。しかし、私たちは「このワークショップには講師はおらず、スタッフは水先案内人としてとらえてほしい」と考えてきましたし、研修会の冒頭でも参加者にそう話してきました。もともとしゃべりすぎるスタッフ自らを戒める意図もあったわけですが、この方針は「参加者が自らの頭で考え、グループでぶつけ合い、自分なりのお土産を持って帰ってほしい」という、ワークショップ運営の根幹にかかわるものでした。ひいては自律的な人を育てること、またこういうワークショップというやり方自体を伝えることが「伝承」だとスタッフは考えていました(と、宮井は記憶しています)。

　ただ、回を重ねるたびにスタッフのスキルや見立てを聴きたいという意見が何度も寄せられ、そのうちにスタッフも、「あまり堅苦しく考える必要はないかも」「そういう要望があるなら、もっと積極的にスタッフの意見ややり方を見てもらってもいいのでは」と考え始めるようになりました。これが1つの変化だといえます。具体的には、グループに張り付いていたスタッフがセッションごとにグループを回り、各スタッフの意見をできるだけ参加者全員に聞いてもらう機会を持ったり、スタッフの助言ロールを見てもらうというプログラムを取り入れました。「独りよがり」ではなく「スタッフが楽しいと思えることを参加した人たちに伝えることが一番なのでは」という思いで、取り組んでいたように思います。

私自身が子どもロール体験から得られたこと

　このワークショップでは、発達相談の一連の過程を1日半で考えていきます。検査場面を見ながら各参加者が子どもの反応の特徴や通過、不通過を検

査用紙に書き込み、結果を集計し、その後グループディスカッションを通して、見立て、所見化して、最後は助言のロールプレイまで持っていくというものです。子どもロール体験とは、このワークショップにおいてロールプレイで行なう検査場面での子ども役のことで、31回のうち1、2回をのぞいて、私自身が子ども役——名前は「ケンジくん」——としてずっと続けてきました。

　検査場面をどう設定するのかというのが、ワークショップ・イン・神戸を始めるときの最初の課題でした。実際の子どもを連れてきて検査をするのは現実的ではないということはわかっていました。ではどうするか？　結局ロールプレイでやってみようかということになりました。検査場面のロールプレイはリアルな検査場面が導入できないことの代替えであったわけです。とにかくやってみて不都合があれば変更しよう。そう考えて始まったのです。そして、当時「そだちと臨床」グループの中で最年少だった私が何となく、仮の子どもを演じることになったように記憶しています。検査者は、最初は笹川、そのうち大島になり、私とのコンビが定番になっていきました。

　検査場面の台本は、「そだちと臨床」グループの1人が提供した実際の子どものK式のローデータでした。それをもとに子ども役である私は、役作りをしていきます。最初は、ほんとに緊張しました。なにしろ一からのことで、どうやっていいのかわからず、検査反応を丸暗記するように努力したことを覚えています。ただ、反応を覚えるだけではなく、しぐさ、声の高低、イントネーション、癖など、ヒントになるサインをローデータから読み取りました。ローデータに書かれたあらゆるメモや走り書きから、子ども役を演じるうえで参考になる情報を探すのです。検査反応の丸暗記と特徴的な癖などの記憶を一応終えると、ひと仕事終わったような気になります。でも、ローデータはシナリオではありませんから、情報が足りない場合のほうがはるかに多いといえます。あとは創作です。

　検査者役を務めている大島は、ワークショップの初期には、私と同様にローデータを読みこんでいたように思います。しかし、途中からそれを止めました。理由は、いくらローデータを読み込んでもそのとおりにはならない

からです。読み込んでできるのは半分ぐらいで、後の半分についてはいわゆるライブでやるしかないということがわかってきました。

　読み込み半分、ライブ半分というロールプレイによる検査場面が誕生したのです。ローデータが本物でも、それとは別物の仮の子どもである「ケンジくん」が検査を受けます。そしてこの「ケンジくん」は非常に矛盾をはらんだ存在です。リアルな子どもの検査結果には理解しにくさはあったとしても矛盾はありません。矛盾というのは、想定外の課題に対しての反応であったり、私が失敗してうまく反応を再現できなかったりといった場合のことを指します。つまり「私」自身の反応といえます。当初は、矛盾があることは検査場面の再現には支障が出るのではないか、子どもの反応に矛盾があるというのは「本物」ではないのではないかと考えていました。でも、子どもはもともと仮の子どもであり、虚構なのです。スタッフはその当時、児童相談所で日常的にK式を実施している現役バリバリの心理士時代を過ごしている者が大半でしたので、ケンジくんの矛盾に鋭く切り込んできました。検査者である大島は、納得できない課題について繰り返ししつこく確認しましたし、矛盾を見逃さない検査者の力量や経験はさすがだと感心しました。多分、経験年数の比較的多い参加者の中にも、そうした矛盾点に気づく人もいたでしょう。

　他のスタッフは、「あれができないのに、これができるのはおかしいよね」「あの反応はどうしても納得できないよね」など、辛辣な言葉を検査終了後で疲れきっている私に投げかけてきました（まったく真面目な人たちです）。「そうだよね」なんて相槌をうちながらも、私は「もういいじゃない、もう解放してよ」など心の奥では思っていました。この感情こそ「ケンジくん」と演じる私が一致した瞬間ともいえます。たかだか1時間かそこらの検査時間ではありますが、「もう解放されたい」という感情などは子どもの生の感情でしょうし、それを追体験できるのはロールプレイならではのことと思われます。また、こうした矛盾への見極めが臨床における力量につながるのだろうと、今は自分の失敗を棚に上げて感じるところです。

　「ケンジくん」にとって、「課題」を検査者から提示されるのは次の遊びを

導入されることだったり、まだ手放したくない「課題」を手放さざるを得ないときだったりします。「課題」は、そのときのケンジくんの年齢や能力、検査の進み具合（楽しめているとか、いらいらしてるとか）によっていろんな意味を持つということが体験的に理解できました。就学前の子どもにとってはほぼ遊びだった「課題」も、それ以降の仮の子どもを演じているときは「勉強」といった意味付けが意識の中にのぼってきて、検査場面それ自体に影響を与える感じもありました。

　課題に「回答」することについて考えてみます。ケンジくんは課題をクリアすることによって喜びを得ます。たとえば円板がカチッという音をたててはめ板の中にすべり込むといったことによる喜びがあります。これは道具それ自体の操作から生まれる原初的な喜びとでもいえるでしょうか。その後に来るのが、課題をクリアしたことに対する検査者からの反応（それは検査者の笑顔やほめ言葉など）によって呼び起こされる喜び、さらに次に進める喜びといったものにもつながっていきます。この喜びは、そのときのケンジくんの年齢や能力と結びついているようです。生活年齢が低い（就学前ぐらいの）場合、より原初的な喜びが全面に出てきて、それ以降は検査者からの反応や子ども自身のもつ見通しみたいなものによって、その喜びがより影響を受けるようにケンジくんを演じた私には思えます。これが「回答」にまつわる事柄です。

　以上、ケンジくんという仮の子どもと、演じる私という目線で体験できたことをまとめてみました。では、この特殊なロールプレイ状況は何を映しているのか。ロールプレイから見たK式場面というのは一体何を表わすものなのか。突きつめて哲学的に考える必要はありませんが、一言でいえば「人間関係のありよう」を表わしているのではないでしょうか。あるいは「K式のロールプレイには、検査者と子どもの人間関係が凝縮されて表れる」というと少し具体的でしょうか。筋書き（ローデータ）は一応あるわけですが、ロールプレイの一部あるいはかなりの部分が思わぬ方向に動きます。そして、あるロールプレイでは検査者から終わりを告げられても「まだ、終わり

たくないよ。遊んでいたいよ」と強く思います。また、あるロールプレイでは検査者からの課題に対して、素直に従いたくなかったり、ぷいっと横を向いてしまったりします。こうした「満足感」や「拒否感」はケンジくんの気持ちであり、同時に演じている私の中から沸き起こってきたものでもあります。こうした人間関係の様相が予想もしない形で表れます。実際の子どもの発達状況を評価するための検査の中においても、多くの対人的なやりとりがなされ、たとえ短時間であっても人間関係にある種の色合いが出てきているはずです。それを子どもとの間で共有できることは、変な言い方かもしれませんが、とても「素敵なこと」だと思います。それはもしかすると検査をする人たちの「やりがい」の一部を形作っているのかもしれません。

まいた種、咲いた花

　先ほど「伝承」したいことの1つとして、こうしたワークショップのやり方自体を伝えたいということを述べました。そのためには、まず、K式ワークショップのほうから出かけていきますよと公言していました。「お呼びいただけたらどこにでも一座で巡業いたします」という呼びかけに応えていただき、ワークショップ・イン・神戸に参加した人の地元でワークショップを開催するという機会にも恵まれてきました。2006年のワークショップ・イン・熊本、1998年のワークショップ・イン・福岡（ただし、このときは田中ビネーを使用）、2011年のワークショップ・イン・沖縄などなど。私たちスタッフの中の何人かが（2〜4人）現地に赴き、開催しました。その際、神戸でのワークショップをひな型としています。しかし、検査場面のロールプレイについては、神戸でのロールプレイの様子を記録したものを菅野がまるで市販の商品のようにDVD化（もちろんどこにも売っていませんが）したものがあり、これをロールプレイ代わりに利用して、神戸でのワークショップとは違うバージョンとして行なうこともやってきました。

　また、京都国際社会福祉センターにおいても、2005年から「新版K式発達検査を用いた発達援助セミナー」として、ワークショップ・イン・神戸を下敷きとした2日間のワークショップを開催してきました。現在は年3回

で、ステージ1では「発達相談のプロセスを学ぶ」、ステージ2では「子どもの見立てと保護者への助言を考える」、ステージ3では「発達相談グループスーパーヴィジョン」という内容で、参加者の経験やニーズに合わせて準備されています。このセミナーは、回を重ねるごとに工夫を加え改良されて現在の形になっています。参加者のアンケートに応える形で講師の助言デモンストレーションの機会を多くとる、あるいはステージ3では参加者から事例をいただいてスーパーヴィジョンを行なう（この形は一般の研修会ではよくやられていますが）という従来とは異なる形も採り入れています。

関東に咲いた花

　今ではそうでもなくなりましたが、ワークショップ・イン・神戸が開催されてまもなくは、関西人のコンプレックス（私は九州出身なので二重のコンプレックスかもしれませんが）からか、関東方面の人が参加されていたりすると「どこでこの研修会のこと聞かれました？」とか「東京でもK式はやっているのですか？」などと矢継ぎ早に質問したくなってしまったことを妙に覚えています。それが今や、関東の中心（？）である川崎市において、ワークショップ・イン・川崎が開催され、これから3回目を予定しています。この巡業型K式ワークショップが関東の同一地区で3回も行なわれるというのは、少しオーバーな言い方をすれば隔世の感がしている今日この頃です。

　ここまでが「ワークショップ・イン・神戸」の歴史であり、次節「ワークショップ・イン・川崎」へのプロローグです。

(宮井研治)

第2節　ワークショップ・イン・川崎の開催

新版K式発達検査との出会い

　現在、私（井口）は発達相談業務に従事しており、K式は常日頃実施する検査の1つです。そのK式をテーマとしたワークショップを川崎市で開催しました（以下、WS川崎）。まずはこのWS川崎開催に至る経緯についてお伝えします。それは私がK式と出会った頃にまでさかのぼります。
　「K式は発達検査の中で一番むずかしいかもしれない」
　まだK式を実施したことのない私が、検査の勉強を始める前に先輩から言われた言葉でした。
　K式は、自由度が非常に高い発達検査です。検査課題は、どこから始めてどこで終了していいか決まっておらず、施行順序は検査者に委ねられています。そこが他の発達検査と最大に異なる点だと思います。先輩はこう続けました。「しかし、慣れれば最も使い勝手がよい検査ともいえる」。
　たしかに自由ということは、その都度課題を組み合わせ、うまくいけば子どもにとっては最少の負担で最大の所見が得られるとも考えられます。検査を活かせるかどうかは自分次第。そう思ったのが始まりでした。

●――どのようにしてK式を学ぶのか
　成人対象の心理検査の実施法を学ぶ際には、練習のために知り合いに頼んで被検者になってもらうことがありました。しかしK式は、主に子ども、とくに幼児対象の発達検査であるため、被検査者役になって欲しいと気軽にお願いすることはむずかしいのが現実です。さまざまな先輩方に検査の学び方を尋ねましたが、「とにかく検査場面に同席するか、実践を積むように」とのことでした。
　私は途方にくれました。発達検査に限らず検査のための研修会が開催され

ることは珍しいことではありません。しかし、K式の場合は発祥が関西ということもあってか、関東地方でK式の研修会を見つけることはほとんどできませんでした。しかも、タイミングを逃すと関西でもすぐに研修を受けることがむずかしいことすらあります。検査を学ぶ方法はいくつかあると思いますが、私の場合は関西の研修会に申し込む一方、現場ではひたすら先輩方の検査に同席を繰り返しました。

●──K式を学ぶ過程で気づいたこと

　同席を重ねていくと、臨床家によって検査場面の様子がかなり異なることに気づきました。同じ検査かと疑うほど、検査者と子どもの組み合わせによって、繰り広げられる世界が違います。そこにとても興味をもち、K式に惹かれていきました。また、検査者はそれぞれ独自の工夫や多くの解釈をもっていることにも気づきました。しかし、検査は検査者と子どもだけで個別に行なわれることが多く、臨床家同士が工夫を共有する機会はあまりないと感じるようになりました。同時に、臨床家は自身の経験の中から、各々で検査の工夫を重ねていくことを求められているのが現状のように感じました。

●──関東でK式を学ぶ機会の少なさ

　このような現状に物足りなくなり、しばらくして私はK式を利用したことのある臨床家の方々に、検査の使用法や解釈についてインタビュー調査を行なうことにしました。その際、「他の人はどんな工夫や解釈をしているのか知りたい」と言われることがしばしばありました。また「関東でも研修があればよいのに」という声もよく聞かれました。なかには、「参加したくても研修の数が多くなく、関西まで行く時間が取れないため、気軽に参加できない」という方もいるようでした。このように調査を重ねていくにつれ、関東でもK式の学びの場を求めている人々の存在を感じ始めたのです。

●──関東でのWS企画

　2011年6月、「そだちと臨床」研究会主催の第29回ワークショップ・イ

ン・神戸（以下、WS神戸）に参加した帰りのこと、一緒に参加した同じ発達相談に従事する長嶋宏美氏と「関東でも研修ができないか」と話し合いました。関東でもK式を学ぶ場所が欲しいという気持ちと、それをきっかけに、学ぶ仲間とのネットワークができればうれしいと思ったのです。そして、臨床家各々がもっている知恵や工夫を共有しあえれば、現場で活かせるのではないかと思いました。

長嶋氏からは、「K式は発達段階だけでなく、子どもの情緒面、さらにはこれまでの母子関係にまで理解を深めていくことができる検査で、短い時間でさまざまなことがわかる」「K式の研修を実施することで、多くの心理士と出会い、さまざまな視点を吸収し、自分自身の臨床の癖を振り返りたい」という話が出ました。このような2人の気持ちがワークショップを開催する原動力となりました。

そこで、WS神戸でお世話になった川畑氏に研修依頼をしたところ、快諾の返事を得ることができました。ただ、気持ちはあったものの、私はこういった研修の主催はおろか、スタッフすらしたことがありませんでした。研修企画にあたり、まずは研究会を発足させました（なお、この研究会は臨床について研鑽を積みたい心理士らが自主的に集って立ち上げたものです）。そして、研修企画経験のある先輩からの助言と、この研修に賛同し一緒に準備を行なったスタッフの尽力もあり、第1回WS川崎は開催の運びとなりました。

WS川崎の開催

●──第1回WSの概要およびプログラム

第1回目は、「そだちと臨床」研究会のメンバーである川畑氏、衣斐氏、宮井氏が講師となり、川崎において日曜と祝日を利用した1日半の日程で開催されました。WS川崎はWS神戸をベースにしています。WSの基調は、「話し合いやロールプレイなどの『共同学習』」「K式を有用な道具にしながら臨床の場全体を適切に構成すること」と設定しました。また、WS神戸同様に「実施法の講習会ではない」ことをコンセプトにしており、参加者は基本的な実施法、スコアリング、指数率の算出方法は習得しているものとして

開催しました。参加者は31名でした。

　参加者を1班5～6名のグループに分け、メンバー同士のグループ討議を中心に研修が進むようにしました。そして、参加者は、子ども役と検査者役がライブで行なう検査場面のロールプレイを観察しながら各々でスコアリングを行ないます。その後、検査情報から何を読み取れるかを検討、それに基づいた所見を作成し、どのような助言を行なうのかについてグループディスカッションを積み重ねます。最後に、各グループ内で保護者役と検査者役を設定し、助言ロールプレイを体験していきます（プログラムは208頁）。

●——話し合いやロールプレイなどの「共同学習」

　ＷＳ神戸同様、ＷＳ川崎は、講義を聴いて検査の施行方法や解釈について受身的に学ぶ場ではないところに特徴があります。まず、参加者は目の前で行なわれる検査のロールプレイを見ながらスコアリングをすることで、実際の検査場面の疑似体験をしていきます。さらにそのときの行動観察の様子や、反応の特徴からわかることを他の心理士と共有する過程を重視しています。それは、自分以外の心理士の見解を聴きながらさまざまな気づきを得たり、自分の考えを伝えたりすることによって、子どもの見立てを深めることをねらいにしているためです。検査結果の解釈に正解や正答があるわけではありません。そこにいる心理士同士が、お互いの意見を共有しながら考えていくプロセスを大切にしています。

　共同学習の過程としては、主に3つの柱があります。1つめは「他の心理士の検査場面を共有する」、2つめは「他の心理士と見立てを共有する」、3つ目は「助言のロールプレイ場面を共有する」です。以下、それぞれの共同学習の過程について述べます。

(1)他の心理士の検査場面を共有すること

　ＷＳでは、まず検査場面のロールプレイを見ながら、各自でスコアリングや行動観察を行ないます。

　検査場面のロールプレイを見ることは、他の心理士が子どもを前にしたと

❖2日間のプログラム内容❖

【1日目】
9:00~　受付
9:30~　[オリエンテーション]
　　　　主催者と講師陣からの挨拶。全体で参加者それぞれの自己紹介。
10:00~　[セッション1:講師による見立てデモンストレーション]
　　　　「そだちと臨床」研究会が作製したDVD（5歳3カ月男児に施行したK式データをもとにロールプレイで行なった検査場面）を全員で見ながら、そこから読み取れる見立てや注目点について講師3人がフリートークを行ない、参加者はそれを聞く。
11:20~　[検査場面：ロールプレイ]
　　　　子ども役を宮井氏、検査者役をスタッフの井口が担い、検査場面のロールプレイを実施。今回対象となったケースは4歳8カ月男児（通称、ケンちゃん）で、あらかじめケンちゃんの検査態度やK式の反応結果がシナリオとしてあり、それを宮井氏が事前に読み込みケンちゃんになりきる。当日の検査者である井口はシナリオの内容は知らないまま検査場面に臨み、ぶっつけでロールプレイを進める。参加者はそのロールプレイ場面を見てスコアリングを行なう。ロールプレイの様子はビデオ撮影し、その後、詳しく見たい場面について再生し確認。
12:20~　（昼食休憩）
13:20~　[結果の整理と子どもの見立てに関するグループ討議]
　　　　グループごとに、検査結果を整理し見立ておよび所見について意見交換。
15:30~　（休憩）
15:40~　[全体での子ども像ディスカッション]
　　　　各グループから討議内容を報告。その後、全体議論と検査者役へ検査内容について感想を伝える。
17:00　1日目終了
18:00　懇親会

【2日目】
9:00~　[2日目のオリエンテーション]
　　　　助言やロールプレイについて、講師陣のフリートーク。
9:10~　[子ども像のふりかえりと助言方針についてのグループ討議]
　　　　グループごとに、所見について意見交換。
9:40~　「助言のロールプレイ」
　　　　グループごとに、参加者全員が保護者役と助言者役のロールプレイを体験。
11:00~　「講師による助言ロールプレイ」
　　　　講師や希望した参加者による助言のロールプレイ。
11:20~　（休憩）
11:30~　[グループでのシェアリングと全体討議、質疑応答]
　　　　各グループで2日間のまとめ。
12:30　2日目終了

き、どのように検査道具を介したやりとりを進めていくのかを知ることができるという利点があります。

　たとえば、このように課題を提示するとこんなに子どもの関心を惹きつけられる、こんな流れで検査を展開させていったら子どもを楽しませることができる、そしてこんな声かけで子どもに自信をもたせることができる、このような気づきや学びはとても新鮮でした。

　また、他者が行なう検査場面を客観的に見る、さらには撮影したビデオを再生して見直すことによって、子どもが何に反応したのか、どんなやりとりが行なわれていたのかなど細部をチェックする視点が生まれます。そして、この視点は、私（長嶋）自身のその後の臨床に役立っていることを実感しています。

(2) 見立てを共有すること

　次に、グループに分かれてのディスカッションを行ないます。まずは検査課題の通過、不通過のチェックを互いに確認し合うことから始まります。なおこの段階の作業は、臨床場面では重要視される生育歴や家族歴、集団での状況などの事前情報がない中で行なうことも特徴です。このような方法をあえてとることで、純粋な検査場面と検査結果のみを用いて、子どもの理解を進めていくことをねらいにしています。

　私が参加したグループでは、最初はお互い緊張した様子がありましたが、自然と声をかけ合いながらスコアリングを確認していく過程で、少しずつグループメンバーの交流が始まっていきました。

　スコアリングが共有された後は、そのプロフィールからわかることだけでなく、そこで起きた反応について共有していきます。そこから何を感じ、どう見立てるのか、どのあたりから子どもと検査者との関係性が変化したように感じたかなどの検討を進めます。

　1つの反応や行動の様子について、さまざまな見方を受け入れつつ、自分の意見を伝えるというプロセスの中で子ども像をまとめることが大切だと感じました。なぜなら、日々の臨床場面では、見立てについてその都度さまざまな意見を聴きながら検討できるわけではないので、少なからず自分の癖

が出てくるように思うからです。しかし、ＷＳでさまざまな人と見方を共有し話し合う中で、自分の思考パターンや癖を振り返ることができました。また漠然としたイメージであった自分の考えを意識的に言葉にすることで、見立ての根拠がより整理され、概念化される印象をもちました。さらに、そのような過程を通した子どもの臨床像は、子どもの実像により近いように感じられました。

(3) 助言のロールプレイを共有すること

　グループ全体でまとめた子ども像をフロアー全体で共有した後、各人は再度自分自身の見立てを整理し所見を作成していきます。その後、簡単な家族歴や集団での状況などの情報が与えられます。その背景情報をふまえて、この検査結果をどう保護者に伝え、実際の支援につなげていくのかを考えます。その後、参加者はグループ内で検査者役と保護者役に分かれ、検査結果のフィードバックおよび助言をするロールプレイを交代で行ないます。

　私は普段、保護者の方に検査結果の用紙を見てもらい、検査自体の説明から始めています。しかしこのロールプレイの中では、検査者役の際に今まで使用したことのない言葉で説明をするなど、試してみたい方法で助言を展開させました。具体的には検査用紙を見せずにお母さんと対話しながらお子さんの特徴を伝えていくという助言の仕方を体験しました。その中で、検査結果を伝えることが目的なのではなく、検査の結果を介在させながら相談面接を行なうことの大切さを実感しました。

　観察者は、検査者がどのような展開で保護者に助言をするのか、検査結果をどのような言葉で説明するのかなどを聞きながら、ロールプレイが終わった後で、検査者役のよかった点を伝えていきます。保護者役も、その助言を聴いてどのように感じたのかを伝え返します。検査者役は、観察者と保護者役からのコメントを受け、自分自身では気づかなかったよい点を認識することができます。

　保護者役になった際は、さまざまな疑似体験をすることができました。たとえば、保護者が検査の結果を聴く前に抱くであろう不安な気持ち、検査結果を素直には受け入れられない気持ち、また聴いてみたいことを表現できな

いもどかしい気持ちなどです。このように保護者の立場になってみることで、そのときに起こるさまざまな気持ちを感じることができるのも、日々の臨床に活かせるよい点だと感じています。

(4)共同学習を通して得られたこと

以上のように、WSを通して子どもの発達にかかわるさまざまな心理士の方々と出会うことができました。

関東での研修会開催をスタッフとして応援してくれる仲間、企画に対してさまざまなアドバイスをくださった先輩方、来年も開催して欲しいと言ってくれた参加者の方々。このような心理士の方々と、共同学習であったからこそのつながりを得ることができました。

グループメンバー間でも、WS終了後に互いに名刺や情報の交換をする場面が見られました。主催者側のつながりだけでなく、各参加者も臨床家同士のつながりを得られた機会となったことをうれしく思っています。

今後も、このWSがK式を学ぶ場だけでなく、子どもにかかわる臨床家同士のつながりの場となることも大切にしていきたいと思っています。

●──K式を有用な道具にしながら臨床の場を適切に構成する

次に、2つ目の基調である「K式を有用な道具にしながら臨床の場を適切に構成すること」について、ロールプレイで検査者役を行なった経験から感じたことを述べたいと思います。

(1)検査場面を直に感じること

前述したとおり、本WSの基本的な流れはWS神戸の流れと同じですが、違いが1つあります。それは、検査ロールプレイの際、検査者役をWSスタッフが行なったことでした。そうした理由は大きく分けて2つあります。

1つ目は、検査のロールプレイの実演の場を設けたかったためです。WS神戸では講師による生のロールプレイが見られますが、その他の研修の場合、多くはDVDなどの映像を見てスコアリングします。もちろん、映像からも読み取れることは多いのですが、やはり生のロールプレイは圧巻です。

第5章　新版K式発達検査の深い学びへ

生で見る際は、自分が選んだ場所から注目したい点を観察することができます。何より検査場面で子どもや検査者が醸し出す雰囲気、検査者と子どもの間に流れる空気感など、その場の臨場感を直に感じ取ることができます。実際の場面で検査を行なっていると、課題は通過しているのに、やりとりが何となくしっくりこないような、違和感が残る思いをすることがあります。反対に、課題が不通過でも、だんだんと子どもとの距離感が縮まっている気がすることもあります。これはおそらく、K式を媒介として検査者と子どもの情緒交流が進んだかどうかに伴う感覚かと考えられます。私は、これを「検査をとった者にしかわからないもの」だと思っており、見立てを行なううえでとても重要になると考えています。実際の検査はもちろん、生のロールプレイは、この交流がよりクリアに感じられるように思い、今回のWSで是非実施したいと思いました。

(2)自分の検査のやりかたを客観的に知ること

2つ目の理由は、「実際に検査を受けた子どもが、どう感じたのかを少しでもいいから知りたい」と常々思っていたためです。私は、子どもには検査課題をできるだけ遊び感覚で楽しんでもらいたい、と思っています。しかし、まだ幼い被検者に感想を言語化してもらうには限界があり、「ここをこうして欲しい」などと指摘してもらうのは、さらに困難になります。

そこで、検査者役を行なうことで、子ども役の宮井氏がどのように感じたかを知り、実際の検査に役立てたいと考えました。

● ──ロールプレイを終えて

(1)多くの方からの視点

子ども役の宮井氏からは「演じていて楽しめた」という感想があり、検査者役を行なった私（井口）としては、ひとまずほっとしました。さらに、参加者の方から検査についての意見を頂くことができました。今まで、こんなにたくさんの方に自分の検査を見てもらったことはなかったので、とても緊張しましたが、自分では気づかなかった視点について掘り下げることができました。

⑵ 俯瞰的な視点

　自分の検査場面を映像で見られたことも、とてもよい経験になりました。普段、検査場面を撮影するという機会はまずありません。しかし、このロールプレイにより、自分の表情や声のトーン、検査の雰囲気などを客観的に確認することができました。

　また、検査者である自分を含んだ検査場面を俯瞰して見る、ということも貴重な体験でした。自分を含めた検査の様子を見ることにより、検査者も検査場面の一部であり、子どもの反応は、ほんのわずかなものを含めた検査者の動きおよび検査状況が引き起こしたものであるということがよく確認できました。

⑶ 「K式を有用な道具にしながら臨床の場を適切に構成する」とは

　今回、検査者役の体験をとおして、自分の無意識的なものを含めたすべての行動が、子どもにどのような影響を与えているかを改めてよく考えるようになりました。検査場面でしばしば感じる「この子は何でこういう反応をしたのかな？」という疑問の答えは、案外自分の行動を思い返すとヒントがあるのかもしれません。子どもは検査用具に反応しているのではなく、検査を媒介とした検査者とのやりとりに反応しています。冒頭でも述べたように、K式は、慣れれば使い勝手のよい検査です。しかし、ただその使用方法を覚え、子どもの反応から見立てるだけではなく、検査場面全体を俯瞰しつつ、やりとりの中で何が生じているのかを感じることがとても大切なことだと思います。また、自由度が高いからといって工夫を利かせすぎてしまうと、本来の純粋な検査結果をゆがめる危険性が潜んでおり、その点についても注意が必要です。

　私は今回の経験をとおして「K式を有用な道具にする」とは、自身の検査の使用法について自覚し、検査者も検査の一部であることに充分注意を払いながら、臨床の場で活かしていくことではないかと感じました。

WS川崎、その後

　今回ご紹介したWSのように、自分たちが思い描いていたものが現実に

なっていく過程と、実際に形になったことは主催者としてとてもよい体験になりました。すべてが手作りでしたが、WSを終えてまず思ったこと、それは「楽しかった！」ということでした。きっと、この「楽しかった！」という気持ちは、「企画することを楽しむ」「仲間と学ぶことを楽しむ」「WS自体を楽しむ」ということからきているのだと思います。

実は、第1回WS川崎を開催した約1年後、第2回目を行ないました。第1回目のWS川崎を開催して、子どもの発達の視点だけではなく、家族背景を含め家族全体をどのように支援していけばよいのか、そのような家族療法的な視点をふまえた事例検討をしたいという意見がスタッフの中から出されました。そこで、第2回のWSでは、K式を介在させてどのように家族を支援していくのかということに焦点をあてた事例検討を行ないました。

事例検討では、検査結果の反応から読み取れることに加えて、検査場面を見ている母親の反応や検査場面を離れた自由な場での母子のかかわり、さらには父親のかかわり方など、家族関係のあり方に視点を広げて議論されました。

そして、新たに第3回目を企画中です。仲間と語り合った「学びたい」という原動力、「楽しかった」という気持ち、そして支えてくださる方々の協力のもとに、新たな視点を取り入れながら、今後も研鑽を積んでいきたいと思います。

（井口絹世、長嶋宏美）

＊本節の「新版K式発達検査との出会い」、「WS川崎の開催」の〈K式を有用な道具にしながら臨床の場を適切に構成する〉〈ロールプレイを終えて〉、「WS川崎のその後」は井口が、「WS川崎の開催」の〈第1回WSの概要およびプログラム〉〈話し合いやロールプレイなどの『共同学習』〉は長嶋が担当しました。

第3節　ロールプレイによる助言のトレーニング

　私たちが1995年から続けているＫ式についてのＷＳ神戸では、スタッフが子どもの検査データや臨床観察結果を用いて、子ども役を演じ、簡単な主訴程度の事前情報で検査担当のスタッフがライブで発達検査を進めていきます。参加者は、その場面を観察し、子どもの反応や検査者の対応を記録していきます。当初は、検査場面の再現のために綿密な打ち合わせをしていたのですが、完全に再現することは不可能で、どうしても整合性のとれない反応も出てきます。シナリオどおりでは、検査者の自由度が奪われ、子どもの反応に疑問を持って臨機応変に施行項目を変えて対応していくＫ式のよさが活かせないということになり、現在の形になっています。

　大人が被験者である子どもをロールで演じることに疑問を向けられることもあります。たとえば、「ロールプレイによる検査では、正確な施行や診断ができないのでは？」というのは素朴な疑問です。子どもの発達検査を多数施行し発達に関しての知識が豊富なスタッフが子どもを演じたとしても、現実の事例からは、離れていきます。再現性という意味では劣るのですが、ワークショップ・イン・神戸では正確な施行法を学ぶのではなく、Ｋ式を介在させた相談支援の質の向上が目的であり、予定調和的でない想定外の反応があることによってさまざまな仮説を考えることが可能になると考えています。

　ロールプレイでの検査項目への応答にそれなりの整合性を持たせることは可能なのですが、どう考えてみても説明のつかない反応も見られます。「あの発達レベルなら…あの離席の仕方だったら自分からは戻ってこないよね」「自分で投げて、拾いに行って、それを検査者に渡すって少し不自然だな」…、こういった議論をすることが、子どもの発達を見ていく力を養う機会にもなります。また、子ども役の反応のしかたにおいては、元データで実施していなかった低年齢の検査項目を施行することもあります。検査者がなぜそ

のようにしたのかを考えることも、臨床力を養っていくうえでは大切な機会になります。

毎回、異なる事例を扱い、刺激されることの多さから、参加者だけでなくスタッフにとっても、ワークショップ・イン・神戸は色あせず、魅力的な取り組みです。

助言のバリエーション

ワークショップでは、2日目の半日を助言のロールプレイに費やしています。参加者全員が保護者役と検査者役の両方を体験するスタイルにしています。微妙に違うシチュエーションで助言を行なってみて、保護者役や他のメンバーからのフィードバックを受け助言のスタイルを洗練させること、加えて他者の面接のスタイルを参考にすること、さらに実際の事例では行なったことのないスタイルでの面接を試してみるなど、ロールプレイだからこそできる体験を保障しています。参加者が自らの助言スタイルのバリエーションの幅を広げ、臨床力が向上することをねらっています。

ここでは、スタッフによる助言の導入部分のロールプレイを誌上再現し、助言のバリエーションについて考えます。

子どもは、A君（3歳1カ月）。週1回の言葉の訓練をしていましたが、毎日通園の療育に通うことをすすめられ、母子で来談。母と分離して発達検査を実施し、その後の助言の場面です。例3までありますが、それぞれ検査者役も母親役も異なるスタッフがロールをとっています（検査者：T、母親：M）。

助言のバリエーション：例1

T1　こんにちは。T1と言います。A君の発達検査をさせてもらいました。こういうのは、はじめてでしたか？

M1　健診のときにみてもらったことはあります。

T1　では、私のほうで気づいたことをお話しさせてもらいますね。A君は今、3歳1カ月ですね。おおよそですが、それぞれの年齢の子の成

長の基準というのがあります。発達検査では、その基準と比較して、A君がどんなことができて、どんなことができにくいのかを見ます。A君の場合は、本当にそれがまだできないのか、たまたまこういう場だからできないのか、そのへんが私もよくわからなかったところがあったので、お母さんから聞かせてほしいと思います。

　まず…、A君は、今「自分で」という言葉を使いますか？

M１　はい、そうなのです。最近、そればかり言って、それが嫌なのです。

T１　なるほど…、嫌というのは？

M１　着替えのときも、病院での言葉のリハビリのときも、シートベルトも、「自分で」と言って進まなくって…。

T１　ほぉ、それは最近のことですか？

M１　２、３カ月くらい前から、ひどくなっているような…。

T１　２歳の終わり頃ですね？　ひどくなってきている…んですね。今日の検査のある場面で、A君が「自分で」と言ったのを聞いて、むしろ私は「おぉ！」と思いました。それまでは「いや〜」とか、「ダメ」という言葉が多かったから。…それは？

M１　それもあります。けど、だいぶよくなりました。言葉のリハビリでも、「いや」と言ってばかりで困っていたのです。「お勉強だから」と頑張らせたら、Aも「オベンキョウ」と言って、リハビリに取り組むようになりました。

T１　なるほど、頑張ったのですね。自分流のやり方だけでなく、合わせるやり方ができるようになった。それで、「いや」が少なくなって、今度は「自分で」が出てきていて困っている。私から見ると「自分で」という時期が、もしこれまでなかったのであれば、それはいい兆候だと思います。自我の芽生えっていうやつです。

M１　今まではなかったです。それまではいい子だったのですが…。

T１　おかあさんのいわれるいい子というのは、言うことを聞いてくれるってこと？

第５章　新版K式発達検査の深い学びへ

M1　はい。

T1　なるほど。先ほどの検査のなかに、3つのコップっていうのがあります。並べた3つのコップのうちの1つに小さなワンちゃんの模型を隠す、これを私がやって見せたら、Ａ君が「自分で」と言って乗り出してきました。

M1　大人のまねばかりしたがる、できないくせに（笑）。

T1　お母さんには、もどかしく感じますよね（笑）。Ａ君自身はどう思っているのでしょうね。「自分で」と言いながらうまくできない。それでもルンルン気分なのか、うまくいかない感じがあるのか……。

M1　できないときは「お母さん、来てー」って、呼ぶから、どうかなあ。

T1　そうすると、Ａ君もルンルンではないのかも？　つまり、「自分で、自分で」と言うけれど、その割にはできていない。「自分で」が空回りしている。「お母さん、来てー」は、うまくいかないときのSOSかもしれませんね。Ａ君が本当に「自分でできた！」という体験を、お母さんも「ほんとね、いいね、よかったね、すごいね」など、一緒に味わえるといいですね。そのためには、少々できなくても「自分で」というＡ君の気持ちを大事にしてあげたほうがいい。できないくせに…それでもやろうとしていることを見守り尊重してあげるのがいいですね。

　ところでお母さん、この4月から子ども療育センターに行くことを決心されたんですね。

M1　はい。健診で言われて、病院に行って相談したら、病院のリハビリより毎日の療育のほうが効果があると言われたので…。

T1　よく決断されましたね。

M1　えっ決断って、そんなに大変なことだったのでしょうか？言われたとおりにしたのですが…。

T1　いえ、お母さんがＡ君のために「よし！」と決めて行かれるのはいいことだと思います。Ａ君が「やった！」とか「できた！」と感じられる体験を増やし、それをお母さんはもちろん第三者の人とも共有でき

ればと思いましたので、よい決断をされたと思いました。A君の成長ぶりをまたお会いしてみせてくださいね。

▶▶▶感想

M1　心温まる気持ちになってすっきりした。言われるとわからないが、しゃべらせてもらって聞いてもらえて気持ちがよかった。「自分で」とか「いや」「ダメ」という言葉が多いことについて、そういう時期なんだよとか肯定的にいいことだと言ってもらえてよかった。

T1　このロールプレイでは新たな情報収集はしないで母にできるだけしゃべらせないで、助言をしようと思った。しかし、それでも話せたとか、聞いてもらえたと母が感じてくれたのであれば、共鳴したやりとりになっていたのだと思う。そして、助言の1つのキーポイントは、「自分で」という発言に伴う発達的意味合いを母と共有することに置いていたので、お母さんにぴたっと入ったようでよかった。

●●●解説

発達検査の結果の助言では、検査から見えたものを正確に保護者にわかるように伝えなければならないと考えるのが普通です。しかし、すべてのことを伝え、すべてを腑に落としてもらえるわけでもありません。いかに助言に興味を持って耳を傾け、納得してもらえるのかを探りながらの面接となっています。

助言のバリエーション：例2

T2　今回、相談に来られたのは、療育センターに通われるので、現在のA君の発達状況を確認するということでしたね。先ほど、A君に発達検査をしました。その結果について、お話しさせてもらいます。発達検査っていうのは、どのくらいの発達状況にあるかを調べるための検査です。例えば1歳を過ぎると「まんま」「ぶーぶー」と一語文を話し、2歳頃には目や口を正しく指し示すことができるようになります。それらが年齢に応じてできるようになっているかをみるものです。今日の検査

結果を療育センターに伝えて、指導に活かしてもらいます。それと家庭でＡ君に、どうかかわってもらったらよいかということもお伝えしたいです。

Ｍ２　療育センターに行くための手続きで、発達検査が必要だと言われたから今日来ました。家でどうかかわるか助言されるなんて、聞いていませんでした。それって、まるで私の育て方が間違っているという意味みたいですね。

Ｔ２　療育センターに通っても、専門的な療育は日に２、３時間しか受けられないでしょ。でも、お家では、お母さんがＡ君とふれ合う時間はもっと多いから・・・。

Ｍ２　私がふれ合う時間が多いのは、言葉の相談室に通っているときから、同じです。言葉の教室の先生が、子ども療育センターのほうが、行く回数が多いのでそちらに行ったらどうか、それには、療育のための資料として必要だから、発達検査をしてもらう必要があると言われたから来たのです。

Ｔ２　そうでしたね。第一の目的は、療育のため、それだけではもったいないと思って、お母さんがＡ君とかかわるヒントにと思ったのですが、唐突な話でした。最初、Ａ君にね、「こんにちは」と言っても、黙ってしまいました。

Ｍ２　しょっちゅうですわ、あたりまえのことをしない、３歳ってちゃんとするでしょ。

Ｔ２　話しかけても知らんふりで、困ってしまいました。初対面のおじさんやし、検査課題を示しても何もしてくれないのかと思いました。知らんふりだったんですが、もう一回、同じ課題を求めたら、やってくれるのです。Ａ君は最初は「いらん」、でも、ちょっとしつこくお願いしたり、頼んだら、やってくれました。

Ｍ２　私は家のなかの子育ての相談をしてもらいに来たわけではありません。でも、話しかけて知らんぷりされることは、実は私が困っていたことなのです。いい機会ですから、ちょっと教えてもらえますか？

2歳の頃はやってくれました。でも、ここ2、3カ月かな、話しかけたら、やらされると思うのか「自分で、自分で」と言い出したんです。私気がつきました。「自分で」というのは自分のペースでやりたかったんですね。私がしつこくすると、祖父母のところに逃げ込むのです。

T2　同居ですか？

M2　近くに住んでいるのです。

T2　A君はできないから、いらいらしている。興味があることはできること、でも親や大人たちが「やって」と言うときは、できないことをやらせようとしている。そんな状況が続いているので、最初は知らんふりするのかもしれませんね。

▶▶▶感想

M2　母は、療育に通う手続きのために来たのであって、家のことを相談するつもりで来たわけではなかった。心の準備ができていないときに、突然、家の話をされて、混乱した。でも、検査者と話をしている内容自体は、実は母が困っていたことだった。やりとりしている間に、母はいろいろなことに気がついて、話しながら整理していた。気がつけば、語り出してしまっていた。

T2　助言の際に、主訴を再度、確認するようにしています。ほとんどの場合、受理面接を担当したワーカーや保健師さんから伝えられたことと同じですが、今日のお母さんは違った。いきなり「家でやらんとあかんのですかね」と言われ、どうしようかと思ったが……。でも、お母さんの話を聞いていくと、予想以上に話された。A君の日頃の様子やかかわりを話されるなかで、「私、気がつきました」と言われたように、お母さんは自分自身で、A君の共感のなさや、自分中心になりがちなことを気づかれました。助言するというよりも、話してもらうこと、それを聞くことが助言になったのですね。

第5章　新版K式発達検査の深い学びへ

●●●解説

意外なリアクションから始まりましたが、カウンターパンチの受け流し方が、巧みだと思いました。母にうまくシンクロナイズしたので、母はよく話すようになっています。軌道修正をして、母の養育に役立つ助言をという検査者の意図に乗せていっています。

助言のバリエーション：例3

M3　（Aの）検査はどうでしたか？

T3　ええ、それもお伝えするんですが、お母さんは待っておられて、いかがでした？

M3　ウーン。言葉の訓練に通って1年たつけど、出てこないんです、言葉が。

T3　どのくらいの頻度で通っておられたのですか？

M3　週1回です。

T3　これからは別のところに通われるのですね。そこは？

M3　これからは毎日です。

T3　大変ですね。

M3　それは大変ですが、本人がもっと伸びてもらわないと…。将来のことも心配で。

T3　今、お母さんが一番心配しているのはA君の言葉ですね。

M3　そうです。もう3歳ですよ。それなのに言葉が出ない…。

T3　二番目の心配は？

M3　えっ？！　二番目は…言葉の教室に通っているのに言葉が出ない…。

T3　一番目も二番目も言葉ですね。言葉以外は何か？

M3　…自分の関心、興味のあるものがあまりないっていうか…。今は「イヤ」「ダメ」ばっかりなのですよ。

T3　A君とは40分くらい検査して、いろんなところを見せてもらったのですが、まだ私の頭のなかはグチャグチャで整理されていないので、

後から検査の結果は話しますけど、先にいろいろとお母さんから聴いていいですか？　もう聴いていますがね。

M3　ええ。

T3　これまでの経過は一応保健師さんから聞いたのですが、1歳半健診で遅れを指摘されたのでした？

M3　同じくらいの子どもさんに比べるとちょっと遅いと言われたのです。何が遅いのですか？と尋ねたら「言葉が」って。Aは一人っ子なので、私、比べられないからわからなかったのです。

T3　意外だった？

M3　意外でした。うちは主人がうるさいのです。健診で言われたことは私が説明しないといけないのですが、説明している私も、されている主人もわかりにくくて…。

T3　うるさいっていうと？

M3　…こんな話をこんなところでしていいのか…。

T3　お母さんと2人だけだし、ここでの話はここだけのことですけどね。

M3　Aが男の子で後継ぎが生まれたって喜ばれたのです。そのプレッシャーがずっとあって…。

T3　お母さんはプレッシャー、ご主人は？

M3　主人もそうだと思うのです。何をやっているのだ、いつ人様と同じになるのだって。1年間、訓練に通ってもあまり変わらないから、焦りだけじゃなく、あきらめも…。

T3　お母さんの子育ての仕方に注文がついたりは？

M3　主人からはありませんけど、おじいちゃんからは言われますね。ちゃんと私が説明できてないこともあって…。

T3　健診で遅れを指摘されて、すぐに言葉の教室に通い始めたのですね。

M3　はい、Aにしてやれることがあれば何でも…と思いました。

T3　言葉の教室ではどんなふうに言われました？

第5章　新版K式発達検査の深い学びへ

M3　A君にもっとかかわってあげて、好きな遊びをしてあげてとか。でも、遊んであげてもAは笑わないのですよ。

T3　検査でもそうでした。それでお母さんは大丈夫?

M3　イライラはしますが、あたらないようにしています。言葉の教室では他のお母さんたちと話せるから、いいこともあるので…。

▶▶▶感想

M3　「言葉を伸ばすための助言を受けたり、言葉の教室に通ったりしたけど、ぜんぜん言葉が伸びない!」と文句を言いたかったが、「2番目の心配は?」と問われて、「えっ?」と思った。自分の思いを整理してくれるような感じがあって、ここでは整理してもらえるかなと、あまりこれまで口に出さなかったことも話してみた。

T3　「これまでの経過について、どう言われて、どう思って、どうしてきたのかを整理して、次に繋げるための検査結果の伝えかたをどのように行なうか」を探るつもりがあった。

●●●解説

　検査者の意図した経過の整理とこれから通う療育への動機づけを高めるために母の心情を引き出すよう話が展開されています。母親が自分で考え整理ができるよう、半疑問形の質問を繰り返す方法はとても巧みなものです。

ロールプレイを有効に

　同一事例が素材となっていますが、それぞれ個性的な助言場面となっています。このように臨床場面に1つとして同じものはありません。アセスメントのアンテナの感度を上げて相手の心の動きや理解度、思考の動きなどを察知しながら、保護者や子どもが支援を適切に受け、意欲を持って生活できることを目指して工夫を行なっていくことが望まれます。経験を積み重ねることで対応力は向上するものなので、ロールプレイを使ったトレーニングは有効なものとなります。

　ただし、ロールプレイを使ったトレーニングには悪影響となる落とし穴が

あります。ロールプレイでは、プレイヤーの素の部分が出やすく、心理的に傷つく体験をしている人が少なくありません。そのため、ファシリテーターは、参加者の心の動きに敏感になるとともに、効果的なトレーニングとなるよう場をコントロールすることが求められます。最後に私たちがロールプレイをしてもらうときの留意点をあげておきます。

① ケースを正確に再現をすることにこだわると、母親役のプレイヤーの自由が奪われ、自らの感情や心の動きをとらえることがむずかしくなります。あくまで、そのロールプレイ場面で起きている意思や気持ちを表現するように伝えます。
② 観察をしている人からのフィードバックは、ポジティブなもののみで、うまくできていないところを指摘したり、「なぜ？」という質問攻めにしないというルールを伝えます。
③ フィードバック場面で、面接者役のプレイヤーがうまく面接できなかったことを自ら指摘しても、その気づきを称賛し、だとしたらどう進めたらよかったと思うかと、自らの案を引き出すように質問していきます。

（菅野道英）

第4節　メタローグ・ワークショップ ──ワークショップを通じて私たちがやっていること

インターアクティヴな営みのなかから生まれるナラティヴ

　この章では、まずプロローグとして、これまで31回開催されてきたＷＳ神戸の歴史について、宮井が語りました。宮井らしい、さわやかで軽妙な語りであり、そこにはこれまで続けてきた者の感慨や自負や思い入れなどが含まれています。だから、よけいにわかりやすいと思うのですが、こうした語りは、客観的真実というよりは語り手による物語的真実として理解するほう

がしやすいでしょう。つまり、科学が追い求める事実の客観的把握という位置づけより、今はやりのナラティヴ（語り）という位置づけがぴったりきます。

　それでも、ナラティヴがパブリックに発信されるならば、語り手としては、読み手に共感してもらえるかどうか気になります。受け入れてもらえればホッとします。もちろん、私はこれを読んで、主催してきたメンバーとして、さらには宮井の人柄を知る者として、そして一読者として、大いに共感することができました。

　もう少しいうと、臨床家は、常にその場の状況や人間関係、そして相手の反応とのセットのなかでやりとりをするものなので、相手に語りかけ、自分に語りかけ、返ってくるものに耳を傾け思考する、そんなコンテクストのなかでまた語る、こんなインターアクティヴな営みを続けています。インターアクティブとは応答的、対話的、相互作用的なニュアンスですから、「絶対的な認識、直線的思考、一方通行」よりも、「相対的な認識、円環的思考、双方向的」のほうがなじみます。なので、真実とは何かとか客観的現実はどうかという追求よりも、「いま、ここ」で行なわれる対話により現実が構成されていると考えます。対話および語ることによって、そこに今までなかった現実が構成され意味が生成されていきます。そんな語りがナラティヴです。

　このナラティヴが、相互作用的視点をもつ家族療法の分野でセラピーとして一躍台頭し臨床領域を席巻しました。ナラティヴセラピーです。クライエントの語りおよびセラピストとの治療的会話をナラティヴ視点でとらえ、セラピストの専門家性を排除し、クライエントとの対等性を重んじ「会話こそ治療である」とする考え方と実践が広がりました。

　セラピー領域はさておくとして、今、私自身の内なる対話により生み出している、この私の文章自体がナラティヴです。こう考えると、K式を使って、子どもの発達状況を導き出し、子どもや保護者の置かれた状況を踏まえて助言を行なう。これみな、ナラティヴといっても過言ではありません。

関係性の視点から見る

　本書の執筆者のほとんどが、このインターアクティヴな認識をベースにした家族療法の考え方や方法論を理論的背景にもっているため、発達相談場面のやりとりをナラティヴとしてとらえ対話していくことにさほど違和感はありません。

　たとえば、主訴という名の母親の語りに耳を傾けたり、発達検査場面で表出される子どもの語りを見たり聞いたりするなかで、対話を行ない、助言を構成していきます。もちろん標準化された発達検査ですから、客観性のある指標として発達年齢や発達指数を扱いますが、それらを絶対化したり独り歩きさせたりはせず、相手との関係性のなかで扱います。

　今述べたように、私（たち）は、K式を介在させた発達相談場面を関係性の視点から見ています。そしてさらに、K式を介在させた発達相談場面を参加者同士で検討、議論する場であるワークショップ（WS）場面においても同様に、関係性の視点から見ています。ですから、WS場面で行なわれる参加者の語りもまた、対話のなかから生み出されていくそれぞれのナラティヴです。その対話の場に参加する体験のなかからこそ生まれる語りなのです。

　もちろん、WSの参加者のレベルや動機づけはさまざまです。同じK式、同じ検査状況、同じ時間を共有しつつも、参加者それぞれの背景にある理論、経験、動機づけや個性は当然異なっており、それぞれの文脈（コンテキスト）があります。異なるコンテキストをもちながら、同じ時空間を共有し対話をくり返します。WSの場は、それが不思議と調和する時空間なのです。

コンテンツとコンテキスト

　さて今、私がなにを語ろうとしているのか、若干わかりにくいと感じた読者がいたとすれば、おそらく語りがコンテンツ（内容）よりもコンテキストに傾きすぎているからでしょう。まさにそうなんです。私はK式を介在させた発達相談場面とWS場面のなかに共通するコンテキストを語ろうとしていました。本稿がメタローグであることを意識しているゆえでもあります（メ

タローグについては最後に触れます)。

　もう少しわかりよくします。一般的にいっても、話をわかりやすくするためには、背景にあるコンテキストよりも具体的なコンテンツに重きをおいた話にする必要があります。

　これについては、井口と長嶋が語ったメイキングWS川崎の内容がそれにドンピシャ当たります。これまでWS神戸という形で、ほぼ同世代の8名のスタッフが、勝手にというか好きにというか自主的にというか、それぞれの立場や思いは違っていても、どこか共有できる凝集性のもと、集まり続けてきました。凝集性って、集団の魅力みたいなものです。そこで積み重ね形成してきたものを、川崎で再現しました。再現といってもコピーではありません。ちゃんと対話する場を設定し対話を演出しました。そのメイキングストーリーが本論です。とてもフレッシュに熱く語っています。内容は、K式およびK式を使ったWSを介在させて生み出されたものです。まさに同じような志をもった者が集まり対話するなかで創造されたものです。もちろん、文章や内容は井口と長嶋の語りです。それに共感できる読者も多いはずです。

　たとえば、2人はこのメイキングストーリーを「楽しかった!」という気持ちでくくりました。「企画することを楽しむ」「仲間と学ぶことを楽しむ」「WS自体を楽しむ」とまとめています。この気持ちが原動力やエネルギーとなり、さらにWSを重ねることにつながり、仕事の動機づけにつながり、自分自身の学びややりがいにつながり、相談に来られた人の支援や福祉につながっていることを生き生きと想像させてくれます。

私の個人的体験とワークショップのあり方

　ここで話の内容をガラリと変えます。

　本書の執筆者を中心に作ってきた雑誌「そだちと臨床」第7号(2009)では、「心理職のそだちと臨床を考える〜ワークショップ・イン・神戸の取り組みを通して」という特集を組み、それまでのWS神戸に参加した人たちの感想やコメントを掲載しました。これまた、WSに参加した人たちによって生まれたオリジナルな語りであり、それぞれの人の思いが伝わってきます。

どうぞ、お読みいただければと思います。

その特集に私も、「私たちはなにをしていることになるのか」というテーマでまとめを書きました。本章のＷＳによる研修体験とつながる話です。一部を再掲する形で私の語りを続けます。

とても個人的体験で恐縮ですが、私は15年間、地方の総合病院の精神科の臨床心理士として勤務した後、児童相談所に転職し現在に至っています。この間、いろいろな研修機会がありましたが、そのうち、記憶に強く残っている3つの体験を記します。

1つめです。病院勤務時のことです。精神科の外来で、心理療法を受けもっていた40代の男性が自殺をされました。強迫性格のまじめな方でうつ状態になり、強い焦燥感と退行を示し自殺念慮をくり返し口にされていました。十数回目の面接を終え、若干本人の強迫性が薄らいできた矢先のことでした。ある朝、奥様から主人が自宅で縊首自殺をしたと連絡がありました。それ以来、その人の幻影や言葉が浮かんで恐怖さえ感じ苦悩する毎日が続きました。そして、ちょうど一周忌に当たる頃、私の尊敬する臨床家のスーパービジョンを受ける機会に恵まれました。ここぞとばかりに、ずっと触れられずに封印していた面接記録を整理し事例を提出しました。

当日、事例検討が始まる前に、その先生が厳粛に言われました。いわく、「これはイビさんにとっての喪の作業と受け止め、忌憚のないコメントをさせていただくがよろしいですか」。私は是非にとお願いしました。お言葉どおり、厳しくも納得のいく的確な指摘をいただきました。そして、最後に先生が言われました。「私がこの人の治療者であっても自殺を食い止められたかどうか、それはわかりません」。

自責に包まれた私を慰めるためだったのかどうか今もってわかりませんが、私の救いとなると同時に、対人援助のむずかしさや深さを示す言葉として心に刻み込まれました。このスーパービジョンを受けて以降、幻影にうなされることは徐々になくなりました。

2つめです。家族療法の研究会で事例を出してスーパービジョンを受けたときのことです。当時はまだ、力動論的個人療法の志向性を残し、家族療法

の勉強を始めた頃でした。私の提示の仕方は、「個人療法のなかで共感を伝えているが、境界性人格障害の母親であり知的に低い子どもであるため通じません」と事例の困難性を強調したものになっていたと思います。そのとき、スーパーバイザーは、私の志向性に合わせ、共感をベースにした母と子へのアプローチの仕方を教示してくれました。とたんに、それまでとケースの景色が変わりました。今でこそジョイニングや家族の関係性に焦点を合わせた方法であることはわかりますが、当時の私にとっては、まさに「参りました！」という指摘でした。そこから、本格的な家族療法修業の旅が始まりました。

　3つめ。これも20年以上前、臨床動作法の8日間のキャンプ研修に参加したときのことです。動作法の研修では定番のやり方ですが、とても新鮮で中身の濃さに驚きました。参加者は、訓練を受ける20名の子どもたちと保護者、1人ずつの子どもを担当するトレーナー20名、5人1組のグループを受け持つスーパーバイザー4名、そしてキャンプを総括するキャンプ長1名といった構成です。トレーナーの実践研修と子どもの訓練を兼ねたスタイルです。キャンプ中はみなが寝食を共にし決められたプログラムで進行します。トレーナーは動作法の初心者が多く、緊張しつつ子どもに向かい合います。スーパーバイザーはグループごとに子どもとトレーナーの関係を見ながら課題を与え指導します。自然に協働感とか一体感を体験します。

ワークショップを通じて私たちがやっていること

　若干、我田引水ですが、私たちが続けてきているWS神戸の研修スタイルは、この動作法キャンプに似ているかもしれません。

　WS神戸では、ファシリテーターが各グループに張りついてメンバーのディスカッションを活性化させます。総括の菅野が、しゃべりすぎるファシリテーターを抑えたり、全体のバランスを調整します。参加者は、スタッフが演じる検査者役と子ども役のロール実演をライブで見ます。K式をひととおり実施するのに40分程度費やします。普段、自分が検査者であるはずの状況を外から見る体験にもなります。目の前で見た同じ材料をもとに、対話

が始まります。グループディスカッションでは、それぞれの自己体験を開示し、自分の見方や理解が他者と共通するものと違うものを確認し、さらにその差異を明らかにする作業を行ない、それをまた開示し共有します。この作業の共有および対話により構成されるものは、まさにWSのなかで各個人が紡ぎ出すナラティヴであり、それまでと異なる意味が生じているはずです。

　1番目にあげた私の体験は、まさにこれと類似します。1年間、悶々と一人苦悩していた私のストーリーが、研修という場のなかのスーパーバイザーとの対話により再構成され、新たな意味やストーリーを私に付与してくれたものと理解しています。

　このようなナラティヴやストーリーは個人に委ねられるものですが、一方で、それを生み出す視点や場の構造は、WSプログラムのなかに綿密かつ多層的に組み込まれています。つまり参加者は、K式を用いた発達相談の流れに沿ってプログラムが構造化され、その規定された枠組みのなかでそれぞれの体験をしていることになります。また、検査場面のロールプレイもグループ討議も放談も助言ロールも、すべて一方通行ではなく人と人とのコミュニケーションの上に成り立っている体験です。さらにいえば、検査項目への個々の反応も発達指数も、検査者と子どもとの関係性のなかで表現されるものです。このような相互性や関係性のなかで見る視点がWSのベースにあります。これは、私の2番目の「参りました！」体験を引き出した視点に通じます。つまり、個人を対象とする場合においても、より大きな社会との関係や置かれている人間関係のなかで扱う視点です。そこに、K式がもつ遊び要素と自由性を介在させることで、より活性化した子ども像を浮かび上がらせることができます。

　さて、WSを通じて「私たちはなにをしているのか」の私なりの答えです。

　私たちは、子どもの発達を映し出すことに優れたK式というツールを介在させ、より相互コミュニケーションを賦活させるWS構造を介在させ、子どもの発達と福祉に貢献する意欲をもった者たちの対話の場を介在させ、対話のなかから紡ぎ出され構成される意味生成を共有し続けている…、といったところでしょうか。

そして、WSは、多層的なコミュニケーション構造から成る流れていく時間軸上の相互性の営みですから、そこにとどまることなく進化の途上にあり、多少の形の変更やシステムの変化はありながらも、対話を共有する者がいる限りこれからも続いていきます。

まとめ――メタローグってなに？

　対話は続きますが、私の語りは結論らしきところにやってきました。読者の皆さまにはうまく伝わったでしょうか。気になります。最後になりましたが、「メタローグ」の意味を説明する必要が残っています。

　序章を意味するプロローグに対比すれば、終章はエピローグなのでしょうが、そうではなく私はここではメタローグのつもりで語ってきました。モノローグは独白、ダイアローグは対話です。では、メタローグとはいったいなんでしょう？

　メタローグとは、「20世紀最大の思想家」と呼ばれる文化人類学者グレゴリー・ベイトソンの造語です。すなわち、「単に問題を論じるだけでなく、議論の構造がその内容を映し出すような形で進行していく会話をいう」（「精神の生態学」新思索社 ,p.36）と定義されます。これだけではよくわかりません。ベイトソンは娘との会話で、「物がゴチャマゼになる」というテーマで話すなかで会話自体がゴチャマゼになっていく例をあげています。つまり、メタローグとは、会話の内容レベルと会話のありようレベルという異なるレベルを同時に進行させるような会話のことをいいます。会話のなかで、常にコンテンツとコンテキストの2つを意識するのもそれに相当すると考えられます。

　もう少し説明が必要かもしれませんが、これ以上言おうとすると私の頭の中がゴチャマゼになりそうなのでやめます。ここでは、自分たちのやっている内容を単に紹介するにとどまらず、やっていることをメタ見地からとことん自問自答的に対話することを意図して記述しました。これが私なりのメタローグです。そこでは、WS神戸とWS川崎の話が紹介され、WSの内容と共にWSのあり方自体が話題になり、その意義や意味について同時に議論さ

れました。それは、単にK式や発達相談の技術を教えるだけでなく、立場の異なる人がそれぞれの目的で一堂に集まり、多層的なレベルでコミュニケーションが行なわれます。それがスタッフや参加者の動機づけを刺激し、鼓舞しているようです。

　以上のような結語を踏まえて提案します。そだちと臨床領域に従事する方々に対し、対話の場を提供するこの研修スタイルは、一度体験する価値のあるものとお勧めします。そしてそれ以上に、スタッフたちは齢を重ねながらも、刺激的で面白いこの研修会、なかなかやめられないようです。生涯現役とはいわないまでも、引退はもう少し先になりそうです。

（衣斐哲臣）

どこでつまずいたのか

　検査項目の失敗を3つの段階にわけて、考えることができます。第1は、「何を求められているのか、わからない」段階です。この段階は、話しかけても振り向いてくれない等の対人疎通性に関連した失敗と、教示内容が理解できない失敗があります。

　第2の段階は、「何を求められているかは大体わかっているが、正答がわからない」です。たとえば、〈短文復唱Ⅰ〉で「夏は暑い」と答える子どもがいます。「私の言ったとおりに真似して言ってください」の教示内容は理解しているのですが、材料（刺激文）をしっかり記憶できていないために、「になると」が抜けてしまったと考えられます。それとも1、2問目が「犬は」「今日は」と、主語の助詞に「は」が続いたため、それに引きずられて「夏は」となったとも推測されます。

　そして最後の段階は、「教示内容を理解し、正しい答えもわかっている。しかし、それを言えない、操作できない」といった遂行での失敗です。これは話すことや動作等の運動麻痺が考えられます。他には情緒的、性格的なこととの関連で失敗したと考えられます。ある子どもは1つの検査項目が終わるたびに、「できた？」と確認を求めてきます。何も言わなくても検査者の顔色をうかがう子どももいます。こういった場合、必要以上に評価を気にしているかもしれません。120％の自信がなければ、人前で積木を操作したり、答えようとしない子どももいます。

　正答基準に従って、ただ単に誤答、不通過と処理するのではなく、支援の手がかりを得るために、「どうして失敗したの？」「なぜ失敗したの？」と、子どもの反応にツッコミを入れるなど、丁寧な検討・分析を行なってください。

（笹川宏樹）

おわりに

　心理検査を実施する場合には、その目的が重要になります。臨床心理の世界では、心理検査は診断の補助手段や心理療法の見立てに使われることが多く、病院臨床の場におけるアセスメントのイメージが強いのかもしれません。一方、最近では教育業界でも知能検査などが取り入れられるようになり、発達障害を対象とする特別支援教育のために実施されることが多くなってきました。しかし、検査の結果を使ってアセスメントをする場合に、結果に振り回され過ぎている場面が増えたようにも思います。「ここに検査という判断装置があって、この結果は揺るぎのない正当なものですから、皆さんこの結果に従ってきちんと対処してください」とでもいうような応対になってしまい、保護者と対峙することも少なくないのではないかと感じています。

　わが国には、戦後の長い歴史をとおして行政機関が積極的にかかわってきた発達相談というものがあります。主に1歳半健診、3歳児健診と絡めながら、市区町村の母子保健センターや都道府県政令指定都市などの児童相談所が脈々と続けてきています。十分なフォローアップ体制が整えられているとはいえないのですが、少なくとも健診が90％以上の受診率であり、一定数の子どもたちがその次の精密健診や個別的発達相談のステージにつながっていくというシステムは、世界に冠たるものではないかと思います。そしてそこにあるものは、単なる障害の診断や宣告、現在の発達状態の告知ではなく、これからも発達していく親子とその関係に対して、相談を受けた私たちが援助できる何かを模索しながら、一緒に時を過ごすというスタンスが大切であることを本書では述べてきました。

　発達相談の目的で実施される検査として、私たちはK式を採用してきました。メンバーのほとんどがもともとK式発祥の地「京都」に近い近畿圏の児童相談所で仕事をしていたので、発達相談にK式を使用することは当

たり前の感覚でした。ただ、地元だから使う、昔からあったから使うというレベルではなく、「発達相談だからＫ式を使う」と自信を持っていえるので、Ｋ式が全国に知れ渡ってきた今だからこそ、再度その考えをしっかりと発信する必要性があると感じていました。本書ではＫ式の特徴を大局的なところから、現実場面に即したところまで、あるいは検査を始めるところから、終わって助言をするところまでにとどまらず、所見を書くという実務的な場面までを想定して、できるだけこのＫ式を用いた発達相談現場に役に立つものを提示しようとしました。

病院臨床や教育臨床とは違った趣があるのが発達臨床です。発達臨床の中核の一つにある発達相談は、とまることのない子どもたちの発達にどこまで寄り添えるかが勝負になると思います。今までも動いていて、今も動いていて、これからも動いていく子どもたちの発達に対して、どこまで有益なアセスメントができるかという命題に対して、その時の最高水準の答えを出すことを、理想に近くとも、突き詰めていきたいと思います。この本の中で取り扱った事例についてはどの程度の答えが出せたか、皆さんの判断に委ねたいと思います。そして「発達相談とＫ式」について面と向かって書き連ねた本が少ないなかで、多くの方々に本書を読んでいただき、忌憚のないご意見をいただければありがたいと考えています。

６月のある日に、執筆者の大半が滋賀県に集いました。歴史的に有名な賤ケ岳に登って琵琶湖北の雄大な景色に身を任せました。「羽柴秀吉の賤ケ岳の七本槍」の名勝です。この本を調和的なまとまりのあるものとして世に出そうとは思っていたのですが、結局のところ執筆者それぞれの個性が強すぎるために、まとまりという点では不十分なままに終わりました。つまりは「賤ケ岳の七本槍」の武将のごとく、発達相談とＫ式という大将に仕えた私たちが、それぞれの思いを一生懸命に書き下したということでしょうか。本の構成上は調和しているかもしれませんが、そこに隠せない個性を感じ取っていただければと思います。それぞれが自分の考え方を図式やたとえ話を駆使して表現しています。

私たちもそろそろ児童福祉現場という第一線から退く時期が近付きつつあります。「遺言」などという言葉を使って、今まで蓄積してきた経験からにじみ出る「伝えたいもの」を送り出したいという気持ちが強くなっています。第1弾は「そだちと臨床」創刊号で取り上げた「発達相談とK式」のテーマに戻しました。「遺言」とまではいかないですが、私たちの原点でもあるこのテーマを皮切りに、さまざまな話題をまた掘り起こして、本にしていければいいなと考えています。時の経過にも負けずに色あせないものができればと理想を描いています。

　このような私たちと『そだちと臨床』時代から共に歩んできてもらっているのが、明石書店の大野祐子さんです。彼女の存在なくしてはこの研究会の出版活動はむずかしいくらい大変な貢献をしていただいています。
　そして、K式に関する私たちの活動に温かいご理解とご支援をいただいているのが、京都国際社会福祉センターの所長、所久雄氏です。やや型破りな私たちの活動の趣旨を尊重していただいていることに大変感謝しております。また、新版K式発達検査研究会の中心で脈々とK式の作成に携わってこられている松下裕先生からは、これからも私たちがK式を用いて進めていきたい臨床に対して重みのあるお言葉をいただいております。このお二人には重ねて感謝を申し上げるとともに、新版K式発達検査研究会のメンバーの皆様、その他にも私たち「そだちと臨床」研究会を支えていただいている皆様も含めまして、謝意を表します。
　子どもたちがその個性ある発達をまっとうしていけることを祈ります。

　　　2013年11月1日

大島　剛

おわりに

文献一覧（アルファベット順）

第1章

第1節

大六一志・大島剛「WISCの世界、K式の世界」『そだちと臨床』創刊号、pp.26-38、2006年

生澤雅夫「発達検査」氏原寛、成田善弘、東山紘久、亀口憲治、山中康裕（編集）『心理臨床大事典改訂版』培風館、pp.453-457、2004年a

―――「知能検査」氏原寛、成田善弘、東山紘久、亀口憲治、山中康裕（編集）『心理臨床大事典改訂版』培風館、pp.459-469、2004年b

生澤雅夫・中瀬惇・松下裕編著『新版K式発達検査2001実施手引書』京都国際社会福祉センター、2002年

片岡基明「新版K式発達検査の特徴とその検査項目が示すもの」『発達』131号、2012年、pp.34-39

川畑隆・菅野道英・大島剛・宮井研治・笹川宏樹・梁川恵・伏見真里子・衣斐哲臣『発達相談と援助――新版K式発達検査2001を用いた心理臨床』ミネルヴァ書房、2005年

松下裕・郷間英世編『新版K式発達検査法2001年版発達のアセスメントと支援』ナカニシヤ出版、2012年

新版K式発達検査研究会編『新版K式発達検査法2001年版標準化資料と実施法』ナカニシヤ出版、2008年

ウェクスラー、D（日本版WISC-Ⅳ刊行委員会訳編著）『日本版WISC-Ⅳ理論・解釈マニュアル』日本文化科学社、2010年

第2節

イギリス保健省・内務省・教育雇用省（松本伊智朗、屋代通子訳）『子どもの保護のためのワーキング・トゥギャザー――児童虐待対応のイギリス政府ガイドライン』医学書院、2002年

川﨑二三彦他『イギリスにおける児童虐待の対応視察報告書』子どもの虹情報研修センター、2007年

内閣府政策統括官（共生社会政策担当）『英国の青少年育成施策の推進体制等に関する調査報告書』内閣府ホームページ（http://www8.cao.go.jp/youth/kenkyu/ukyouth/indexpdf.html）、2009年3月）

第2章

第3節

生澤雅夫「発達をとらえる視点をめぐって」京都国際社会福祉センター紀要『発達・療育研究』別冊、1996年

生澤雅夫・中瀬惇・松下裕編著『新版 K 式発達検査 2001 実施手引書』京都国際社会福祉センター、2002 年

岩知道志郎・大谷多加志「反応実例から検査項目の意味を考える」京都国際社会福祉センター紀要『発達・療育研究』別冊、pp.11-29、2012 年

大谷多加志「新版 K 式発達検査 2001〈人物完成〉の描画部位についての検討」『FOURWINDS 乳幼児精神保健学会第 15 回学術集会発表抄録』p.41

小林重雄『グッドイナフ人物画知能検査ハンドブック』三京房、1997 年

松下裕「発達のアセスメントと支援」『新版 K 式発達検査法 2001 年版　発達のアセスメントと支援』ナカニシヤ出版、pp.1-52、2012 年

中瀬惇「新版 K 式発達検査の項目「了解」：横断的資料による反応の発達的分析」『京都府立大学学術報告　人文』40、pp.125-153、1988 年

中瀬惇・西尾博『新版 K 式発達検査反応実例集』ナカニシヤ出版、2001 年

第 4 章

第 1 節

衣斐哲臣『子ども相談・資源活用のワザ――児童福祉と家族支援のための心理臨床』金剛出版、2008 年

衣斐哲臣『心理臨床を見直す"介在"療法――対人援助の新しい視点』明石書店、2012 年

川畑隆・菅野道英・大島剛・宮井研治・笹川宏樹・梁川惠・伏見真里子・衣斐哲臣『発達相談と援助――新版 K 式発達検査 2001 を用いた心理臨床』ミネルヴァ書房、2005 年

川畑隆「ジョイニングに始まりジョイニングに終わる」宮井研治編『子ども・家族支援に役立つ面接の技とコツ』明石書店、pp.21-47、2012 年

吉川悟『家族療法・システムズアプローチの〈ものの見方〉』ミネルヴァ書房、1993 年

❖ **執筆者紹介**（執筆順）

川畑　隆（かわばた・たかし）
京都橘大学健康科学部特任教授。児童福祉や教育分野などの対人援助が専門です。2005年度まで28年間、京都府の児童相談所に、その後2019年度まで14年間、京都先端科学大学（旧京都学園大学）に勤務。『そだちと臨床』（明石書店、2006年〜2012年）編集委員。著書『教師・保育士・保健師・相談支援員に役立つ 子どもと家族の援助法──よりよい展開へのヒント』（明石書店、2009年）に書いたようなことを大切にしています。それ以外の著書に『発達相談と援助──新版K式発達検査2001を用いた心理臨床』（共著、ミネルヴァ書房、2005年）、『子ども・家族支援に役立つ面接の技とコツ』（共著、明石書店、2012年）、『子ども・家族支援に役立つアセスメントの技とコツ』（編著、明石書店、2014年）など。

大島　剛（おおしま・つよし）
神戸親和女子大学発文学部心理学科教授。1984年から17年間神戸市児童相談所心理判定員を務め、2001年から大学で教鞭をとっています。子ども臨床がわかる臨床心理士の養成、児童相談所の児童心理司の役割について調査研究などを行なってきましたが、現在はK式の臨床を検討しそれを全国的に広めていくことに力点を置いています。臨床心理士。公認心理師。『そだちと臨床』（明石書店、2006年〜2012年）編集委員。著書に『発達相談と援助──新版K式発達検査2001を用いた心理臨床』（共著、ミネルヴァ書房、2005年）、『事例でわかる心理検査の伝え方・活かし方』（共著、金剛出版、2009年）、『心理学実習 応用編1』（共編著、培風館、2011年）、『子ども・家族支援に役立つ面接の技とコツ』（共著、明石書店、2012年）、『子ども・家族支援に役立つアセスメントの技とコツ』（共著、明石書店、2014年）など。

菅野道英（すがの・みちひで）
フリーランス。1979年滋賀県に心理判定員として採用、県内の児童相談所（中央・彦根）で児童心理司・児童福祉司として勤務後、2017年3月、彦根子ども家庭相談センター（児童相談所・配偶者暴力相談支援センター）所長を勤め、定年退職。38年の児相職員歴に終止符を打つ。これまでの経験を生かして、講演や子ども家庭福祉の専門職のトレーニング、小・中・高等学校のスクールカウンセラーを勤めている。臨床心理士。『そだちと臨床』（明石書店、2006年〜2012年）編集委員。主な著書に、『発達相談と援助──新版K式発達検査2001を用いた心理臨床』（共著、ミネルヴァ書房、2005年）、『児童虐待はいま──連携システムの構築に向けて』（共著、ミネルヴァ書房、2008年）、『子ども虐待防止のための家族支援ガイド──サインズ・オブ・セイフティ・アプローチ入門』（共著、明石書店、2008年）、『子ども・家族支援に役立つ面接の技とコツ』（共著、明石書店、2012年）、『子ども・家族支援に役立つアセスメントの技とコツ』（共著、明石書店、2014年）『日本の児童相談所』（編著、明石書店、2022年）など。

大谷多加志（おおたに・たかし）
京都光華女子大学健康科学部心理学科准教授。公認心理師、臨床心理士。博士（人間文化学）。2003年4月から17年間、京都国際社会福祉センター発達研究所研究員として新版K式発達検査の研究・研修事業に従事し、奈良教育大学特別支援教育研究センター特任准教授を経て、2021年4月より現職。対人援助学会定期刊行誌「対人援助学マガジン」の編集員を務め、執筆者として発達検査に関する連載を執筆している。著書に「新版K式発達検査の精密化に関する発達心理学的研究」（風間書房）がある。

笹川宏樹（ささかわ・ひろき）
同志社大学心理臨床センター特任指導員。奈良県に心理判定員として採用後、児童相談所、県庁児童福祉課、知的障害者更生相談所やリハビリテーションセンターなどで勤務し、再度の児童相談所では児童虐待相談を担当。その後、奈良県中央こども家庭相談センター（児童相談所・配偶者暴力相談支援センター・婦人相談所）所長、奈良県立登美学園（福祉型障害児入所施設）園長。同志社大学心理学部客員教授を経て、2022年4月より現職。臨床心理士。公認心理師。社会福祉士。『そだちと臨床』（明石書店、2006年〜2012年）編集委員。著書に『発達相談と援助──新版K式発達検査2001を用いた心理臨床』（共著、ミネルヴァ書房、2005年）、『子ども・家族支援に役立つ面接の技とコツ』（共著、明石書店、2012年）、『子ども・家族支援に役立つアセスメントの技とコツ』（共著、明石書店、2014年）、『福祉心理学』（編著、ミネルヴァ書房、2020年）、『P-Fスタディ解説2020年版』（共著、三京房、2020年）、『児童虐待における公認心理師の活動』（共著、金剛出版、2021年）

梁川　惠（やながわ・めぐむ）
1979年、京都市に採用され情緒障害児短期治療施設セラピストや児童相談所心理判定員、青葉寮治療係長、発達相談所相談判定係長等を歴任し、2014年3月に退職。現在、滋賀県警察の少年相談専門員（非常勤）や京都市保育園連盟の巡回相談員（委嘱）等をしています。臨床心理士（滋賀県臨床心理士会事務局長）。公認心理師。『そだちと臨床』（明石書店、2006年〜2012年）編集委員。主な著書に『心理学実習　応用編1』（分担執筆、培風館、2011年）、『発達相談と援助──新版K式発達検査2001を用いた心理臨床』（共著、ミネルヴァ書房、2005年）、『子ども・家族支援に役立つ面接の技とコツ』（共著、明石書店、2012年）、『子ども・家族支援に役立つアセスメントの技とコツ』（共著、明石書店、2014年）など。

伏見真里子（ふしみ・まりこ）
岡山県倉敷児童相談所子ども発達支援課長。児童心理司。1987年、岡山県庁入庁後、津山児童相談所、県立総合社会福祉センター、県立内尾センター（精神科デイケア施設）、精神保健福祉センター、県立岡山病院、倉敷児童相談所、備中保健所を出入りしてきました。児童相談所の児童心理司歴12年。臨床心理士。公認心理師。『そだちと臨床』（明石書店、2006年〜2012年）編集委員。著書に『発達相談と援助──新版K式発達検査2001を用いた心理臨床』（ミネルヴァ書房、2005年）、『子ども・家族支援に役立つ面接の技とコツ』（明石書店、2012年）、『素行障害──診断と治療のガイドライン』（共著、金剛出版、2013年）、『子ども・家族支援に役立つアセスメントの技とコツ』（共著、明石書店、2014年）など。

衣斐哲臣（いび・てつおみ）
和歌山大学教職大学院教授。国保日高総合病院精神科（臨床心理士）で病院臨床に15年間携わったあと児童福祉臨床に転じ、1995年以降、和歌山県子ども・女性・障害者相談センターに19年間勤務、2014年紀南児童相談所次長、2015年4月から現職となる。『そだちと臨床』（明石書店、2006年〜2012年）編集委員。主な著書に『発達相談と援助──新版K式発達検査2001を用いた心理臨床』（共著、ミネルヴァ書房、2005年）、『子ども相談・資源活用のワザ──児童福祉と家族支援のための心理臨床』（金剛出版、2008年）、『心理臨床を見直す"介在"療法──対人援助の新しい視点』（編著、明石書店、2012年）、『子ども・家族支援に役立つ面接の技とコツ』（共著、明石書店、2012年）、『子ども・家族支援に役立つアセスメントの技とコツ』（共著、明石書店、2014年）など。

執筆者紹介

宮井研治（みやい・けんじ）
京都橘大学健康科学部心理学科教授。1982年、大阪市に臨床心理職員として採用される。知的障害児通園施設、大阪市中央児童相談所（現大阪市こども相談センター）、大阪市更生相談所一時保護所、情緒障害児短期治療施設大阪市立児童院、再び大阪市こども相談センターを経て、2017年3月まで大阪市南部こども相談センター虐待対応担当課長。同年4月より現職。臨床心理士。公認心理師。『そだちと臨床』（明石書店、2006年～2012年）編集委員。最初に心理療法に出会ったのはゲシュタルト・セラピーで、家族療法、ソリューション・フォーカスト・セラピーに傾倒し、現在仕事ではサインズ・オブ・セイフティー・アプローチを活用しています。主な著書に、『発達相談と援助——新版K式発達検査2001を用いた心理臨床』（共著、ミネルヴァ書房、2005年）、『子ども・家族支援に役立つ面接の技とコツ』（編著、明石書店、2012年）、『子ども・家族支援に役立つアセスメントの技とコツ』（共著、明石書店、2014年）など。

井口絹世（いのくち・きぬよ）
川崎市北部児童相談所児童心理司。臨床心理士。公認心理師。2006年川崎市に入庁後、児童指導員を経て発達相談や判定業務に従事しています。

長嶋宏美（ながしま・ひろみ）
臨床心理士。公認心理師。フォーカシング研究所認定トレーナー。特別支援教育担当心理士、川崎市中央療育センター心理士を経て、現在はえがわ療育クリニックやスクールカウンセラーなど、子どもの臨床に関わる業務に従事しています。

発達相談と新版K式発達検査
子ども・家族支援に役立つ知恵と工夫

2013年11月30日　初版第1刷発行
2022年10月31日　初版第13刷発行

著　者　　大島剛・川畑隆・伏見真里子・
　　　　　笹川宏樹・梁川惠・衣斐哲臣・
　　　　　菅野道英・宮井研治・大谷多加志・
　　　　　井口絹世・長嶋宏美

発行者　　大江道雅
発行所　　株式会社　明石書店
　　　　　〒101-0021　東京都千代田区外神田 6-9-5
　　　　　　　　電話　　03（5818）1171
　　　　　　　　FAX　　03（5818）1174
　　　　　　　　振替　　00100-7-24505
　　　　　　　　https://www.akashi.co.jp/

　　　　　装画　　堀江篤史
　　　　　装丁　　明石書店デザイン室
　　　　　印刷　　株式会社文化カラー印刷
　　　　　製本　　協栄製本株式会社

（定価はカバーに表示してあります。）
ISBN 978-4-7503-3926-9

〈出版者著作権管理機構　委託出版物〉
本書の無断複製は著作権法上での例外を除き禁じられています。複製される場合は、そのつど事前に、出版者著作権管理機構（電話 03-5244-5088、FAX 03-5244-5089、e-mail: info@jcopy.or.jp）の許諾を得てください。

子ども・家族支援に役立つ 面接の技とコツ

〈仕掛ける・さぐる・引き出す・支える・紡ぐ〉児童福祉臨床

宮井研治 編
川畑隆、衣斐哲臣、笹川宏樹、菅野道英、伏見真里子、大島剛 著

四六判／並製
◎2200円

発達相談や非行・虐待相談で「来てよかった」と思ってもらえる効果的な面接を行うにはどうすればよいか。子ども・家族支援の現場に長年携わってきた著者たちが「仕掛ける・さぐる・引き出す・支える・紡ぐ」の5つのキーワードと豊富な事例を元にわかりやすく伝授する。

● 内容構成 ●

Part I　面接の基本　　　　　　　　　　　　　　　〔川畑隆〕
Chapter 1　面接の基本——ジョイニングに始まりジョイニングに終わる

Part II　目的に応じた面接
Chapter 1　仕掛ける面接 I　　　　　　　　　　　　〔衣斐哲臣〕
——「変化への抵抗」を超える実践例
Chapter 2　仕掛ける面接 II　　　　　　　　　　　　〔菅野道英〕
——子どもたちの安全を保障するために
Chapter 3　さぐる面接 I　　　　　　　　　　　　　〔笹川宏樹〕
——バリエーションに富んだ臨機応変な面接をめざして
Chapter 4　さぐる面接 II　　　　　　　　　　　　　〔梁川恵〕
——親に信頼され納得してもらえる発達相談
Chapter 5　引き出す面接　　　　　　　　　　　　　〔伏見真里子〕
——相手にどうするかを考えてもらう
Chapter 6　支える面接　　　　　　　　　　　　　　〔宮井研治〕
——相手にどうするかを考えてもらえそうにない場合
Chapter 7　物語を紡ぐ面接　　　　　　　　　　　　〔大島剛〕
——子育ち、親育ち、家庭の生育歴をふりかえる

子ども・家族支援に役立つ アセスメントの技とコツ

よりよい臨床のための4つの視点、8つの流儀

川畑隆 編著
笹川宏樹、梁川恵、大島剛、菅野道英、宮井研治、伏見真里子、衣斐哲臣 著

A5判／並製
◎2200円

その子どもや家族にどんな支援が必要かを見極めるためにはアセスメントが重要。どんな点に留意してアセスメントをすればよいのか、アセスメントからどんな支援が組み立てられるのかを児童福祉臨床のベテランたちが語りつくす。

● 内容構成 ●

第1部　収集した情報から何を読み取り、どう書くか
1　児童福祉臨床におけるアセスメントの実際　　　〔笹川宏樹〕
2　心理職はアセスメントで何をすべきか　　　　　〔梁川恵〕

第2部　子どもが育つ道筋を考える
3　「育ち」と「癒やし」から乳幼児のアセスメントを考える　〔大島剛〕
4　発達保障と支援の枠組みを整理する　　　　　　〔菅野道英〕

第3部　アセスメントとコラボレーション
5　会議の工夫による展開でアセスメントはもっと豊かになる　〔宮井研治〕
6　システムズ・アプローチにもとづく関係機関療法　〔伏見真里子〕

第4部　どんな視点を介在させて物語るか
7　家族相互作用の見立てと介入のコラボレーション　〔衣斐哲臣〕
8　子ども・家族・拡大システムのアセスメントにおける視点と工夫　〔川畑隆〕

〈価格は本体価格です〉

心理臨床を見直す "介在" 療法

対人援助の新しい視点

衣斐哲臣 編

A5判／並製 ◎2800円

対人援助のための理論や技法は数多くあり、援助者が人を支援する場面では二者の間に必ずそれらが"介在"する。現場の第一線の臨床家がこの"介在"視点に立ち自らの実践を語り、既成の学派や立場の違いを超えて心理療法および対人援助のあり方を再考する試み。

内容構成

第1部　"介在"視点の提唱

第2部　私の"介在"療法を語る
1 プレイセラピー（津川秀夫）
2 箱庭療法（川戸圓）
3 臨床動作法（高良聖）
4 精神分析（吉川吉美）
5 クライエント中心療法（佐野直哉）
6 森田療法（伊藤研一）
7 内観療法（山田秀世）
8 心理検査（三木善彦）
9 催眠療法（川畑隆）
10 グループ療法（松木繁）
11 家族療法（高良聖）
12 認知行動療法（坂本真佐哉）
13 ゲシュタルト療法（東斉彰）
14 解決志向アプローチ（倉戸ヨシヤ）
15 EMDR（遠山宜哉／市井雅哉）

第3部　"介在"療法の実践を語る
1 イルカ介在療法（惣田聡子）／2 怒りのコントロール教育プログラム（北谷多樹子）／3 描画テスト（戸倉幸恵）／4 RDI（白木孝二）／5 ライフストーリーワーク（山本智佳央）／6「ほほえみ」地域づくりプロジェクト（山本菜穂子）

第4部　"介在"療法論考（吉川悟）

要保護児童対策地域協議会における子ども家庭の理解と支援

民生委員・児童委員、自治体職員のみなさんに伝えたいこと

川畑隆 著

■A5判／並製／160頁 ◎2200円

児童虐待を含む子ども家庭を取り巻くさまざまな課題に、どのように対応していけばいいのか。民生委員・児童委員をはじめ、市区町村相談担当職員、要保護児童対策地域協議会委員、地域住民ほかに向けた、子ども家庭支援の書き下ろし。

内容構成

はじめに
第1章　民生委員・児童委員と要保護児童対策地域協議会
第2章　子ども家庭についてのお薦めの考え方
第3章　会話や行動で相手に対応する
第4章　子ども家庭への接近
第5章　子ども虐待について
第6章　伝えたいそのほかのいくつかのこと
参考になる本の紹介
おわりに

〈価格は本体価格です〉

そだちと臨床

『そだちと臨床』編集委員会 編　B5判／並製　◎各1,600円

福祉臨床の最前線で働く専門職が、子どものそだちを支援する現場の人たちのために、現場で役立つ知恵を結集・発信。

1　発達相談と援助／事例研究とプライバシー保護
2　告知から始まる援助／児童虐待対応の最前線
3　援助のための見立て／自立と孤立
4　社会的養護と心理職の役割／援助に役立つ対応のバリエーション
5　子どものそだちに必要なもの／発達検査を読み込む
6　よりよい展開のための理解と交渉／発達検査を読み込む2
7　支援に活かす転回的発想と実践／心理職の「そだち」と「臨床」
8　対人援助職の伝承／性虐待への対応を考える
9　発達障害 診断の一歩先／児童家庭相談
10　つぶやきから児童福祉現場を再考する
11　東日本大震災と子どものそだち
12　対人援助と感情労働／保護者支援、私の工夫

日本の児童相談所

子ども家庭支援の現在・過去・未来

川松亮、久保樹里、菅野道英、田﨑みどり、田中哲、長田淳子、中村みどり、浜田真樹 編著

■A5判／並製／384頁　◎2,600円

子どもの発達を促し、子どもの最善の利益をめざす児童相談所。本書には、社会的関心の高い虐待対応にとどまらない、現在の児童相談所を多角的に理解するためのエッセンスと、今を理解するための歴史と、これからの児童相談所についての多くの知見が盛り込まれている。

●内容構成●

プロローグ――児童相談所って？
第1章　子どもの育つ権利を守る
第2章　児童相談所の相談内容と取り組み
第3章　子ども虐待への取り組み
第4章　子ども・保護者・家族を支援する
第5章　地域の支援者と協働する
第6章　社会的養護と協働する
第7章　児童相談所がたどってきた歴史
第8章　これからの児童相談所を展望する

〈価格は本体価格です〉

子ども虐待対応におけるサインズ・オブ・セーフティ・アプローチ実践ガイド
子どもの安全（セーフティ）を家族とつくる道すじ
菱川愛、渡邉直、鈴木浩之編著
◎2800円

子ども虐待対応における保護者との協働関係の構築
家族と支援者へのインタビューから学ぶ実践モデル
鈴木浩之著
◎4600円

イギリスの子ども虐待防止とセーフガーディング
学校と福祉、医療のワーキングトゥギャザー
岡本正子、中山あおい、二井仁美、椎名篤子編著
◎2800円

思春期からの子ども虐待予防教育
保健・福祉・教育専門職が教える、親になる前に知っておいてほしいこと
森岡満恵著
◎2000円

児童虐待対応と「子どもの意見表明権」
一時保護所での子どもの人権を保障する取り組み
小野善郎、薬師寺真編著
◎2500円

子どもの虐待防止・法的実務マニュアル〔第7版〕
日本弁護士連合会子どもの権利委員会編
◎3200円

教師・保育士・保健師・相談支援員に役立つ子どもと家族の援助法
川畑隆著
◎2200円

社会的養護の子どもと措置変更
よりよい展開へのヒント
伊藤嘉余子編著
◎2600円

養育の質とパーマネンシー保障から考える

家庭養護のしくみと権利擁護
シリーズみんなで育てる家庭養護①
相澤仁編集代表　渋谷昌史、伊藤嘉余子編集
◎2600円

ネットワークによるフォスタリング
シリーズみんなで育てる家庭養護②
相澤仁編集代表　渡邊守、長田淳子編集
◎2600円

アセスメントと養育・家庭復帰プランニング
シリーズみんなで育てる家庭養護③
相澤仁編集代表　酒井厚、舟橋敬一編集
◎2600円

中途からの養育・支援の実際
子どもの行動の理解と対応
シリーズみんなで育てる家庭養護④
相澤仁編集代表　上鹿渡和宏、御園生直美編集
◎2600円

家族支援・自立支援・地域支援と当事者参画
シリーズみんなで育てる家庭養護⑤
相澤仁編集代表　千賀則史、野口啓示編集
◎2600円

児童養護施設の子どもたちの家族再統合プロセス
子どもの行動の理解と心理的支援
菅野恵著
◎4200円

ソーシャルペダゴジーから考える施設養育の新たな挑戦
マーク・スミス、レオン・フルチャー、ピーター・ドラン著　楢原真也監訳
◎2500円

児童相談所改革と協働の道のり
子どもの権利を中心とした福岡市モデル
藤林武史編著
◎2400円

〈価格は本体価格です〉

市区町村子ども家庭相談の挑戦
子ども虐待対応と地域ネットワークの構築
川松亮編著
◎2500円

必携 市区町村子ども家庭総合支援拠点スタートアップマニュアル
鈴木秀洋著
◎2200円

ワークで学ぶ 子ども家庭支援の包括的アセスメント
要保護・要支援・社会的養護児童の適切な支援のために
増沢高著
◎2400円

ポジティブ生徒指導・予防的学級経営ガイドブック
いじめ、不登校、学級崩壊を予防する問題解決アプローチ
ブランディ・シモンセンほか著　宇田光、西口利文監訳
◎2700円

家庭や地域における発達障害のある子へのポジティブ行動支援PTR-F
子どもの問題行動を改善する家族支援ガイド
グレン・ダンラップほか著　神山努、庭山和貴監訳
◎2800円

アタッチメント
子ども虐待・トラウマ・対象喪失・社会的養護をめぐって
庄司順一、奥山眞紀子、久保田まり編著
◎2800円

子どもの権利ガイドブック【第2版】
日本弁護士連合会子どもの権利委員会編著
◎3600円

すき間の子ども、すき間の支援
一人ひとりの「語り」と経験の可視化
村上靖彦編著
◎2400円

施設訪問アドボカシーの理論と実践
児童養護施設・障害児施設・障害者施設におけるアクションリサーチ
栄留里美、鳥海直美、堀正嗣、吉池毅志著
◎5500円

子どもアドボカシーと当事者参画のモヤモヤとこれから
子どもの「声」を大切にする社会ってどんなこと？
栄留里美、長瀬正子、永野咲著
◎2200円

子どもアドボカシー養成講座
子どもの声を聴き権利を守るために
堀正嗣著
◎2200円

おおいたの子ども家庭福祉
井上登生、河野洋子、相澤仁編著
◎2200円

保育の質を考える
安心して子どもを預けられる保育所の実現に向けて　子育て満足度日本一をめざして
近藤幹生、幸田雅治、小林美希編著
◎2300円

家庭で育むしなやかマインドセット
能力や素質を成長させるシンプルなシステム
メアリー・ケイ・リッチ、マーガレット・リー著　上田勢子訳
◎2000円

児童福祉司研修テキスト
児童相談所職員向け
金子恵美編集代表　佐竹要平、安部計彦、藤岡孝志、増沢高、宮島清編
◎2500円

要保護児童対策調整機関専門職研修テキスト
基礎自治体職員向け
金子恵美編集代表　佐竹要平、安部計彦、藤岡孝志、増沢高、宮島清編
◎2500円

〈価格は本体価格です〉